가장 체계적으로 · 직관적으로 · 수험적합적으로

황철곤
지방자치론
실전모의고사

Contents
차례

		문제	정답 및 해설
실전 모의고사	제1회	04	02
	제2회	08	12
	제3회	12	22
	제4회	16	32
	제5회	20	41
	제6회	24	51
	제7회	28	62
	제8회	32	72

+ OMR 답안지 37

01~08회
실전 모의고사

Local Autonomy 황철곤 지방자치론

실전 모의고사 제1회

01

다음 제시문에서 설명하고 있는 지방세의 원칙은?

> 지방정부의 재화나 공공서비스로부터 혜택을 받은 수혜자가 그에 상응하는 부담을 져야한다는 원칙이다. 이 때 공공서비스의 혜택은 반드시 직접적·개별적 이익일 것이 아닌 간접적·전체적 속성을 지닌다.

① 보편성의 원칙
② 충분성의 원칙
③ 응익성의 원칙
④ 부담분임성의 원칙

02

「지방자치법」상 예산과 결산에 대한 설명으로 옳지 않은 것은?

① 지방자치단체의 회계는 일반회계와 특별회계로 구분한다.
② 지방자치단체는 예측할 수 없는 예산 외의 지출이나 예산초과지출에 충당하기 위하여 세입·세출예산에 예비비를 계상하여야 한다.
③ 지방의회에서 새로운 회계연도가 시작될 때까지 예산안이 의결되지 못하면 지방자치단체의 장은 지방의회에서 예산안이 의결될 때까지 일부 경비를 전년도 예산에 준하여 집행할 수 있다.
④ 시·도의회는 제출된 예산안을 회계연도 시작 50일 전까지, 시·군 및 자치구의회는 회계연도 시작 40일 전까지 의결하여야 한다.

03

「주민조례발안에 관한 법률」의 내용으로 옳지 않은 것은?

① 18세 이상의 주민은 해당 지방의회에 조례를 제정하거나 개정 또는 폐지할 것을 청구할 수 있다.
② 주민조례청구를 하려는 청구인의 대표자는 지방의회의 의장에게 대표자 증명서 발급을 신청하여야 한다.
③ 지방의회의 의장은 청구인명부의 서명에 청구권자가 아닌 사람의 서명이 포함된 경우 전체 서명을 무효로 결정하여야 한다.
④ 지방의회는 주민청구조례안이 수리된 날부터 1년 이내에 주민청구조례안을 의결하여야 한다.

04

「지방자치법」상 특별지방자치단체에 대한 설명으로 옳지 않은 것은?

① 구성 지방자치단체의 장은 특별지방자치단체 규약을 변경하려는 경우에 구성 지방자치단체의 지방의회 의결을 거쳐 행정안전부장관의 승인을 받아야 한다.
② 가입 또는 탈퇴의 신청을 받은 특별지방자치단체의 장은 특별지방자치단체 의회의 동의를 받아 신청의 수용 여부를 결정하되, 특별한 사유가 없으면 가입하거나 탈퇴하려는 지방자치단체의 의견을 존중하여야 한다.
③ 행정안전부장관은 공익상 필요하다고 인정할 때에는 관계 지방자치단체에 대하여 특별지방자치단체의 설치, 해산 또는 규약 변경을 권고할 수 있다.
④ 특별지방자치단체의 장은 구성 지방자치단체의 사무처리가 기본계획의 시행에 지장을 주거나 지장을 줄 우려가 있을 때에는 행정안전부장관에게 필요한 조치를 요청할 수 있다.

05

「지방자치법」상 지방자치단체장의 직 인수위원회에 대한 설명으로 옳지 않은 것은?

① 위원장·부위원장 및 위원은 명예직으로 하고, 당선인이 임명하거나 위촉한다.
② 인수위원회는 위원장 1명 및 부위원장 1명을 포함하여 시·도는 15명 이내, 시·군 및 자치구는 10명 이내로 구성한다.
③ 인수위원회의 위원 중 공무원이 아닌 사람은 인수위원회의 업무와 관련하여 벌칙을 적용할 때에는 공무원으로 본다.
④ 인수위원회는 당선인으로 결정된 때부터 지방자치단체의 장의 임기 시작일 이후 20일의 범위에서 존속한다.

06

「지방자치법」상 지방자치단체의 관할 구역 경계변경에 대한 설명으로 옳지 않은 것은?

① 지방자치단체의 장은 행정안전부장관에게 경계변경이 필요한 지역을 명시하여 경계변경에 대한 조정을 신청할 수 있다.
② 조정 신청을 받은 행정안전부장관은 당사자 간 경계변경에 관한 사항을 협의할 수 있도록 경계변경자율협의체를 구성하고 운영할 것을 관계 지방자치단체의 장에게 요청하여야 한다.
③ 관계 지방자치단체가 경계변경자율협의체를 통해 120일 이내에 합의를 하지 못하면 행정안전부장관은 지방자치단체중앙분쟁조정위원회의 심의·의결을 거쳐 경계변경에 대한 조정할 수 있다.
④ 지방자치단체중앙분쟁조정위원회가 관할 구역 경계변경이 필요하다고 의결하면 행정안전부장관은 이를 반영한 행정안전부령안을 입안하여야 한다.

07

지방자치단체의 구역 개편 이론 중 분절론에 대한 설명으로 옳은 것을 모두 고르면?

ㄱ. 규모의 경제효과를 달성할 수 있다.
ㄴ. 주민들의 선택권이 향상된다.
ㄷ. 소규모 구역으로 인해 지근거리에서 의견을 표출하고 참여할 수 있다.
ㄹ. 도농격차를 완화하고 균형발전의 계기가 될 수 있다.

① ㄱ, ㄴ   ② ㄴ, ㄷ   ③ ㄴ, ㄹ   ④ ㄷ, ㄹ

08

「지방자치법」상 지방의회의원에 대한 설명으로 옳지 않은 것은?

① 지방의회의원에게 지급되는 의정활동비와 월정수당은 의정비심의위원회 결정 대상에서 제외한다.
② 지방의회의원이 직무로 인하여 신체에 상해를 입거나 사망한 경우와 그 상해나 직무로 인한 질병으로 사망한 경우에는 보상금을 지급할 수 있다.
③ 지방의회의원의 의정활동을 지원하기 위하여 지방의회의원 정수의 2분의 1 범위에서 해당 지방자치단체의 조례로 정하는 바에 따라 지방의회에 정책지원 전문인력을 둘 수 있다.
④ 정책지원 전문인력은 지방공무원으로 보하며, 직급·직무 및 임용절차 등 운영에 필요한 사항은 대통령령으로 정한다.

09

A군(郡)은 같은 도(道)에 속해 있는 B군(郡)과 「지방자치법」상 협력을 하고자 한다. 이에 대한 설명으로 옳지 않은 것은?

① A군수가 자신의 소관사무 일부를 B군수에게 위탁하여 처리하게 할 수 있으며, A군수는 이를 도지사에게 보고해야 한다.
② A군은 사무의 일부를 B군과 공동으로 처리하기 위해 행정협의회를 구성할 수 있으며, A군수는 이를 도지사에게 보고해야 한다.
③ A군과 B군은 사무를 공동으로 처리할 필요가 있을 때 규약을 정하여 지방의회의 의결을 거쳐 도지사의 승인을 받아 지방자치단체조합을 설립할 수 있다.
④ B군이 A군으로부터 사무의 공동처리에 관한 요청을 받으면 법령의 범위에서 협력해야 한다.

10

다음 중 「지방자치법」에서 예시하고 있는 지방자치단체의 사무를 모두 고르면?

ㄱ. 물가정책·금융정책·수출입정책
ㄴ. 지역개발과 자연환경보전 및 생활환경시설의 설치·관리
ㄷ. 근로기준·측량단위
ㄹ. 교육·체육·문화·예술의 진흥
ㅁ. 농림·수산·상공업 등 산업 진흥
ㅂ. 지역민방위 및 지방소방
ㅅ. 국제교류 및 협력
ㅇ. 농산물·임산물·축산물·수산물 및 양곡의 수급조절

① ㄱ, ㄴ, ㄹ, ㅂ, ㅇ
② ㄴ, ㄹ, ㅁ, ㅂ, ㅅ
③ ㄴ, ㄹ, ㅁ, ㅅ, ㅇ
④ ㄷ, ㅁ, ㅂ, ㅅ, ㅇ

11

「지방재정법」상 지방자치단체의 예산에 대한 설명으로 옳지 않은 것은?

① 투자심사에 관한 지방자치단체의 장의 자문에 응하기 위하여 지방자치단체의 장 소속으로 지방재정투자심사위원회를 둔다.
② 지방재정투자심사위원회 소속 민간위원의 임기는 3년 이내에서 조례로 정하며, 한 차례만 연임할 수 있다.
③ 지방자치단체가 예산안에 첨부하는 재정운용상황개요서에는 지방공기업의 부채는 포함되지만 출자기관의 부채는 제외된다.
④ 지방자치단체의 세출은 원칙적으로 지방채 외의 세입을 재원으로 하여야 한다.

12

우리나라 지방선거제도에 대한 설명으로 옳지 않은 것은?

① 하나의 시·군·자치구의원 지역구에서 선출할 지역구시·군·자치구의원 정수는 2인 이상 4인 이하이다.
② 외국인에게는 영주권을 취득한 날부터 지방선거의 선거권이 주어진다.
③ 지방선거에 피선거권을 갖기 위해서 해당 지방자치단체에 주민등록이 되어 있어야 하는 기간은 선거일 현재 계속하여 60일 이상이다.
④ 기초지방의회의원의 선거구는 행정구역과 인구규모 등을 모두 고려하여 획정하고, 지역구별 의원정수는 조례로 정한다.

13

「지방교부세법」상 다음 빈 칸에 들어갈 내용으로 알맞은 것은?

> 지방교부세법 제9조의4(소방안전교부세의 교부)
> ① 행정안전부장관은 다음 각 호의 구분에 따라 소방안전교부세를 지방자치단체에 전액 교부하여야 한다. 이 경우 (ㄱ) 분야에 대해서는 소방청장의 의견을 들어 교부하여야 한다.
>   1. 지방자치단체의 소방 인력 운용, 소방시설 확충 및 소방안전관리 강화 목적 : 「개별소비세법」에 따라 담배에 부과하는 개별소비세 총액의 100분의 (ㄴ) 이상에 해당하는 금액
>   2. 지방자치단체의 안전시설 확충 및 안전관리 목적 : 「개별소비세법」에 따라 담배에 부과하는 개별소비세 총액의 100분의 (ㄷ) 이하에 해당하는 금액
> ② … 제1항제1호의 금액 중 「개별소비세법」에 따라 담배에 부과하는 개별소비세 총액의 100분의 (ㄹ)에 해당하는 부분은 소방 인력의 인건비로 우선 충당하여야 한다.

	ㄱ	ㄴ	ㄷ	ㄹ
①	소방	40	5	25
②	안전	40	5	30
③	소방	30	15	25
④	안전	30	15	30

14

「지방자치법」상 지방의회에 대한 설명으로 옳지 않은 것은?

① 지방의회의 의장이나 부의장이 궐위된 경우에는 보궐선거를 실시한다.
② 지방의회의 의장이나 부의장이 법령을 위반하거나 정당한 사유 없이 직무를 수행하지 아니하면 지방의회는 불신임을 의결할 수 있다.
③ 지방의회의 의장이 부득이한 사유로 직무를 수행할 수 없을 때에는 임시의장을 선출하여 의장의 직무를 대행하게 한다.
④ 지방의회의 의장이나 부의장에 대한 불신임 의결은 재적의원 4분의 1 이상의 발의와 재적의원 과반수의 찬성으로 한다.

15
「지방자치법」상 지방의회에 대한 설명으로 옳은 것은?

① 지방의회의원은 다른 의원의 자격에 대하여 이의가 있으면 재적의원 3분의 2 이상의 찬성으로 지방의회의 의장에게 자격심사를 청구할 수 있다.
② 지방의회는 지방의회의원 중에서 시·도의 경우 의장 1명과 부의장 1명을 무기명투표로 선출하여야 한다.
③ 지방의회는 지방의회의원이 이 법이나 자치법규에 위배되는 행위를 하면 윤리특별위원회의 심사를 거쳐 의결로써 징계할 수 있다.
④ 지방의회에 제출된 의안은 회기 중에 의결되지 못하면 폐기된다.

16
「지방자치법」상 국가와 지방자치단체 간의 관계에 대한 설명으로 옳지 않은 것은?

① 시·군 및 자치구나 그 장이 위임받아 처리하는 시·도의 사무에 관하여는 시·도지사의 지도·감독을 받는다.
② 행정안전부장관 또는 시·도지사는 자치사무에 대한 감사를 하기 전에 해당 사무의 처리가 법령에 위반되는지 등을 확인하여야 한다.
③ 행정협의조정위원회는 위원장 1명을 포함하여 11명 이내의 위원으로 구성한다.
④ 주무부장관이나 시·도지사는 해당 지방자치단체의 장이 이행명령을 이행하지 아니하면 그 지방자치단체의 비용부담으로 대집행 또는 행정상·재정상 필요한 조치를 할 수 있다.

17
「지방자치법」상 하부행정기관에 대한 설명으로 옳지 않은 것은?

① 자치구가 아닌 구에 구청장, 읍에 읍장, 면에 면장을 두며, 이 경우 면·동은 행정면·행정동을 말한다.
② 읍장·면장·동장은 일반직 지방공무원으로 보하되, 시장·군수 또는 자치구의 구청장이 임명한다.
③ 동장은 시장 또는 자치구가 아닌 구의 구청장을 제외한 구청장의 지휘·감독을 받아 소관 국가사무와 지방자치단체의 사무를 맡아 처리하고 소속 직원을 지휘·감독한다.
④ 지방자치단체는 조례로 정하는 바에 따라 자치구가 아닌 구와 읍·면·동에 소관 행정사무를 분장하기 위하여 필요한 행정기구를 둘 수 있다.

18
「지방재정법」상 지방자치단체의 예산에 대한 내용으로 옳은 것을 모두 고르면?

> ㄱ. 지방자치단체장은 매년 5회계연도 이상의 기간에 대한 중기지방재정계획을 수립하여 예산안과 함께 지방의회에 제출해야 한다.
> ㄴ. 지방자치단체장은 예산이 여성과 남성에게 미칠 영향을 미리 분석한 보고서를 작성하여야 한다.
> ㄷ. 지방자치단체장은 지방의회의 예산안 심의 결과 감액된 지출항목에 대해 예비비를 사용할 수 있다.
> ㄹ. 지방자치단체가 현물로 출자하는 경우와 기금을 운용하는 경우 이를 세입·세출예산 외로 처리할 수 있다.

① ㄱ, ㄴ   ② ㄱ, ㄷ   ③ ㄱ, ㄴ, ㄹ   ④ ㄴ, ㄷ, ㄹ

19
「지방자치법」상 규칙의 제·개정과 폐지 의견 제출에 대한 설명으로 옳지 않은 것은?

① 주민은 규칙의 제정, 개정 또는 폐지와 관련된 의견을 해당 지방자치단체의 장에게 제출할 수 있다.
② 법령이나 조례를 위반하거나 법령이나 조례에서 위임한 범위를 벗어나는 사항은 의견 제출 대상에서 제외한다.
③ 지방자치단체의 장은 규칙의 제정과 관련하여 제출된 의견에 대하여 의견이 제출된 날부터 30일 이내에 검토 결과를 그 의견을 제출한 주민에게 통보하여야 한다.
④ 규칙의 제정과 관련된 주민의 의견 제출, 주민 의견에 대한 지방자치단체장의 검토와 결과 통보의 방법 및 절차는 대통령령으로 정한다.

20
생활정치에 대한 설명으로 옳지 않은 것은?

① 기든스(Giddens)는 정치를 해방정치와 생활정치로 구분하면서, 생활정치는 자아실현을 촉진하는 정당한 생활형식이라고 보았다.
② 특정 지역의 특수성이 아닌 전국 단위를 반영한 생활의제를 중심으로 다룬다.
③ 정부의 하향식 의사결정이 아닌 일상생활 속 문제나 의제들의 주체적 선택을 통한 상향식 의사결정을 강조한다.
④ 공론장에서의 토론과 합의를 통한 시민적 공공성을 형성한다.

01

아른스타인(Arnstein)의 참여의 사다리 중 다음 제시문에서 설명하고 있는 유형은?

> • 지방정부가 의도한 목적과 방향으로 주민을 이끌고 가기 위한 방편이다.
> • 주민들을 교정의 대상으로 보고 일방적으로 주민들의 의견과 참여를 관리하는 것이다.

① 치유(Therapy)
② 정보제공(Informing)
③ 유화(Placation)
④ 동반자관계(Partnership)

02

「지방자치법」상 지방자치단체에 대한 설명으로 옳지 않은 것은?

① 지방자치단체는 법인으로 한다.
② 특별자치도의 경우에는 법률이 정하는 바에 따라 관할 구역 안에 시 또는 군을 두지 아니할 수 있다.
③ 지방자치단체장의 선임방법을 제외한 지방자치단체의 기관 구성 형태를 따로 법률로 정하는 바에 따라 달리 할 수 있다.
④ 지방자치단체인 구는 특별시와 광역시의 관할 구역의 구만을 말한다.

03

「지방자치법」상 지방자치단체분쟁조정위원회에 대한 설명으로 옳은 것을 모두 고르면?

> ㄱ. 지방자치단체중앙분쟁조정위원회와 지방자치단체지방분쟁조정위원회는 각각 위원장 1명을 포함하여 13명 이내의 위원으로 구성한다.
> ㄴ. 지방자치단체중앙분쟁조정위원회의 경우 대통령령으로 정하는 중앙행정기관 소속 공무원은 당연직위원이 된다.
> ㄷ. 공무원이 아닌 위원장 및 위원의 임기는 3년으로 한다.
> ㄹ. 지방자치단체지방분쟁조정위원회의 위원장은 행정안전부장관이 임명하거나 위촉하고, 조례로 정하는 해당 지방자치단체 소속 공무원은 당연직위원이 된다.

① ㄱ, ㄴ   ② ㄴ, ㄷ   ③ ㄴ, ㄹ   ④ ㄷ, ㄹ

04

「지방자치법」상 지방의회에 대한 설명으로 옳지 않은 것은?

① 특별한 이유가 있으면 지방자치단체의 장은 관계 공무원에게 지방의회에 출석하여 답변하게 할 수 있다.
② 지방의회 의장은 지방자치단체장이나 재적의원 3분의 1 이상의 의원이 요구하면 15일 이내에 임시회를 소집하여야 한다.
③ 본회의 폐회 중에는 지방의회의 의장이 서류의 제출을 해당 지방자치단체의 장에게 요구할 수 있다.
④ 새로운 지방자치단체가 설치된 경우에 최초의 임시회는 지방의회 사무처장·사무국장·사무과장이 해당 지방자치단체가 설치되는 날에 소집한다.

05

재정자립도에 대한 설명으로 옳은 것을 모두 고르면?

> ㄱ. 지방재정수입의 자체 충당 능력을 나타내는 세입분석지표이다.
> ㄴ. 지방자치단체가 자주적으로 재량권을 가지고 사용할 수 있는 재원이 전체 세입 중 얼마나 되는가를 나타내는 지표이다.
> ㄷ. 지방자치단체의 표준적인 행정서비스 수준을 나타내는 기준재정수요에 대해 기준재정수입이 어느 정도 충당하는지를 나타내는 지표이다.
> ㄹ. 일반회계 예산규모 중 의존재원의 비율이 낮고 자체재원의 비중이 높은 경우 지방재정이 취약함에도 재정자립도는 올라갈 수 있다.

① ㄱ, ㄴ   ② ㄱ, ㄹ   ③ ㄴ, ㄷ   ④ ㄷ, ㄹ

06

「지방재정법」상 지방채의 발행에 대한 설명으로 옳지 않은 것은?

① 지방자치단체장은 천재지변으로 발생한 예측할 수 없었던 세입결함의 보전을 위한 자금 조달에 필요할 때 지방채를 발행할 수 있다.
② 지방자치단체조합장이 지방채를 발행하기 위해서는 기획재정부장관의 승인을 받은 범위에서 조합의 구성원인 각 지방자치단체 지방의회의 의결을 얻어야 한다.
③ 지방자치단체조합장이 발행한 지방채에 대하여는 조합과 그 구성원인 지방자치단체가 그 상환과 이자의 지급에 관하여 연대책임을 진다.
④ 지방채 발행 한도액 범위더라도 지방자치단체장이 외채를 발행하는 경우에는 지방의회의 의결을 거치기 전에 행정안전부장관의 승인을 받아야 한다.

07

중앙·지방 간 사무배분 방식에 대한 설명으로 옳지 않은 것은?

① 개별적 배분방식은 지방자치단체별로 개별 법률을 통해 사무를 구체적으로 규정하는 방식이다.
② 포괄적 배분방식은 중앙정부가 처리하거나 법률로 특별히 금지되지 않는 사무에 대해서는 지방자치에 관한 일반법을 통해 포괄적으로 배분하는 방식이다.
③ 포괄적 배분방식은 사무의 범위와 책임을 명확히 한다는 점에서 긍정적이지만 국가 전체의 통일성 유지 측면에서 한계가 존재한다.
④ 과거 우리나라는 포괄적 배분방식을 적용했지만, 「지방자치법」의 개정으로 포괄적 예시주의라는 절충방식을 도입했다.

08

우리나라의 지방자치단체조합과 특별지방자치단체에 대한 비교로 옳지 않은 것은?

	지방자치단체조합	특별지방자치단체
① 설치 목적:	일부사무 공동처리	광역사무 공동처리
② 직원 구성:	소속직원 및 파견직원	파견직원
③ 조례 제정:	불가	가능
④ 법적 성격:	법인	법인

09

「지방공기업법」상 지방직영기업의 관리자가 담당하는 업무로 옳은 것은?

ㄱ. 요금이나 사용료를 징수하는 사항
ㄴ. 예산안을 의회에 제출하는 사항
ㄷ. 예산 내의 지출을 하는 경우 현금이 부족할 때에 일시 차입을 하는 사항
ㄹ. 「지방자치법」에 따른 과태료를 부과하는 사항
ㅁ. 결산을 작성하여 지방자치단체의 장에게 제출하는 사항

① ㄱ, ㄴ, ㄷ
② ㄷ, ㄹ, ㅁ
③ ㄱ, ㄷ, ㅁ
④ ㄴ, ㄹ, ㅁ

10

「지방자치법」상 사무배분의 기본원칙에 대한 설명으로 옳은 것을 모두 고르면?

ㄱ. 국가는 지방자치단체가 사무를 종합적·자율적으로 수행할 수 있도록 국가와 지방자치단체 간 또는 지방자치단체 상호 간의 사무를 주민의 편익증진, 집행의 효과 등을 고려하여 서로 중복되지 아니하도록 배분하여야 한다.
ㄴ. 지역주민생활과 밀접한 관련이 있는 사무는 원칙적으로 시·군 및 자치구의 사무로, 시·군 및 자치구가 처리하기 어려운 사무는 시·도의 사무로, 시·도가 처리하기 어려운 사무는 국가의 사무로 각각 배분하여야 한다.
ㄷ. 국가가 지방자치단체에 사무를 배분하거나 지방자치단체가 사무를 다른 지방자치단체에 재배분할 때에는 사무를 배분받거나 재배분받는 지방자치단체가 그 사무를 자기의 책임하에 종합적으로 처리할 수 있도록 관련 사무를 개별적으로 배분하여야 한다.

① ㄱ
② ㄱ, ㄴ
③ ㄴ, ㄷ
④ ㄱ, ㄴ, ㄷ

11

「지방자치법」상 주민감사청구에 대한 설명으로 옳지 않은 것은?

① 지방자치단체의 18세 이상의 주민이 감사를 청구하려면 청구인의 대표자를 선정하여 청구인명부에 적어야 하며, 청구인의 대표자는 감사청구서를 작성하여 해당 지방자치단체의 장에게 제출하여야 한다.
② 주민 감사 청구인명부의 서명에 관하여 이의가 있는 사람은 해당 주무부장관이나 시·도지사에게 이의를 신청할 수 있다.
③ 주무부장관이나 시·도지사는 주민 감사 청구를 처리할 때 청구인의 대표자에게 반드시 증거 제출 및 의견 진술의 기회를 주어야 한다.
④ 주무부장관이나 시·도지사는 감사 결과에 대해 지방자치단체의 장에게 조치한 요구 내용과 지방자치단체의 장의 조치 결과를 청구인의 대표자에게 서면으로 알리고 공표하여야 한다.

12

「지방자치법」상 지방의회의 행정사무 감사권 및 조사권에 대한 설명으로 옳지 않은 것은?

① 지방의회는 매년 1회 그 지방자치단체의 사무에 대하여 시·도에서는 14일의 범위에서, 시·군 및 자치구에서는 9일의 범위에서 감사를 실시한다.
② 감사 또는 조사를 위하여 필요하면 그 사무에 관계되는 사람을 출석하게 하여 증인으로서 선서한 후 증언하게 할 수 있으며, 출석요구를 받은 증인이 정당한 사유 없이 출석하지 아니하거나 증언을 거부한 경우에는 1천만원 이하의 과태료를 부과할 수 있다
③ 지방자치단체의 사무 중 특정 사안에 관하여 본회의 의결로 본회의나 위원회에서 조사하게 할 수 있으며, 조사를 발의할 때에는 재적의원 3분의 1 이상의 찬성이 있어야 한다.
④ 지방자치단체 및 그 장이 위임받아 처리하는 국가사무와 시·도의 사무에 대하여 국회와 시·도의회가 직접 감사하기로 한 사무 외에는 그 감사를 각각 해당 시·도의회와 시·군 및 자치구의회가 할 수 있다.

13

「지방자치법」상 지방자치단체장에 대한 직무이행명령의 설명으로 옳지 않은 것은?

① 지방자치단체의 장이 법령에 따라 그 의무에 속하는 국가위임사무의 관리와 집행을 명백히 게을리하고 있다고 인정되면 시·도에 대해서는 주무부장관이, 시·군 및 자치구에 대해서는 시·도지사가 기간을 정하여 서면으로 이행할 사항을 명령할 수 있다.
② 주무부장관은 시장·군수 및 자치구의 구청장이 법령에 따라 그 의무에 속하는 국가위임사무의 관리와 집행을 명백히 게을리하고 있다고 인정됨에도 불구하고 시·도지사가 이행명령을 하지 아니하는 경우 시·도지사에게 기간을 정하여 직무이행명령을 하도록 명할 수 있다.
③ 주무부장관은 시·도지사가 시장·군수 및 자치구의 구청장에게 직무이행명령을 하였으나 이를 이행하지 아니한 데 따른 대집행을 하지 아니하는 경우에는 곧바로 직접 대집행을 할 수 있다.
④ 지방자치단체의 장은 이행명령에 이의가 있으면 이행명령서를 접수한 날부터 15일 이내에 대법원에 소를 제기할 수 있다.

14

「지방자치법」상 지방자치단체장의 사무 위임에 대한 설명으로 옳지 않은 것은?

① 지방자치단체의 장은 조례나 규칙으로 정하는 바에 따라 그 권한에 속하는 사무의 일부를 보조기관, 소속 행정기관 또는 하부행정기관에 위임할 수 있다.
② 지방자치단체의 장은 조례나 규칙으로 정하는 바에 따라 그 권한에 속하는 사무의 일부를 관할 지방자치단체나 공공단체에 위임하거나 위탁할 수 있다.
③ 지방자치단체의 장이 위임받거나 위탁받은 사무의 일부를 다시 위임하거나 위탁하려면 미리 그 사무를 위임하거나 위탁한 기관의 장의 승인을 받아야 한다.
④ 지방자치단체의 장은 조례나 규칙으로 정하는 바에 따라 그 권한에 속하는 사무 중 주민의 권리·의무와 직접 관련되지 아니하는 사무를 법인 또는 단체에게 위탁할 수 있으나, 개인에게는 위탁할 수 없다.

15
지방자치단체가 부과할 수 있는 세목의 연결이 옳지 않은 것은?

① 세종특별자치시 – 지역자원시설세, 자동차세
② 경상남도 – 레저세, 지방소비세
③ 경기도 파주시 – 취득세, 지방소득세
④ 인천광역시 미추홀구 – 등록면허세, 재산세

16
「지방자치법」상 지방의회에 대한 설명으로 옳지 않은 것은?

① 지방의회는 심사대상인 조례안에 대하여 5일 이상의 기간을 정하여 그 취지, 주요 내용, 전문을 공보나 인터넷 홈페이지 등에 게재하는 방법으로 예고할 수 있다.
② 위원회에서 본회의에 부칠 필요가 없다고 결정된 의안은 지방의회의 의장이 요구하더라도 본회의에 부칠 수 없다.
③ 지방의회는 회의 운영에 관하여 이 법에서 정한 것 외에 필요한 사항을 회의규칙으로 정한다.
④ 지방의회의 의장은 회의록 사본을 첨부하여 회의 결과를 그 지방자치단체의 장에게 알려야 한다.

17
「지방자치법」상 지방자치단체조합에 대한 설명으로 옳은 것은?

① 지방자치단체조합의 구성원인 시·군 및 자치구가 2개 이상의 시·도에 걸쳐 있는 지방자치단체조합은 시·도지사의 승인을 받아야 한다.
② 지방의회는 공익상 필요하면 지방자치단체조합의 설립이나 해산 또는 규약의 변경을 명할 수 있다.
③ 보통지방자치단체와는 달리 조례제정권이 인정되지 않는다.
④ 관계 지방의회의원과 관계 지방자치단체의 장은 겸직금지원칙에 따라 지방자치단체조합장을 겸할 수 없다.

18
「지방자치법」상 부단체장에 대한 설명으로 옳지 않은 것은?

① 특별시의 부시장의 수는 3명을 넘지 아니하는 범위에서 대통령령으로 정한다.
② 시의 부시장, 군의 부군수 및 자치구의 부구청장의 수는 1명으로 한다.
③ 정무직 또는 일반직 국가공무원으로 보하는 광역자치단체의 부단체장은 시·도지사의 제청으로 행정안전부장관을 거쳐 대통령이 임명한다.
④ 광역자치단체에서 부단체장을 정무직과 별정직 지방공무원으로 보할 때의 자격기준은 대통령령으로 정한다.

19
「지방자치분권 및 지역균형발전에 관한 특별법」의 내용으로 옳지 않은 것은?

① 시·도지사는 5년을 단위로 하는 시·도 지방시대 계획을 수립한다.
② 지방시대위원회는 지방시대 종합계획을 수립할 때에는 시·도 지방시대 계획과 부문별 계획을 반영하여야 한다.
③ 시장·군수·구청장은 시·군·구 지방시대위원회를 설치·운영할 수 있다.
④ 지방시대 종합계획은 국무회의의 심의를 거쳐 대통령에게 보고하여야 하며, 대통령의 승인을 받을 필요는 없다.

20
「지방재정법」상 행정안전부장관이 지방자치단체를 긴급재정관리단체로 지정할 수 있는 경우에 해당하는 것은?

① 소속 공무원의 인건비를 20일 이상 지급하지 못한 경우
② 상환일이 도래한 채무의 원금 또는 이자에 대한 상환을 50일 이상 이행하지 못한 경우
③ 재정위기단체로 지정된 지방자치단체가 재정건전화계획을 3년간 이행하였음에도 불구하고 재정위기단체로 지정된 때부터 3년이 지난 이후의 지방자치단체의 재정위험 수준이 재정위기단체로 지정된 때보다 대통령령으로 정하는 수준 이하로 악화된 경우
④ 긴급재정관리단체로 지정하기 전에 지방자치단체의 장과 지방의회의 의견을 미리 청취하지 않은 경우

실전 모의고사 제3회

01

국고보조금에 대한 설명으로 옳지 않은 것은?

① 특정사업을 대상으로 지원되기 때문에 용도가 지정된다.
② 일반적으로 국고보조금은 일정 비율로 지방비부담을 요구하고 있다.
③ 보조금의 배분은 직권주의와 정액보조의 원칙을 따른다.
④ 국가의 통합적인 시책을 추진하고 외부효과가 큰 사업에 대해 집행하는 목적으로 활용된다.

02

「지방자치법」상 행정특례에 대한 설명으로 옳지 않은 것은?

① 서울특별시·광역시 및 특별자치시를 제외한 인구 50만 이상 대도시의 행정, 재정 운영 및 국가의 지도·감독에 대해서는 특례를 둘 수 있다.
② 실질적인 행정수요, 지역균형발전 및 지방소멸위기 등을 고려하여 대통령령으로 정하는 기준과 절차에 따라 시·도지사가 지정하는 시·군·구에 대한 추가 특례를 둘 수 있다.
③ 인구 50만 이상 대도시와 특례시의 인구 인정기준은 대통령령으로 정한다.
④ 서울특별시의 지위·조직 및 운영에 대해서는 수도로서의 특수성을 고려하여 법률로 정하는 바에 따라 특례를 둘 수 있다.

03

특별시에 거주하는 주민 A가 주민을 대표하여 지방의회에 조례의 개정을 청구하려고 할 때 적절하지 않은 것은?

① A는 18세 이상으로서 해당 특별시에 주민등록이 되어 있는 사람이어야 한다.
② A는 해당 특별시의 주민조례청구권자 총수 200분의 1의 범위 이내에서 특별시의 조례로 정하는 청구권자 수 이상의 서명을 받아야 한다.
③ A는 서명요청 기간이 지난 후 특별시의회 의장에게 청구인명부를 제출해야 한다.
④ 특별시의회의 의장은 청구인명부에 서명한 청구권자의 수가 청구요건에 미치지 못할 때 청구를 기각해야 한다.

04

「지방자치법」상 지방자치단체장에 대한 설명으로 옳지 않은 것은?

① 지방자치단체의 장의 임기는 4년으로 하며, 3기 내에서만 계속 재임할 수 있다.
② 당선이 결정된 때부터 해당 지방자치단체에 지방자치단체의 장의 직 인수위원회를 설치할 수 있다.
③ 지방자치단체장은 교원을 겸임할 수 있다.
④ 수사기관의 장은 체포되거나 구금된 지방자치단체의 장이 있으면 지체 없이 영장의 사본을 첨부하여 해당 지방자치단체에 알려야 한다.

05

단층제와 중층제에 대한 설명으로 옳지 않은 것은?

① 단층제를 적용했을 때 행정책임의 소재가 보다 명확해진다.
② 중층제를 적용했을 때 지역의 특성에 맞는 기초지방자치단체에 대한 지도·감독이 용이해진다.
③ 단층제를 적용했을 때 중앙정부의 기능이나 역할이 필요 이상으로 확대되는 것을 방지할 수 있다.
④ 중층제를 적용했을 때 중앙정부와 지방자치단체 간 의사소통 및 정보의 왜곡이 발생할 수 있다.

06

우리나라 지방선거제도에 대한 설명으로 옳지 않은 것은?

① 자치구·시·군의 지역구시·도의원 정수는 최소 1명으로 한다.
② 지방자치단체의 사무소 소재지가 다른 지방자치단체의 관할 구역에 있어 해당 지방자치단체의 장의 주민등록이 다른 지방자치단체의 관할 구역에 있게 된 때에는 해당 지방자치단체의 관할 구역에 주민등록이 되어 있는 것으로 본다.
③ 2 이상의 같은 종류의 지방자치단체가 합하여 새로운 지방자치단체가 설치된 때에는 종전의 지방자치단체의 장은 그 직을 상실하고, 새로운 지방자치단체의 장에 대해서는 새로 선거를 실시한다.
④ 비례대표시·도의원정수는 지역구시·도의원정수의 100분의 10으로 한다.

07

「지방자치법」상 지방자치단체장의 보조기관에 대한 설명으로 옳은 것은?

① 인구 800만 이상의 도는 2명을 넘지 않는 범위에서 부지사의 수를 대통령령으로 정한다.
② 광역자치단체의 부단체장을 2명이나 3명 두는 경우에 1명은 대통령령으로 정하는 바에 따라 정무직·일반직 또는 별정직 지방공무원으로 보한다.
③ 시의 부시장, 군의 부군수, 자치구의 부구청장은 일반직 국가공무원으로 보하되, 그 직급은 대통령령으로 정하며 시장·군수·구청장이 임명한다.
④ 지방자치단체에 두는 5급 이상의 국가공무원은 해당 지방자치단체의 장의 제청으로 소속 장관이 임명한다.

08

우리나라의 특별자치도에 대한 설명으로 옳지 않은 것은?

① 행정안전부장관은 제주특별자치도에 보통교부세 총액의 100분의 3을 보통교부세로 교부한다.
② 강원특별자치도는 미래산업글로벌도시 조성에 필요한 규제정비를 위하여 규제정비에 관한 기본적인 사항을 도조례로 정하여야 한다.
③ 강원특별자치도의 감사위원회는 자치감사를 체계적으로 수행하기 위하여 그 감사를 수행하기 전에 자치감사계획을 수립하여야 한다.
④ 전북특별자치도가 실질적 지방분권 및 지역 경쟁력 제고에 기여할 수 있도록 주요사항을 심의하기 위하여 행정안전부장관 소속으로 전북특별자치도 지원위원회를 둔다.

09

「지방자치법」상 변상명령에 대한 설명으로 옳은 것을 모두 고르면?

> ㄱ. 지방자치단체의 장은 변상명령요구소송에 대하여 변상할 것을 명하는 판결이 확정되면 판결이 확정된 날부터 60일 이내를 기한으로 하여 당사자에게 그 판결에 따라 결정된 금액을 변상할 것을 명령하여야 한다.
> ㄴ. 변상할 것을 명령받은 자가 변상금을 지급하지 아니하면 지방세 체납처분의 예에 따라 징수할 수 있다.
> ㄷ. 변상할 것을 명령받은 자는 그 명령에 불복하는 경우 행정심판청구와 행정소송을 제기할 수 있다.

① ㄱ ② ㄱ, ㄴ ③ ㄱ, ㄴ, ㄷ ④ ㄴ, ㄷ

10

「지방자치법」상 전국적 협의체에 대한 설명으로 옳지 않은 것은?

① 지방자치단체의 장뿐만 아니라 지방의회의 의장도 전국적 협의체를 설립할 수 있다.
② 전국적 협의체를 설립하였을 때 그 대표자는 지체 없이 행정안전부장관의 승인을 받아야 한다.
③ 전국적 협의체는 지방자치에 직접적인 영향을 미치는 법령에 관한 의견을 행정안전부장관에게 제출할 수 있다.
④ 전국적 협의체는 지방자치와 관련된 법률의 제정이 필요하다고 인정하는 경우에 국회에 서면으로 의견을 제출할 수 있다.

11

「지방자치법」상 조례와 규칙에 대한 설명으로 옳은 것은?

> ㄱ. 지방의회의 의장이 조례를 공포하는 경우에는 공보나 일간신문에 게재하거나 게시판에 게시한다.
> ㄴ. 법령에서 조례로 정하도록 위임한 사항은 그 법령의 하위 법령에서 그 위임의 내용과 범위를 제한할 수 있다.
> ㄷ. 조례 위반에 대한 과태료는 해당 지방자치단체의 장이나 그 관할 구역의 지방자치단체의 장이 부과·징수한다.
> ㄹ. 조례나 규칙을 제정하거나 개정하거나 폐지할 경우 조례는 지방의회에서 이송된 날부터 5일 이내에, 규칙은 공포 예정일 10일 전에 시·도지사는 관계 중앙행정기관의 장에게, 시장·군수 및 자치구의 구청장은 시·도지사에게 그 전문을 첨부하여 각각 보고하여야 한다.

① ㄱ, ㄴ
② ㄱ, ㄷ
③ ㄱ, ㄷ, ㄹ
④ ㄴ, ㄷ, ㄹ

12

「지방자치법」상 사무의 위탁에 대한 설명으로 옳지 않은 것은?

① 지방자치단체나 그 장은 소관 사무의 일부를 다른 지방자치단체나 그 장에게 위탁하여 처리하게 할 수 있다.
② 사무위탁에 관한 규약에는 위탁사무의 관리와 처리에 드는 경비의 부담과 지출방법이 포함되어야 한다.
③ 지방자치단체나 그 장은 사무위탁을 변경하거나 해지하려면 행정안전부장관과 협의하여 그 사실을 고시하여야 한다.
④ 사무가 위탁된 경우 위탁된 사무의 관리와 처리에 관한 조례나 규칙은 규약에 다르게 정해진 경우 외에는 사무를 위탁받은 지방자치단체에 대해서도 적용한다.

13

「지방자치법」상 주민청원에 관한 내용으로 옳지 않은 것은?

① 청원을 하려는 주민은 지방자치단체의 장에게 청원서를 제출하여야 한다.
② 재판에 간섭하는 내용의 청원은 수리에서 제외된다.
③ 지방의회의 의장은 청원서를 접수하면 소관 위원회나 본회의에 회부하여 심사를 하게 한다.
④ 청원서에는 청원자의 성명 및 주소를 적고 서명·날인하여야 한다.

14

지방교육자치에 대한 설명으로 옳지 않은 것은?

① 인구 800만 명 이상이고 학생 150만 명 이상인 시·도는 3인의 부교육감을 둘 수 있다.
② 교육감은 법령 또는 조례의 범위 안에서 그 권한에 속하는 사무에 관하여 교육규칙을 제정할 수 있다.
③ 교육감선거에서 해당 지방자치단체의 교육감이 그 직을 가지고 입후보하는 경우 선거일 전 90일까지 그 직을 그만두지 않아도 된다.
④ 교육감은 학생의 안전과 교육기관의 재산보호를 위하여 긴급하게 필요한 사항으로서 시·도의회가 소집될 시간적 여유가 없을 때 선결처분을 할 수 있다.

15

「주민소환에 관한 법률」의 내용으로 옳지 않은 것은?

① 주민소환투표사무는 관할선거관리위원회가 관리한다.
② 주민소환은 주민소환투표권자 총수의 4분의 1 이상의 투표와 유효투표 총수 과반수의 찬성으로 확정된다.
③ 주민소환투표대상자가 자진사퇴, 피선거권 상실 또는 사망 등으로 궐위된 때에는 주민소환투표를 실시하지 아니한다.
④ 지역구 기초의회의원에 대한 주민소환을 위해서는 주민소환투표청구권자 총수의 100분의 20 이상의 주민서명이 필요하다.

16

지역사회 권력구조와 지방정치 이론에 대한 설명으로 옳지 않은 것은?

① 무의사결정론에 따르면 엘리트 집단은 그들에게 불리한 의제나 현안은 편견의 동원을 통해 아예 논의의 대상이 되지 않도록 하는 비가시적인 권력을 가진다.
② 도시한계론에 따르면 지방이 직면한 구조적 제약 하에 지방정부의 정책은 경제적 요인보다 정치적 이해관계가 더 큰 영향을 미친다.
③ 성장기구론에 따르면 토지자산가와 개발업자는 성장연합을 형성하여 개발을 통해 자산의 교환가치를 극대화하는 데 집중한다.
④ 레짐이론에 따르면 지방정부는 시장을 주도하는 기업을 비롯한 사적영역과의 연합을 통해 지역정책을 결정한다.

17

「지방자치법」상 세외수입에 대한 설명으로 옳지 않은 것은?

① 지방자치단체는 공공시설의 이용 또는 재산의 사용에 대하여 사용료를 징수할 수 있다.
② 지방자치단체는 국가나 다른 지방자치단체의 위임사무가 특정인을 위한 것이면 그 사무에 대하여 수수료를 징수할 수 있으나, 이 때의 수수료는 그 지방자치단체의 수입으로 할 수 없다.
③ 지방자치단체는 그 재산 또는 공공시설의 설치로 주민의 일부가 특히 이익을 받으면 이익을 받는 자로부터 그 이익의 범위에서 분담금을 징수할 수 있다.
④ 사용료·수수료 또는 분담금의 징수에 관한 사항은 조례로 정한다.

18

「지방자치법」상 지방의회의 권한에 대한 설명으로 옳은 것은?

① 지방의회는 매년 2회 그 지방자치단체의 사무에 대하여 시·도에서는 14일의 범위에서, 시·군 및 자치구에서는 9일의 범위에서 감사를 실시한다.
② 지방의회가 조사를 발의할 때에는 이유를 밝힌 서면으로 하여야 하며, 재적의원 3분의 2 이상의 찬성이 있어야 한다.
③ 지방의회의 감사에 출석요구를 받은 증인이 정당한 사유 없이 출석하지 아니하거나 선서 또는 증언을 거부한 경우에는 1천만원 이하의 과태료를 부과할 수 있다.
④ 지방의회의 감사 또는 조사를 위하여 필요한 사항은 「국정감사 및 조사에 관한 법률」에 준하여 대통령령으로 정한다.

19

「지방자치법」상 주민참여에 대한 설명으로 옳지 않은 것은?

① 주민은 모든 규칙의 개정과 관련된 의견을 해당 지방자치단체의 장에게 제출할 수 있다.
② 주민은 법령으로 정하는 바에 따라 주민생활에 영향을 미치는 지방자치단체의 정책의 결정 및 집행 과정에 참여할 권리를 가진다.
③ 주민감사청구는 사무처리가 있었던 날이나 끝난 날부터 3년이 지나면 제기할 수 없다.
④ 주무부장관이나 시·도지사는 주민감사청구를 처리할 때 청구인의 대표자에게 반드시 의견 진술의 기회를 주어야 한다.

20

지방자치권에 대한 시각 중 제도적 보장설에 대한 설명으로 옳은 것을 모두 고르면?

> ㄱ. 국가의 주권 하에 자치권이 부여되지만 헌법에 의해 지방자치의 본질이나 정신이 특별히 보호된다는 입장이다.
> ㄴ. 지방자치단체의 자치권은 국가의 존립 및 그의 범위 내에서만 인정되고 행사된다는 시각이다.
> ㄷ. 자연법 사상에 기반한 개인의 기본권과 같이 자치권을 지방의 고유한 권한으로 보는 시각이다.
> ㄹ. 입법부의 법률적 권한에 의한 왜곡이나 침해로부터 자치권을 보호하기 위한 방식이다.

① ㄱ, ㄴ   ② ㄱ, ㄷ   ③ ㄱ, ㄹ   ④ ㄴ, ㄹ

01

국가와 지방자치단체 간 사무배분원칙에 대한 설명으로 옳지 않은 것은?

① 효율성의 원칙은 기관 간 사무가 서로 겹치지 않도록 배분되어야 함을 의미한다.
② 종합성의 원칙은 특정의 사무만을 배분하지 않고 서로 연관된 사무를 함께 포괄적으로 배분해야 함을 의미한다.
③ 재정확보의 원칙은 지방자치단체로 사무를 배분하는 경우 해당 사무의 처리를 위한 재정을 확보할 수 있도록 하여야 함을 의미한다.
④ 슈프(Shoup)의 원칙에는 행정책임 명확화의 원칙, 능률의 원칙, 기초자치단체 우선의 원칙이 포함된다.

02

「지방자치법」상 예산과 결산에 대한 설명으로 옳지 않은 것은?

① 지방의회는 새로운 재정부담이 따르는 조례나 안건을 의결하려면 미리 지방자치단체의 장의 의견을 들어야 한다.
② 지방자치단체의 장은 한 회계연도를 넘어 계속하여 경비를 지출할 필요가 있으면 그 총액과 연도별 금액을 정하여 계속비로서 지방의회의 의결을 받아야 한다.
③ 새로운 지방자치단체가 설치된 경우 해당 지방자치단체의 장은 예산이 성립될 때까지 필요한 경상적 수입과 지출을 할 수 있으며, 이 때 수입과 지출은 새로 성립될 예산과는 별도로 운영한다.
④ 지방자치단체를 폐지하거나 설치하거나 나누거나 합쳐 없어진 지방자치단체의 수입과 지출은 없어진 날로 마감하되, 그 지방자치단체의 장이었던 사람이 결산하여야 한다.

03

「지방자치법」상 지방자치단체에 대한 설명으로 옳지 않은 것은?

① 자치구가 아닌 구의 구청장은 일반직 국가공무원으로 보하되, 시장이 임명한다.
② 지방자치단체에 두는 행정기구의 설치와 지방공무원의 정원은 인건비 등 대통령령으로 정하는 기준에 따라 그 지방자치단체의 조례로 정한다.
③ 지방자치단체에는 법률로 정하는 바에 따라 국가공무원을 둘 수 있다.
④ 지방자치단체는 특정 업무를 효율적으로 수행하기 위하여 필요하면 대통령령으로 정하는 범위에서 그 지방자치단체의 조례로 사업소를 설치할 수 있다.

04

A도(道)에 속해 있는 B군(郡)에 대한 「지방자치법」상 지도·감독의 설명으로 옳지 않은 것은?

① 주무부장관은 지방자치단체의 사무에 관한 B군수의 처분이 법령에 위반됨에도 불구하고 A도지사가 시정명령을 하지 않으면 A도지사에게 기간을 정하여 시정명령을 하도록 명할 수 있다.
② 주무부장관은 A도지사가 시정명령을 하지 않으면 지체 없이 B군수의 처분을 취소하거나 정지해야 한다.
③ 주무부장관은 A도지사가 B군수에게 시정명령을 하였으나 이를 이행하지 아니한 데 따른 취소·정지를 하지 않는 경우에는 A도지사에게 기간을 정하여 B군수의 처분을 취소하거나 정지할 것을 명할 수 있다.
④ B군수는 자치사무에 관한 처분의 취소 또는 정지에 대하여 이의가 있으면 그 취소처분 또는 정지처분을 통보받은 날부터 15일 이내에 대법원에 소를 제기할 수 있다.

05

우리나라 지방선거의 역사에 대한 내용으로 옳지 않은 것은?

① 현재 광역단체장과 기초단체장은 모두 소선거구제에 의해 선출된다.
② 1차 지방선거는 한국전쟁의 와중에서 실시되었다.
③ 1956년에 시·읍·면장의 직선제가 실시되었다.
④ 2002년 3차 전국 동시지방선거부터 기초의회의원까지 정당 투표 방식에 의한 비례대표제를 도입하였다.

06

세외수입에 대한 설명으로 옳지 않은 것은?

① 일반적으로 사용자부담원칙이 적용된다.
② 변동이 작고 재정의 안정성이 높다.
③ 상위 법령에 위반되지 않는 한 지방자치단체가 자율적으로 발굴 및 확장할 수 있는 잠재적 수입원이다.
④ 수입원의 법적 근거에 따라 용처가 특정되어 있는 경우가 많다.

07

「지방자치법」상 지방자치단체의 국제교류 및 협력에 대한 설명으로 옳지 않은 것은?

① 지방자치단체가 국제교류·협력 등의 업무를 원활히 수행하기 위하여 필요한 곳에 설치할 수 있는 해외사무소는 지방자치단체 간 협력을 통해 공동으로 설치해야 하며, 단독으로는 설치할 수 없다.
② 지방자치단체는 국가의 외교·통상 정책과 배치되지 아니하는 범위에서 국제교류·협력, 통상·투자유치를 위하여 외국의 지방자치단체, 민간기관, 국제기구와 협력을 추진할 수 있다.
③ 지방자치단체는 해외사무소가 효율적으로 운영될 수 있도록 노력해야 한다.
④ 지방자치단체는 국제기구 설립·유치 또는 활동 지원을 위하여 국제기구에 공무원을 파견하거나 운영비용 등 필요한 비용을 보조할 수 있다.

08

지방자치법령상 중앙지방협력회의에 대한 설명으로 옳지 않은 것은?

① 국가와 지방자치단체 간의 협력을 도모하고 지방자치 발전과 지역 간 균형발전에 관련되는 중요 정책을 심의하기 위하여 중앙지방협력회의를 둔다.
② 부의장은 의장에게 회의의 소집을 요청할 수 있으며, 의장이 협력회의에 출석하지 못하는 경우에는 시·도지사협의회장, 국무총리의 순으로 그 직무를 대행한다.
③ 중앙지방협력회의의 의장은 분기별 1회 정례회의를 소집하며, 해당 분기에 부득이한 사정이 있는 경우에는 개최 시기를 조정할 수 있다.
④ 중앙지방협력회의에 상정하는 지방 안건의 발굴·조정을 지원하기 위해 시·도지사의 전국적 협의체에 중앙지방협력회의지방지원단을 둔다.

09

「지방자치법」상 지방자치단체장의 권한에 대한 설명으로 옳은 것을 모두 고르면?

ㄱ. 지방자치단체장의 재의요구에 따라 지방의회에서 재의결된 사항이 법령에 위반된다고 인정되면 지방자치단체장은 대법원에 소를 제기할 수 있다.
ㄴ. 지방자치단체장은 지방의회의 의결이 예산상 집행할 수 없는 경비를 포함하고 있다고 인정되면 그 의결사항을 이송받은 날부터 20일 이내에 이유를 붙여 재의를 요구할 수 있다.
ㄷ. 지방자치단체장의 선결처분은 지체 없이 지방의회에 보고하여 승인을 받아야 하며, 이를 받지 못하면 그 선결처분은 그때부터 효력을 상실한다.

① ㄱ ② ㄱ, ㄴ ③ ㄴ, ㄷ ④ ㄱ, ㄴ, ㄷ

10
「지방자치법」상 지방의회에 대한 설명으로 옳지 않은 것은?

① 위원회는 그 직무에 속하는 사항에 관하여 의안을 제출할 수 있다.
② 지방의회에서 부결된 의안은 같은 회기 중에 다시 발의하거나 제출할 수 없다.
③ 지방의회의원에 대한 자격상실 의결은 무기명투표로 표결한다.
④ 지방의회의원이 조례안을 발의하는 경우에는 발의 의원과 찬성 의원을 구분하되, 해당 조례안의 제명의 부제로 찬성 의원의 성명을 기재하여야 한다.

11
「지방자치법」상 조례에 대한 설명으로 옳지 않은 것은?

① 조례안이 지방의회에서 의결되면 지방의회의 의장은 의결된 날부터 5일 이내에 그 지방자치단체의 장에게 이송하여야 한다.
② 지방자치단체의 장은 조례안의 일부에 대하여 또는 조례안을 수정하여 재의를 요구할 수 없다.
③ 지방자치단체의 장이 이송 받은 조례안을 20일 이내에 공포하지 않으면 그 조례안은 폐기된다.
④ 조례와 규칙은 특별한 규정이 없으면 공포한 날부터 20일이 지나면 효력을 발생한다.

12
「지방자치법」상 지방의회에 대한 설명으로 옳은 것은?

ㄱ. 지방의회의원에게 지급되는 비용에는 의정활동비, 월정수당, 여비가 포함된다.
ㄴ. 정당의 당원이 될 수 있는 교원은 지방의회의원으로 당선될 수 없다.
ㄷ. 지방의회의원은 현행범인 경우를 제외하고는 회기 중 지방의회의 동의 없이 체포 또는 구금되지 아니한다.
ㄹ. 지방자치단체의 사무 중 특정 사안에 관하여 본회의 의결로 본회의나 위원회에서 조사하게 할 수 있다.

① ㄱ, ㄴ ② ㄱ, ㄷ, ㄹ ③ ㄱ, ㄹ ④ ㄴ, ㄹ

13
「지방자치법」상 위원회에 대한 설명으로 옳지 않은 것은?

① 위원회는 그 소관에 속하는 의안과 청원 등 또는 지방의회가 위임한 특정한 안건을 심사한다.
② 위원회는 본회의의 의결이 있거나 지방의회의 의장 또는 위원장이 필요하다고 인정할 때, 재적위원 3분의 1 이상이 요구할 때에 개회한다.
③ 지방의회의원의 윤리강령과 윤리실천규범 준수 여부 및 징계에 관한 사항을 심사하기 위하여 윤리특별위원회를 둔다.
④ 윤리심사자문위원회의 위원은 민간전문가 중에서 윤리특별위원회 위원장이 위촉한다.

14
라이트(Wright)의 정부간 관계 모형에 대한 설명으로 옳은 것을 모두 고르면?

ㄱ. 동등권위형(coordinate authority model)은 상호 독립적으로 분리되는 고유권한의 존재로 인해 개별정부 단위의 권한을 침범하게 되면 공식적·법적 다툼의 여지가 발생한다.
ㄴ. 내포권위형(inclusive model)에서 연방정부와 하위정부의 관계는 계층제적 관계로 주정부 및 기초지방정부는 연방정부의 정책결정을 집행하는 성격을 가진다.
ㄷ. 중첩권위형(overlapping model)은 연방정부, 주정부, 지방정부 사이에 중첩하는 권위 영역이 존재하며 이를 위해 공동으로 서비스를 제공한다.

① ㄱ ② ㄱ, ㄴ ③ ㄴ, ㄷ ④ ㄱ, ㄴ, ㄷ

15
「지방자치법」상 행정협의회에 대한 설명으로 옳은 것을 모두 고르면?

ㄱ. 행정협의회는 법인으로 한다.
ㄴ. 행정협의회의 회장과 위원은 규약으로 정하는 바에 따라 관계 지방자치단체의 직원 중에서 선임한다.
ㄷ. 행정안전부장관이나 시·도지사가 행정협의회에서 합의가 이루어지지 않은 사항에 대해 조정을 하려면 관계 중앙행정기관의 장과의 협의를 거쳐 분쟁조정위원회의 의결에 따라 조정하여야 한다.
ㄹ. 지방자치단체는 행정협의회를 구성하려면 관계 지방자치단체 간의 협의에 따라 규약을 정하여 관계 지방의회에 각각 보고한 다음 고시하여야 한다.

① ㄱ, ㄴ ② ㄴ, ㄷ ③ ㄷ, ㄹ ④ ㄴ, ㄷ, ㄹ

16

「지방공기업법」상 지방직영기업의 요금에 대한 설명으로 옳지 않은 것은?

① 지방자치단체는 지방직영기업의 급부에 대하여 조례로 정하는 바에 따라 요금을 징수할 수 있다.
② 요금은 적정하여야 하고, 지역 간 요금수준의 형평을 도모하여야 하며, 급부의 원가를 보상하면서 기업으로서 계속성을 유지할 수 있도록 결정되어야 한다.
③ 요금의 산정방식은 영업비용, 자본비용 등을 고려하여 조례로 정한다.
④ 지방자치단체는 요금을 내야 하는 자가 납부기한까지 요금을 납부하지 아니하면 내야 할 요금의 100분의 3의 범위에서 조례로 정하는 바에 따라 연체금을 가산하여 징수할 수 있다.

17

「지방재정법」상 지방자치단체의 재정 운영에 대한 설명으로 옳은 것은?

> ㄱ. 지방자치단체는 조례에 근거가 있는 경우에 지방의회의 의결 없이 공공기관에 대한 출연을 할 수 있다.
> ㄴ. 지방자치단체의 장은 행정안전부령으로 정하는 바에 따라 예산의 성과계획서 및 성과보고서를 작성하여야 한다.
> ㄷ. 지방자치단체의 장은 대규모의 재정적 부담을 수반하는 국제경기대회 유치를 신청하려면 미리 해당 지방자치단체의 재정에 미칠 영향을 평가하고 그 평가결과를 토대로 지방재정투자심사위원회의 심사를 거쳐야 한다.
> ㄹ. 국고보조금에 의한 사업 중 지방자치단체의 재정적 부담을 수반하는 경우 지방자치단체의 예산편성은 중앙관서의 장과 기획재정부장관이 협의한 보조사업계획에 의한다.

① ㄱ, ㄴ   ② ㄱ, ㄷ   ③ ㄴ, ㄷ   ④ ㄷ, ㄹ

18

「지방자치법」상 도농 복합형태의 시(市)가 될 수 있는 지역을 모두 고르면?

> ㄱ. 인구 10만 이상의 시와 1만 이상의 군을 통합한 지역
> ㄴ. 인구 5만 이상의 도시 형태를 갖춘 지역이 있는 군
> ㄷ. 인구 2만 이상의 도시 형태를 갖춘 2개 이상의 지역의 인구가 5만이며, 총인구가 10만인 군
> ㄹ. 국가 정책으로 인해 도시가 형성되고, 도의 출장소가 설치된 지역으로서 그 지역의 인구가 2만 이상이고, 인구 10만 이상의 도농 복합형태의 시의 일부인 지역

① ㄱ, ㄴ   ② ㄱ, ㄷ   ③ ㄴ, ㄷ   ④ ㄷ, ㄹ

19

「지방자치법」상 지방자치단체의 관할 구역에 대한 설명으로 옳은 것은?

① 지방자치단체의 구역을 변경하거나 지방자치단체를 폐지하거나 설치하거나 나누거나 합칠 때에는 행정안전부장관이 그 사무와 재산을 승계한다.
② 인구 2만 이상의 도시 형태를 갖춘 지역이 있는 군은 도농 복합형태의 시로 할 수 있다.
③ 지방자치단체의 사무소 소재지를 변경하려는 조례를 정할 때에는 그 지방의회의 재적의원 과반수의 찬성이 있어야 한다.
④ 읍·면·동의 명칭과 구역의 변경은 특별시장·광역시장·도지사의 승인을 받아 그 지방자치단체의 조례로 정한다.

20

지방자치단체의 기관구성 방식에 대한 설명으로 옳지 않은 것은?

① 강시장-의회형 하에서 시장은 지방자치단체 전체를 대표하는 지위뿐만 아니라 행정전반에 강력한 권한을 행사한다.
② 의회-지배인형 하에서 시지배인은 지방자치단체장이 허용한 범위 내에서 예산 및 인사 등 행정 전반의 실질적인 운영 및 관리를 맡는다.
③ 약시장-의회형 하에서는 지방의회가 일부 공무원에 대한 인사권을 가지며 행정운영의 감독권을 행사한다.
④ 시장-수석행정관-의회형 하에서 시장은 정치적 기능을 전담하고, 수석행정관은 행정의 집행과 관리를 전문적으로 담당하여 시장의 역할을 분담한다.

01

지방자치단체의 기관구성 방식에 대한 설명으로 옳지 않은 것은?

① 기관통합형은 의결기능과 집행기능이 통합되어 있어 행정의 책임성과 대응성을 높인다.
② 기관대립형은 지방자치단체장이 집행기관을 총괄·감독·책임짐으로써 행정의 통합성과 안정성을 확보할 수 있다.
③ 기관통합형의 경우 지방의원이 개별 집행부서와 관련된 전문적 지식이나 경험이 부족하면 행정의 총괄 및 관리가 어려워진다.
④ 기관대립형의 경우 주민의 대표기관인 지방의회가 주민의 이해나 의사를 보다 정확하고 적실하게 반영한 정책을 추진할 수 있다.

02

「지방자치법」상 지방의회의 임시회에 대한 설명으로 옳은 것을 모두 고르면?

ㄱ. 임시회 소집은 집회일 3일 전에 공고하여야 한다.
ㄴ. 지방의회의원 총선거 후 최초로 집회되는 임시회는 지방의회의 의장이 지방의회의원 임기 개시일부터 25일 이내에 소집한다.
ㄷ. 지방의회의 의장은 지방자치단체의 장이나 조례로 정하는 수 이상의 지방의회의원이 요구하면 15일 이내에 임시회를 소집하여야 한다.
ㄹ. 지방의회의 의장과 부의장이 부득이한 사유로 임시회를 소집할 수 없을 때에는 지방의회의원 중 연장자가 소집한다.

① ㄱ, ㄴ   ② ㄱ, ㄷ   ③ ㄴ, ㄷ   ④ ㄷ, ㄹ

03

「지방자치법」상 부단체장이 지방자치단체장의 권한을 대행하는 사유로 옳은 것을 모두 고르면?

ㄱ. 공소 제기된 후 구금상태에 있는 경우
ㄴ. 지방자치단체장이 출장·휴가 등 일시적 사유로 직무를 수행할 수 없는 경우
ㄷ. 「의료법」에 따른 의료기관에 30일 이상 계속하여 입원한 경우
ㄹ. 궐위된 경우

① ㄱ, ㄴ, ㄹ   ② ㄱ, ㄹ   ③ ㄴ, ㄷ, ㄹ   ④ ㄷ, ㄹ

04

「지방재정법」상 투자심사 및 타당성조사에 대한 설명으로 옳지 않은 것은?

① 투자심사의 대상에는 지방공사 및 지방공단 설립 사업도 포함된다.
② 지방자치단체의 장은 재정투자사업에 관한 예산안 편성과 같은 사항에 대해서는 미리 그 필요성과 타당성에 대한 심사를 직접 하거나 행정안전부장관 또는 시·도지사에게 의뢰하여 투자심사를 받아야 한다.
③ 투자심사 결과는 적정, 조건부 추진, 재검토 및 부적정으로 구분하며, 재검토 또는 부적정인 경우에는 예산을 편성하여서는 아니 된다.
④ 지방자치단체의 장은 투자심사 대상 중에서 총사업비 500억 원 이상인 신규사업에 대해서는 투자심사를 하거나 받기 전에 행정안전부장관이 정하여 고시하는 전문기관에 의뢰하여 그 사업의 타당성을 객관적 기준에 따라 검증하는 타당성조사를 실시하여야 한다.

05

정부간 관계 모형에 대한 설명으로 옳지 않은 것은?

① 로즈(Rhodes)의 권력의존모형은 정부간 관계에서 지방정부의 자율성을 비판하는 논의를 발전시켰다.
② 라이트(Wright)의 동등권위형은 연방정부와 주정부 간의 관계에서 설정되는 것으로 기초지방정부는 제외되는 것으로 본다.
③ 라이트의 중첩권위형은 하나의 정부 단독이 아닌 여러 정부가 중첩되어 권한과 책임을 담당하는 모형으로 정부 간 상호 협상 및 협력이 강조된다.
④ 챈들러(Chandler)는 1980년대 영국 대처 정부 하의 중앙과 지방의 관계에서 지방은 마름(steward)의 권한과 역할로 자율성이 위축되었다고 주장한다.

06

「지방자치법」상 국가와 지방자치단체 간의 관계에 대한 설명으로 옳지 않은 것은?

① 지방자치단체의 자치사무에 관한 명령이나 처분에 대한 주무부장관 또는 시·도지사의 시정명령, 취소 또는 정지는 법령을 위반한 것에 한정한다.
② 주무부장관, 행정안전부장관 또는 시·도지사는 이미 감사원 감사 등이 실시된 사안에 대해서는 새로운 사실이 발견되거나 중요한 사항이 누락된 경우 등 대통령령으로 정하는 경우를 제외하고는 감사 대상에서 제외하고 종전의 감사 결과를 활용하여야 한다.
③ 시·군 및 자치구의회의 의결이 현저히 부당하여 공익을 해침에도 불구하고 시·도지사가 재의를 요구하게 하지 아니한 경우 주무부장관이 직접 시장·군수 및 자치구의 구청장에게 재의를 요구하게 할 수 있다.
④ 지방자치단체의 장은 주무부장관이나 시·도지사의 이행명령에 이의가 있으면 이행명령서를 접수한 날부터 15일 이내에 대법원에 소를 제기할 수 있다.

07

지역사회의 권력구조에 대한 엘리트론의 설명으로 옳지 않은 것은?

① 헌터(Hunter)는 미국 조지아 주의 애틀랜타 시를 명성 방법으로 연구하였다.
② 몰로치(Molotch)는 도시가 기본적으로 토지에 기초한 엘리트의 이익에 의해 움직인다고 본다.
③ 헌터(Hunter)는 정치 엘리트를 중심으로 지역사회 권력이 형성된다고 설명한다.
④ 몰로치(Molotch)에 따르면 토지 소유자를 중심으로 결성된 성장기구 연합이 중요 정책결정에 영향력을 행사한다.

08

「지방자치법」상 특별지방자치단체에 대한 설명으로 옳은 것은?

① 특별지방자치단체의 장은 규약으로 정하는 바에 따라 특별지방자치단체의 주민이 직접 선출한다.
② 특별지방자치단체의 운영 및 사무처리에 필요한 경비는 규약으로 정하는 바에 따라 구성 지방자치단체가 분담한다.
③ 특별지방자치단체의 장은 소관 사무를 처리하기 위한 기본계획을 수립하여 행정안전부장관의 승인을 받아야 한다.
④ 특별지방자치단체의 의회 및 집행기관의 직원은 구성 지방자치단체의 지방공무원 중에서 파견된 사람으로만 구성한다.

09

「주민투표법」상 전자투표 및 전자개표에 대한 내용으로 옳지 않은 것은?

① 지방자치단체장이 필요하다고 판단하는 경우 전자투표 및 전자개표를 실시할 수 있다.
② 지방자치단체장은 전자투표·전자개표의 실시 여부에 관하여 주민투표청구심의회의 심의 및 관할선거관리위원회와의 협의를 거쳐야 한다.
③ 전자투표를 실시한다면 투표소를 설치·운영하지 않아도 된다.
④ 전자투표·전자개표의 절차·방법에 관하여 필요한 사항은 중앙선거관리위원회규칙으로 정한다.

10

「지방자치법」상 지방자치단체조합에 대한 설명으로 옳지 않은 것은?

① 지방자치단체조합은 세외수입을 징수할 수 없다.
② 지방자치단체조합은 법인으로 한다.
③ 지방자치단체조합회의의 위원과 지방자치단체조합장 및 사무직원은 지방자치단체조합규약으로 정하는 바에 따라 선임한다.
④ 시·도가 구성원인 지방자치단체조합은 행정안전부장관, 시·군 및 자치구가 구성원인 지방자치단체조합은 1차로 시·도지사, 2차로 행정안전부장관의 지도·감독을 받는다.

11

지방선거를 통해 당선된 A구청장에 대해 적용되는 「지방자치법」상 내용으로 옳은 것을 모두 고르면?

> ㄱ. A구청장은 구의회의 의결이 공익을 현저히 해친다고 인정되면 재의를 요구할 수 있다.
> ㄴ. 비상재해로 인한 응급복구를 위해 필요한 경비를 구의회가 삭감하는 의결을 하면 A구청장은 이에 대해 재의를 요구할 수 있다.
> ㄷ. A구청장은 임기 시작 전 20명 이내의 위원으로 구성된 인수위원회를 설치할 수 있다.
> ㄹ. A구청장이 그 직을 사임하기 위해서는 구의회의 의장에게 미리 사임일을 적은 사임통지서로 알려야 한다.

① ㄱ, ㄴ   ② ㄱ, ㄴ, ㄹ   ③ ㄴ, ㄷ, ㄹ   ④ ㄱ, ㄴ, ㄷ, ㄹ

12

「지방공기업법」상 지방공사의 임원이 될 수 없는 사유에 해당하지 않는 것은?

① 미성년자
② 파산선고를 받고 복권되지 않은 사람
③ 경영성과에 따라 임기 중에 해임된 후 4년이 된 지방공사 사장
④ 「지방공기업법」을 위반하여 벌금형을 선고받고 2년이 지나지 않은 사람

13

「지방자치법」상 지방의회에 대한 설명으로 옳지 않은 것은?

① 지방의회는 지방의회의원이 이 법이나 자치법규에 위배되는 행위를 하면 윤리특별위원회의 심사를 거쳐 의결로써 징계할 수 있다.
② 지방의회의 의장은 지방의회 사무직원을 지휘·감독하고 법령과 조례·의회규칙으로 정하는 바에 따라 그 임면·교육·훈련·복무·징계 등에 관한 사항을 처리한다.
③ 본회의나 위원회에서 모욕을 당한 지방의회의원은 모욕을 한 지방의회의원에 대하여 지방의회에 징계를 요구할 수 있다.
④ 시·도의회에는 사무를 처리하기 위하여 조례로 정하는 바에 따라 사무국을 둘 수 있으며, 사무국에는 사무국장과 직원을 둔다.

14

「지방공무원법」의 내용으로 옳지 않은 것은?

① 인사위원회는 16명 이상 20명 이하의 위원으로 구성한다.
② 인사위원회의 회의는 구성원 3분의 2 이상의 출석과 출석위원 과반수의 찬성으로 의결한다.
③ 지방의회의 의장 소속 공무원의 징계, 그 밖에 그 의사에 반하는 불리한 처분이나 부작위에 대한 소청은 지방소청심사위원회에서 심사·결정한다.
④ 지방소청심사위원회의 위촉위원의 임기는 2년으로 하되, 한 번만 연임할 수 있다.

15

「지방자치법」상 지방자치단체의 관할에 대한 설명으로 옳지 않은 것은?

① 특별시·광역시 또는 특별자치시가 아닌 인구 50만 이상의 시에는 자치구가 아닌 구를 둘 수 있고, 군에는 읍·면을 두며, 시와 구에는 동을, 읍·면에는 리를 둔다.
② 특별자치시와 관할 구역 안에 시 또는 군을 두지 아니하는 특별자치도의 하부행정기관에 관한 사항은 따로 법률로 정한다.
③ 도농 복합형태의 시에는 도시의 형태를 갖춘 지역에는 동을, 그 밖의 지역에는 읍·면을 두되, 자치구가 아닌 구를 둘 경우에는 읍·면·동을 둘 수 없다.
④ 특별시, 광역시, 특별자치시, 도, 특별자치도는 정부의 직할로 두고, 시는 도 또는 특별자치도의 관할 구역 안에, 군은 광역시·도 또는 특별자치도의 관할 구역 안에 두며, 자치구는 특별시와 광역시의 관할 구역 안에 둔다.

16

「지방자치법」상 지방재정에 대한 설명으로 옳은 것을 모두 고르면?

> ㄱ. 지방자치단체는 행정목적을 달성하기 위한 경우 재산을 보유하거나 특정한 자금을 운용하기 위한 기금을 설치할 수 있다.
> ㄴ. 지방자치단체는 주민의 복리증진과 사업의 효율적 수행을 위하여 지방공기업을 설치·운영할 수 있다.
> ㄷ. 지방자치단체의 공공시설은 관계 지방자치단체의 동의를 받아 그 지방자치단체의 구역 밖에 설치할 수 있다.

① ㄱ ② ㄱ, ㄴ ③ ㄴ, ㄷ ④ ㄱ, ㄴ, ㄷ

17

우리나라 지방자치의 역사에 대한 설명으로 옳지 않은 것은?

① 1949년에 최초의 지방자치법이 제정되었다.
② 1960년에 실시된 지방선거에서 모든 지방자치단체장과 지방의회의원을 주민 직선으로 선출하였다.
③ 제4공화국 헌법 부칙에 지방의회는 조국 통일까지 구성하지 않는다고 규정하여 지방자치를 부정하였다.
④ 1991년에 부활한 지방선거에서 주민들이 직접 지방자치단체장을 선출하였다.

18

「지방자치법」상 인사청문회에 대한 설명으로 옳지 않은 것은?

① 지방자치단체장은 일반직 지방공무원으로 보하는 부지사에 대하여 지방의회에 인사청문을 요청할 수 있다.
② 지방의회 의장은 지방자치단체장의 인사청문 요청이 있는 경우 인사청문회를 실시한 후 그 경과를 지방자치단체의 장에게 송부하여야 한다.
③ 지방자치단체의 장은 지방공사 사장에 대한 지방의회에 인사청문을 요청할 수 있다.
④ 그 밖에 인사청문회의 절차 및 운영 등에 필요한 사항은 조례로 정한다.

19

「지방자치법」상 주민에 대한 설명으로 옳지 않은 것은?

① 주민은 비례대표 지방의회의원을 제외한 지방의회의원을 소환할 권리를 가진다.
② 주민은 법령으로 정하는 바에 따라 소속 지방자치단체의 비용을 분담하여야 하는 의무를 진다.
③ 지방자치단체는 사무처리의 투명성을 높이기 위하여 「공공기관의 정보공개에 관한 법률」에서 정하는 바에 따라 지방자치정보를 주민에게 공개하여야 한다.
④ 지방자치단체장은 공개된 지방자치정보를 체계적으로 수집하고 주민에게 제공하기 위한 정보공개시스템을 구축·운영하여야 한다.

20

다음 제시문에서 밑줄 친 포괄보조금은 의존재원 중 어느 것에 해당하는가?

> 지방자치분권 및 지역균형발전에 관한 특별법 제86조(포괄보조금의 지원) ① 정부는 지역자율계정의 세출예산을 편성할 때 대통령령으로 정하는 바에 따라 각 시·도 및 시·군·구별로 세출예산의 용도를 포괄적으로 정한 보조금(포괄보조금)으로 편성하여 지원한다.

① 지방교부세 ② 특별회계보조금
③ 조정교부금 ④ 지역상생발전기금

01

「지방자치법」상 지방자치단체의 사무처리 기본원칙에 대한 설명으로 옳지 않은 것은?

① 지방자치단체는 사무를 처리할 때 주민의 편의와 복리증진을 위하여 노력하여야 한다.
② 지방자치단체는 조직과 운영을 합리적으로 하고 규모를 최소화하여야 한다.
③ 지방자치단체는 법령을 위반하여 사무를 처리할 수 없다.
④ 시·군 및 자치구는 해당 구역을 관할하는 시·도의 조례를 위반하여 사무를 처리할 수 없다.

02

「지방자치법」상 주민감사청구에 대한 설명으로 옳은 것은?

> ㄱ. 주무부장관이나 시·도지사는 주민감사청구를 받으면 청구를 받은 날부터 10일 이내에 그 내용을 공표하여야 한다.
> ㄴ. 주무부장관이나 시·도지사는 주민이 감사를 청구한 사항이 다른 기관에서 감사 중인 사항이면 그 기관에서 감사 중인 사실과 감사가 끝난 후 그 결과를 알리겠다는 사실을 청구인의 대표자와 해당 기관에 지체 없이 알려야 한다.
> ㄷ. 시·도의 경우에는 행정안전부장관에게, 시·군 및 자치구의 경우에는 시·도지사에게 감사를 청구하여야 한다.
> ㄹ. 동일한 사항에 대하여 주민소송이 진행 중이거나 그 판결이 확정된 사항은 감사 청구의 대상에서 제외한다.

① ㄱ, ㄴ   ② ㄴ, ㄷ   ③ ㄴ, ㄹ   ④ ㄷ, ㄹ

03

티부 가설(Tiebout Hypothesis)에 대한 설명으로 옳지 않은 것은?

① 지역의 주민들은 소비자 유권자(consumer-voters)로서 더 나은 공공서비스를 제공하는 지역을 선택하여 이동한다고 본다.
② 비용 문제나 정치적 변수에 따라 지역 선택이 불가능한 경우가 많다는 점에서 비판을 받기도 한다.
③ 고용 기회가 거주지 결정에 영향을 준다고 가정한다.
④ 공공서비스 공급에서 지역 간의 외부경제와 외부불경제는 존재하지 않는다.

04

「지방자치법」상 지방의회에 대한 설명으로 옳은 것을 모두 고르면?

> ㄱ. 다른 교섭단체에 속하지 아니하는 의원 중 조례로 정하는 수 이상의 의원은 따로 교섭단체를 구성할 수 있다.
> ㄴ. 폐회 중에 지방자치단체의 장은 위원회의 개회를 요구할 수 없다.
> ㄷ. 지방의회는 조례로 정하는 바에 따라 위원회를 둘 수 있으며, 위원회의 위원은 본회의에서 선임한다.
> ㄹ. 위원회에는 위원장과 위원의 자치입법활동을 지원하기 위하여 지방의회의원 중에서 전문위원을 임명한다.

① ㄱ, ㄴ   ② ㄱ, ㄷ   ③ ㄴ, ㄷ   ④ ㄷ, ㄹ

05

자치경찰제에 대한 내용으로 옳지 않은 것은?

① 시·도자치경찰위원회는 위원장 1명을 포함한 7명의 위원으로 구성한다.
② 시·도자치경찰위원회 위원장은 위원 중에서 호선한다.
③ 자치경찰사무의 수행에 필요한 예산은 시·도자치경찰위원회의 심의·의결을 거쳐 시·도지사가 수립한다.
④ 시·도에 2개의 시·도경찰청을 두는 경우 시·도지사 소속으로 2개의 시·도자치경찰위원회를 둘 수 있다.

06

「지방자치법」상 재정 운영의 기본원칙에 대한 설명으로 옳지 않은 것은?

① 지방자치단체의 장은 따로 법률로 정하는 바에 따라 지방자치단체의 채무부담의 원인이 될 계약의 체결이나 그 밖의 행위를 할 수 있다.
② 국가는 공공기관을 이전하는 위치를 선정할 경우 지방자치단체의 재정적 부담을 입지 적합성의 선정항목으로 이용할 수 있다.
③ 지방자치단체는 법령이나 조례의 규정에 따르거나 지방의회의 의결을 받지 아니하고는 채권에 관하여 채무를 면제하거나 그 효력을 변경할 수 없다.
④ 지방자치단체가 국가시책을 달성하기 위하여 필요한 경비의 국고보조율과 지방비부담률은 법령으로 정한다.

07

「주민투표법」상 주민투표에 대한 설명으로 옳지 않은 것은?

① 투표운동기간은 주민투표일 전 21일부터 주민투표일 전날까지로 하며, 공무원은 투표운동을 할 수 없다.
② 관할선거관리위원회는 개표가 끝나면 지체 없이 그 결과를 공표한 후 지방자치단체의 장에게 통지하여야 한다.
③ 지방자치단체의 장은 천재·지변 및 그 밖에 부득이한 사유로 인하여 투표를 실시할 수 없거나 실시하지 못한 때에는 관할선거관리위원회와 협의하여 투표를 연기하거나 다시 투표일을 지정하여야 한다.
④ 주민투표에 관한 주요 사항을 심의하기 위하여 지방자치단체의 장 소속으로 두는 주민투표청구심의회의 의장은 지방자치단체의 장이 된다.

08

「지방자치법」상 지방자치단체장에 대한 설명으로 옳지 않은 것은?

① 지방자치단체를 폐치분합하여 새로 시·도지사를 선출하여야 하는 경우 그 시·도지사가 선출될 때까지 국무총리가 그 직무를 대행할 사람을 지정하여야 한다.
② 지방자치단체장이 제출한 사임통지서에 적힌 사임일까지 지방의회의 의장에게 사임통지가 되지 아니하면 지방의회의 의장에게 사임통지가 된 날에 사임한다.
③ 지방자치단체장은 재임 중 그 지방자치단체와 영리를 목적으로 하는 거래를 하거나 그 지방자치단체와 관계있는 영리사업에 종사할 수 없다.
④ 「지방자치법」 규정한 사항 외에 지방자치단체장의 직 인수위원회의 구성·운영 및 인력·예산 지원 등에 필요한 사항은 해당 지방자치단체의 조례로 정한다.

09

지방재정조정제도의 기능으로 옳지 않은 것은?

① 지방정부 간 재정격차의 조정
② 전국 단위 행정서비스의 통일성과 일관성의 유지
③ 행정서비스 제공의 효율성 증대
④ 긍정적 외부효과를 유발하는 공공재의 감소 유도

10

「지방교부세법」상 특별교부세에 대한 설명으로 옳지 않은 것은?

① 행정안전부장관이 필요하다고 인정하는 경우에는 신청이 없는 경우에도 특별교부세를 교부할 수 있다.
② 기준재정수요액의 산정방법으로는 파악할 수 없는 지역 현안에 대한 특별한 재정수요가 있는 경우 특별교부세 재원의 100분의 50에 해당하는 금액을 교부할 수 있다.
③ 국가적 장려사업 등 특별한 재정수요가 있을 경우 특별교부세 재원의 100분의 10에 해당하는 금액을 교부할 수 있다.
④ 행정안전부장관은 특별교부세를 교부하는 경우 민간에 지원하는 보조사업에 대하여는 교부할 수 없다.

11

현행 우리나라 지방자치에 대한 규정으로 옳지 않은 것은?

① 지방자치단체의 종류는 법률로 정한다.
② 법률에 근거하여 지방자치단체에 의회를 둔다.
③ 지방자치단체는 주민의 복리에 관한 사무를 처리하고 재산을 관리한다.
④ 지방의회의 조직·권한·의원선거에 관한 세부사항은 법률로 정한다.

12

「지방자치법」상 매립지에 대한 설명으로 옳지 않은 것은?

① 매립면허관청 또는 관련 지방자치단체의 장은 준공검사를 하기 전에 해당 지역의 위치, 귀속희망 지방자치단체 등을 명시하여 행정안전부장관에게 그 지역이 속할 지방자치단체의 결정을 신청하여야 한다.
② 신청내용에 대하여 이의가 제기되지 아니한 경우 지방자치단체중앙분쟁조정위원회의 심의·의결을 거쳐 신청내용에 따라 매립지가 속할 지방자치단체를 결정한다.
③ 관계 지방자치단체의 장은 행정안전부장관의 결정에 이의가 있으면 그 결과를 통보받은 날부터 15일 이내에 대법원에 소송을 제기할 수 있다.
④ 행정안전부장관은 같은 시·도 안에 있는 관계 시·군 및 자치구 상호 간 매립지 조성 비용 및 관리 비용 부담 등에 관한 조정이 필요한 경우 당사자의 신청 또는 직권으로 지방자치단체중앙분쟁조정위원회의 심의·의결에 따라 조정할 수 있다.

13

「지방자치법」상 지방자치단체 상호 간의 분쟁조정에 대한 설명으로 옳지 않은 것은?

① 행정안전부장관이나 시·도지사가 지방자치단체 상호 간의 분쟁을 조정하려는 경우에는 관계 중앙행정기관의 장과의 협의를 거쳐 지방자치단체중앙분쟁조정위원회나 지방자치단체지방분쟁조정위원회의 의결에 따라 조정을 결정하여야 한다.
② 지방자치단체중앙분쟁조정위원회는 시·도와 지방자치단체조합 간의 분쟁을 심의·의결한다.
③ 분쟁조정위원회는 위원장을 포함한 위원 11명 이상의 출석으로 개의하고, 출석위원 3분의 2 이상의 찬성으로 의결한다.
④ 행정안전부장관이나 시·도지사는 조정 결정 사항이 성실히 이행되지 아니하면 그 지방자치단체에 대하여 직무이행명령을 준용하여 이행하게 할 수 있다.

14

「지방자치법」상 지방의회의원에 대한 설명으로 옳지 않은 것은?

① 지방의회의원이 당선 전부터 겸직이 허용되는 직을 가진 경우에는 임기 개시 후 1개월 이내에 지방의회의 의장에게 서면으로 신고하여야 한다.
② 지방의회의원은 소관 상임위원회의 직무와 관련된 영리행위를 할 수 없으며, 그 범위는 대통령령으로 정한다.
③ 지방의회의원이 해당 지방자치단체가 출자한 기관의 상근직원이 되었음에도 불구하고 그 직을 사임하지 아니할 때 지방의회의 의장은 그 겸한 직을 사임할 것을 권고하여야 한다.
④ 지방의회는 지방의회의원이 준수하여야 할 지방의회의원의 윤리강령과 윤리실천규범을 조례로 정하여야 한다.

15

「지방재정법」상 지방자치단체의 예산에 대한 설명으로 옳지 않은 것은?

① 지방자치단체는 완성하기까지 여러 해가 걸리는 공사 중 중단 없이 이행하여야 하는 사업의 예산은 특별한 사유가 없으면 계속비로 편성하여야 한다.
② 지방자치단체의 장은 지방의회를 소집할 시간적 여유가 없을 때에는 재난 복구를 위하여 시급히 추진할 필요가 있는 사업으로서 지방자치단체의 채무부담의 원인이 될 계약 중 총사업비가 30억원 이하의 범위에서 조례로 정하는 금액 이하인 계약을 지방의회의 의결을 거치지 아니하고 체결할 수 있다.
③ 지방자치단체의 세출예산 주요항목은 분야·부문·정책사업으로 구분하고, 세부항목은 단위사업·세부사업·목으로 구분한다.
④ 시·도의 경우 국가로부터, 시·군 및 자치구의 경우 국가 또는 시·도로부터 그 용도가 지정되고 소요 전액이 교부된 경비는 추가경정예산의 성립 전에 사용할 수 있다.

16

「지방자치법」상 지방의회 의결의 재의와 제소에 대한 설명으로 옳지 않은 것은?

① 지방의회의 의결이 법령에 위반되거나 공익을 현저히 해친다고 판단되면 시·도에 대해서는 주무부장관이, 시·군 및 자치구에 대해서는 시·도지사가 해당 지방자치단체의 장에게 재의를 요구하게 할 수 있다.
② 시·군 및 자치구의회의 의결이 법령에 위반된다고 판단됨에도 불구하고 시·도지사가 재의를 요구하게 하지 아니한 경우 주무부장관이 직접 시장·군수 및 자치구의 구청장에게 재의를 요구하게 할 수 있다.
③ 지방의회의 의결이 법령에 위반된다고 판단되어 주무부장관이나 시·도지사로부터 재의 요구 지시를 받은 해당 지방자치단체의 장이 재의를 요구하지 아니하는 경우 주무부장관이나 시·도지사가 직접 재의를 요구할 수 있다.
④ 지방의회의 의결이나 재의결된 사항이 둘 이상의 부처와 관련되거나 주무부장관이 불분명하면 행정안전부장관이 재의 요구 또는 제소를 지시하거나 직접 제소 및 집행정지 결정을 신청할 수 있다.

17

「지방자치법」상 전국적 협의체에 대한 설명으로 옳지 않은 것은?

① 지방자치단체의 장이나 지방의회의 의장은 전국적 협의체를 설립할 수 있다.
② 전국적 협의체는 그들 모두가 참가하는 지방자치단체 연합체를 설립할 수 있다.
③ 관계 중앙행정기관의 장은 전국적 협의체가 제출한 의견에 대하여 행정안전부장관으로부터 통보를 받은 날부터 2개월 이내에 타당성을 검토하여 결과를 통보하여야 한다.
④ 전국적 협의체의 설립신고와 운영, 그 밖에 필요한 사항은 조례로 정한다.

18

「지방자치법」상 징계에 대한 설명으로 옳지 않은 것은?

① 지방의회의 의장은 징계대상 지방의회의원이 있어 징계 요구를 받으면 본회의에 회부한다.
② 다른 사람을 모욕한 지방의회의원에 대하여 모욕을 당한 지방의회의원이 징계를 요구하려면 징계사유를 적은 요구서를 지방의회의 의장에게 제출하여야 한다.
③ 징계의 종류 중 제명 의결에는 재적의원 3분의 2 이상의 찬성이 있어야 한다.
④ 징계에 관하여 「지방자치법」에서 정한 사항 외에 필요한 사항은 회의규칙으로 정한다.

19

지방자치단체헌장(charter)에 대한 설명으로 옳지 않은 것은?

① 지방정부가 자기의 헌장을 기초하고 채택하며 수정하는 것을 인정하는 방식은 개별헌장(special charter)이다.
② 모든 지방정부가 완전히 동일한 헌장을 부여받는 제도는 일반헌장(general charter)이다.
③ 미국의 지방자치단체헌장은 지방정부에 대한 주정부의 인증서라고 볼 수 있다.
④ 지방자치단체헌장은 지방자치의 기본법으로서의 역할을 수행한다.

20

「지방자치법」상 지방자치단체의 예산과 결산에 대한 설명으로 옳은 것은?

ㄱ. 지방의회의 의장은 예산안이 의결되면 그날부터 3일 이내에 지방자치단체의 장에게 이송하여야 한다.
ㄴ. 지방자치단체의 장은 출납 폐쇄 후 80일 이내에 결산서와 증명서류를 작성하고 행정안전부장관이 선임한 검사위원의 검사의견서를 첨부하여 다음 해 지방의회의 승인을 받아야 한다.
ㄷ. 특별회계는 법률이나 지방자치단체의 조례로 설치할 수 있다.
ㄹ. 지방자치단체를 폐지하거나 설치하거나 나누거나 합쳐 없어진 지방자치단체의 수입과 지출은 없어진 날로 마감하되, 기획재정부장관이 결산하여야 한다.

① ㄱ, ㄴ   ② ㄱ, ㄷ   ③ ㄴ, ㄷ   ④ ㄷ, ㄹ

01

「지방자치법」상 특별지방자치단체에 대한 설명으로 옳지 않은 것은?

① 특별지방자치단체를 설치하기 위해 구성 지방자치단체는 지방의회 의결을 거쳐 행정안전부장관의 승인을 받아야 한다.
② 특별지방자치단체를 구성하는 지방자치단체의 장이 시장·군수 및 자치구의 구청장일 때에는 행정안전부장관의 승인사항을 시·도지사에게 알려야 한다.
③ 구성지방자치단체의 장은 특별지방자치단체 설치를 위해 국가사무의 위임을 요청할 수 없다.
④ 구성지방자치단체의 의회 의원은 특별지방자치단체의 의회 의원을 겸할 수 있다.

02

「지방자치법」상 지방의회에 대한 설명으로 옳지 않은 것은?

① 지방의회의원 총선거 후 처음으로 선출하는 부의장 선거는 최초집회일로부터 10일 후에 실시한다.
② 지방자치단체의 장이 지방의회에 제출할 안건은 지방자치단체의 장이 미리 공고하여야 한다.
③ 연간 회의 총일수와 정례회 및 임시회의 회기는 해당 지방자치단체의 조례로 정한다.
④ 지방의회의 개회·휴회·폐회와 회기는 지방의회가 의결로 정한다.

03

우리나라 지방자치의 역사에 대한 설명으로 옳지 않은 것은?

① 1961년 시행된 「지방자치에 관한 임시조치법」에 지방자치단체는 규정되어 있었지만 지방자치는 시행되지 않았다.
② 제1·2공화국 모두 지방자치단체의 기관구성 형태는 기관대립형을 취하였다.
③ 1995년 제1회 전국 동시지방선거를 통해 지방의회 의원과 지방자치단체장을 4년 임기의 직선으로 선출하였다.
④ 제헌 헌법에 규정된 지방자치에 관한 규정을 시행하기 위하여 1949년 7월 4일 「지방자치법」이 제정·공포되었다.

04

「지방세기본법」의 내용으로 옳지 않은 것은?

① 주민세는 특별시세이면서 시·군세이다.
② 특별시 관할구역에 있는 구의 경우에 재산세는 특별시세 및 구세인 재산세로 한다.
③ 광역시의 군(郡) 지역에서는 도세를 광역시세로 한다.
④ 특별시장은 특별시분 재산세 전액을 관할구역의 구에 교부해야 하며, 교부기준을 정하지 않은 경우에는 구에 차등 배분한다.

05

신중앙집권과 신지방분권에 대한 설명으로 옳지 않은 것은?

① 신중앙집권은 지방정부가 할 수 없는 일을 중앙정부에 위임해 조화를 모색하는 형태이다.
② 신지방분권 체제에서는 지방정부가 기본적인 방향만 정하고 구체적인 내용은 중앙정부에서 결정하고 집행한다.
③ 신지방분권이란 중앙집권의 필요성을 인정하면서도 그로 인한 문제점에 대처하기 위한 새로운 관점의 지방분권 체제다.
④ 신중앙집권 체제에서는 기존 지방정부에서 담당하던 기능을 중앙정부의 특별행정기관이 수행하는 경우가 많다.

06

주민참여예산제도에 대한 설명으로 옳지 않은 것은?

ㄱ. 2005년에 「지방재정법」에서 법적 근거를 마련한 후 2011년에 의무화되었다.
ㄴ. 행정안전부장관은 지방자치단체의 재정적·지역적 여건 등을 고려하여 대통령령으로 정하는 바에 따라 지방자치단체별 주민참여예산제도의 운영에 대하여 평가를 실시할 수 있다.
ㄷ. 주민은 공청회나 간담회의 방법으로 지방예산과정에 참여할 수 있으나, 설문조사로는 참여할 수 없다.
ㄹ. 주민참여예산 관련 사항의 심의를 위해 행정안전부장관 소속으로 주민참여예산위원회를 둘 수 있다.

① ㄱ, ㄴ   ② ㄱ, ㄷ   ③ ㄴ, ㄷ   ④ ㄷ, ㄹ

07

「지방자치법」상 국가와 지방자치단체 간의 관계에 대한 설명으로 옳지 않은 것은?

① 국가와 지방자치단체 간의 협력을 도모하고 지방자치 발전과 지역 간 균형발전에 관련되는 중요 정책을 심의하기 위하여 중앙지방협력회의를 둔다.
② 지방자치단체나 그 장이 위임받아 처리하는 국가사무에 관하여 시·도에서는 주무부장관, 시·군 및 자치구에서는 1차로 시·도지사, 2차로 주무부장관의 지도·감독을 받는다.
③ 중앙행정기관의 장이나 시·도지사는 지방자치단체의 사무에 관하여 조언 또는 권고하거나 지도할 수 있으며, 이를 위하여 필요하면 지방자치단체에 자료 제출을 요구할 수 있다.
④ 주무부장관은 지방자치단체의 사무에 관한 시장·군수 및 자치구의 구청장의 명령이나 처분이 법령에 위반되거나 현저히 부당하여 공익을 해침에도 불구하고 시·도지사가 시정명령을 하지 아니하면 시·도지사에게 시정명령을 해야 한다.

08

「지방자치법」상 지방의회에 대한 설명으로 옳은 것을 모두 고르면?

> ㄱ. 사무처장·사무국장 또는 사무과장은 지방자치단체장의 명을 받아 의회의 사무를 처리한다.
> ㄴ. 지방의회에 두는 사무직원의 수는 인건비 등 대통령령으로 정하는 기준에 따라 조례로 정한다.
> ㄷ. 시·군 및 자치구의회에 설치하는 사무국·사무과에는 사무국장 또는 사무과장과 직원을 둘 수 있다.
> ㄹ. 사무처장은 국가공무원으로, 사무국장과 사무과장은 지방공무원으로 본다.

① ㄱ, ㄴ　② ㄴ, ㄷ　③ ㄴ, ㄷ, ㄹ　④ ㄷ, ㄹ

09

「지방자치분권 및 지역균형발전에 관한 특별법」의 내용으로 옳은 것은?

① 지방시대 종합계획 관련 사업을 효율적으로 추진하기 위하여 설치하는 지역균형발전특별회계는 지방시대위원회가 관리한다.
② 수도권이 아닌 지역의 시·도지사는 관할 행정구역의 일부를 기회발전특구로 지정받으려는 경우 행정안전부장관에게 기회발전특구의 지정을 신청하여야 한다.
③ 중앙행정기관의 장은 해당 기관의 지방자치분권 및 지역균형발전의 추진을 위하여 5년을 단위로 하는 부문별 계획을 수립한다.
④ 교육부장관과 법제처장은 지방시대위원회의 당연직위원이다.

10

다음 제시문의 지방자치 형태에 대한 설명으로 옳은 것을 모두 고르면?

> 미국은 유럽의 이주민들이 초기 정착한 뉴잉글랜드를 중심으로 타운을 형성하고 타운홀 미팅을 통한 주민 주도의 지역사회 의사결정 및 통치가 근간을 이뤘다.

> ㄱ. 지역 단위의 주민들이 자치조직을 구성하여 주요한 의사결정을 내리고 통치하는 방식이다.
> ㄴ. 지방정부는 국가로부터 법인격을 부여받고 일정한 자치권의 범위 내에서 자치사무를 처리한다.
> ㄷ. 지방정부는 중앙정부가 직접 처리할 수 없는 사무를 위임받아 처리하며 중앙의 지휘·감독을 받는다.
> ㄹ. 중앙정부의 전국단위 통치력이 약했던 영국에서 봉건 영주가 일정 관할구역을 통치하며 활용했던 형태이다.

① ㄱ, ㄴ　② ㄱ, ㄷ　③ ㄱ, ㄹ　④ ㄴ, ㄹ

11

「지방자치법」상 지방자치단체의 관할 구역에 대한 설명으로 옳은 것을 모두 고르면?

> ㄱ. 시는 그 대부분이 도시의 형태를 갖추고 인구 10만 이상이 되어야 한다.
> ㄴ. 군사무소 소재지의 면은 인구 2만 미만인 경우에도 읍으로 할 수 있다.
> ㄷ. 시·읍의 설치에 관한 세부기준은 조례로 정한다.
> ㄹ. 행정동에 그 지방자치단체의 조례로 정하는 바에 따라 통 등 하부 조직을 둘 수 있다.

① ㄱ, ㄴ ② ㄴ, ㄷ ③ ㄴ, ㄹ ④ ㄷ, ㄹ

12

「지방자치법」상 분쟁조정위원회에 대한 설명으로 옳지 않은 것은?

① 행정안전부에는 중앙분쟁조정위원회를, 시·도에는 지방분쟁조정위원회를 둔다.
② 시·도와 시·군 및 자치구 간의 분쟁은 중앙분쟁조정위원회를 통해 심의·의결한다.
③ 공무원이 아닌 위원장 및 위원의 임기는 3년으로 하며, 연임할 수 없다.
④ 분쟁조정위원회는 위원장을 포함한 위원 7명 이상의 출석으로 개의하고, 출석위원 3분의 2 이상의 찬성으로 의결한다.

13

「지방자치법」상 지방의회의원이 겸직할 수 없는 것을 모두 고르면?

> ㄱ. 각급 선거관리위원회 위원
> ㄴ. 정당의 당원이 될 수 있는 교원
> ㄷ. 「공공기관의 운영에 관한 법률」에 따른 공공기관의 임직원
> ㄹ. 한국방송공사 임직원
> ㅁ. 「지방공기업법」에 따른 지방공사와 지방공단의 임직원

① ㄱ, ㄴ, ㄹ ② ㄱ, ㄷ, ㅁ
③ ㄱ, ㄷ, ㄹ, ㅁ ④ ㄴ, ㄷ, ㄹ, ㅁ

14

「지방재정법」상 지방재정관리위원회에 대한 설명으로 옳지 않은 것은?

① 지방자치단체의 재정부담 및 재정위기관리에 관한 사항을 심의하기 위하여 행정안전부장관 소속으로 지방재정관리위원회를 둔다.
② 전국시도지사협의회, 전국시장군수구청장협의회, 전국시도의회의장협의회, 전국시군구의회의장협의회의 장은 지방재정관리위원회의 당연직 위원이 된다.
③ 지방재정관리위원회는 위원장·부위원장을 포함하여 15명 이내의 위원으로 구성하되, 성별을 고려하여야 한다.
④ 행정안전부장관은 지방재정위원회에서 의결한 사항을 각 중앙관서의 장 및 지방자치단체의 장에게 즉시 통보하여야 하고, 중앙관서의 장 및 지방자치단체의 장은 소관 사무의 수행에 이를 반영하여야 한다.

15

「지방자치법」상 지방의회에 대한 설명으로 옳지 않은 것은?

① 본회의에서 표결할 때 의장 선거는 무기명투표로, 자격상실 의결은 기명투표로 결정한다.
② 지방의회의원 3명 이상이 발의하고 출석의원 3분의 2 이상이 찬성한 경우에는 지방의회 회의를 비공개할 수 있다.
③ 지방의회에서 의결할 의안은 지방자치단체의 장이나 조례로 정하는 수 이상의 지방의회의원의 찬성으로 발의한다.
④ 지방자치단체의 장이 예산상 조치가 필요한 의안을 제출할 경우에는 그 의안의 시행에 필요할 것으로 예상되는 비용에 대한 추계서와 그에 따른 재원조달방안에 관한 자료를 의안에 첨부하여야 한다.

16

「지방자치법」상 A도지사와 B군수의 보조기관에 대한 설명으로 옳은 것은?

> ㄱ. A도가 인구 800만 미만이라면 2명을 넘지 않는 범위에서 부지사의 수를 대통령령으로 정한다.
> ㄴ. B군의 부군수는 일반직 국가공무원으로 보하되 그 직급은 대통령령으로 정하며 군수가 임명한다.
> ㄷ. A도의 부지사와 B군의 부군수는 해당 지방자치단체의 장을 보좌하여 사무를 총괄하고 소속 직원을 지휘·감독한다.
> ㄹ. A도와 B군에 법률로 정하는 바에 따라 6급 이하의 국가공무원을 둘 수 있으며 그 지방자치단체장의 제청으로 소속 장관이 임명한다.

① ㄱ, ㄴ   ② ㄱ, ㄷ, ㄹ   ③ ㄱ, ㄹ   ④ ㄴ, ㄷ, ㄹ

17

「지방자치법」상 지방자치단체의 수입과 지출에 대한 설명으로 옳지 않은 것은?

① 사기나 그 밖의 부정한 방법으로 사용료·수수료 또는 분담금의 징수를 면한 자에게는 그 징수를 면한 금액의 10배 이내의 과태료를 부과하는 규정을 조례로 정할 수 있다.
② 사용료·수수료 또는 분담금의 부과나 징수에 대하여 이의가 있는 자는 그 처분을 통지받은 날부터 90일 이내에 그 지방자치단체의 장에게 이의신청할 수 있다.
③ 전국적으로 통일할 필요가 있는 수수료는 다른 법령의 규정에도 불구하고 대통령령으로 정하는 표준금액으로 징수하되, 지방자치단체가 다른 금액으로 징수하려는 경우에는 표준금액의 50퍼센트 범위에서 조례로 가감 조정하여 징수할 수 있다.
④ 지방자치단체의 재산은 법령이나 조례에 따르지 아니하고는 교환·양여·대여하거나 출자 수단 또는 지급 수단으로 사용할 수 없다.

18

「지방자치법」상 행정계층에 대한 설명으로 옳지 않은 것은?

① 읍과 면의 명칭과 구역의 변경은 그 지방자치단체의 조례로 정하고 그 결과를 행정안전부장관에게 보고하여야 한다.
② 자치구가 아닌 구를 폐지할 때에는 행정안전부장관의 승인을 받아 그 지방자치단체의 조례로 정한다.
③ 리를 나누거나 합칠 때에는 그 지방자치단체의 조례로 정한다.
④ 지방자치단체의 조례로 정하는 바에 따라 행정면을 따로 둘 수 있다.

19

「지방자치법」상 주민에 대한 설명으로 옳지 않은 것은?

① 주민은 지방자치단체의 조례를 제정하거나 개정하거나 폐지할 것을 청구할 수 있다.
② 주민은 법령으로 정하는 바에 다라 소속 지방자치단체의 재산과 공공시설을 이용할 권리와 그 지방자치단체로부터 균등하게 행정의 혜택을 받을 권리를 가진다.
③ 지방자치단체의 구역에 주소를 가진 자는 그 지방자치단체의 주민이 된다.
④ 영주할 수 있는 체류자격 취득일 후 1년이 경과한 외국인으로서 해당 지방자치단체의 외국인등록대장에 올라 있는 사람은 주민감사를 청구할 수 있다.

20

국가형태에 따른 지방자치의 유형에 대한 설명으로 옳지 않은 것은?

① 연방국가에서의 지방정부는 주정부의 하위 단위로 존재한다.
② 단일국가는 중앙정부와 지방정부의 이원적 체계로 구성된다.
③ 절충형은 단일국가의 형태를 띠고 있으나 실질적으로 연방국가처럼 운영되는 준연방형이다.
④ 미국과 영국은 연방국가형, 한국과 일본은 단일국가형에 속한다.

01

소선거구제도에 대한 설명으로 옳지 않은 것은?

① 선거유세 지역이 소규모이므로 선거비용을 절약할 수 있는 장점이 있다.
② 정치적 지명도가 높은 정당에 소속되거나 전국적인 유명 인물의 당선이 불리하다.
③ 소규모의 지역 단위에서 선거가 이루어지므로 후보자에 대한 주민의 이해도가 높아질 수 있다.
④ 최고 득표자만 당선되므로 당선자의 주민 대표성이 낮을 수 있다.

02

「지방자치법」상 지방의회의원에 대한 설명으로 옳지 않은 것은?

① 지방의회의원이 지방자치단체의 구역변경이나 없어지거나 합한 것 외의 다른 사유로 그 지방자치단체의 구역 밖으로 주민등록을 이전하였을 때에는 지방의회의원의 직에서 퇴직한다.
② 자격심사 대상인 지방의회의원은 자기의 자격심사에 관한 회의에 출석하여 의견을 진술할 수 없고, 의결에도 참가할 수 없다.
③ 자격심사 대상인 지방의회의원에 대한 자격상실 의결은 재적의원 3분의 2 이상의 찬성이 있어야 한다.
④ 지방의회의 의장은 지방의회의원의 결원이 생겼을 때에는 15일 이내에 그 지방자치단체의 장과 관할 선거관리위원회에 알려야 한다.

03

우리나라의 보통지방자치단체와 특별지방자치단체에 대한 비교로 옳지 않은 것은?

	보통지방자치단체	특별지방자치단체
① 설치:	법률	행정안전부장관 승인
② 지방채 발행:	가능	가능
③ 주민소환:	시행	불가
④ 부단체장:	시행	시행

04

「주민투표법」의 내용으로 옳지 않은 것은?

① 주민에게 과도한 부담을 주거나 중대한 영향을 미치는 지방자치단체의 주요결정사항은 주민투표에 부칠 수 있다.
② 다른 법률에 의해 주민대표가 직접 의사결정주체로서 참여할 수 있는 공공시설의 설치에 관한 사항은 주민투표에 부칠 수 없다.
③ 주민투표에 부쳐진 사항은 주민투표권자 총수의 4분의 1 이상의 투표와 유효투표수 과반수의 득표로 확정된다.
④ 지방의회는 재적의원 과반수의 출석과 출석의원 과반수의 찬성으로 그 지방자치단체장에게 주민투표 실시를 청구할 수 있다.

05

우리나라 지방선거제도에 대한 설명으로 옳은 것은?

① 지방의회의원 선거의 후보자는 후보자의 등록이 끝난 때부터 개표종료시까지 현행범이라도 구속되지 않는다.
② 「공직선거법」 기준에 의하여 산정된 비례대표시·도의원정수가 2인 미만인 때에는 2인으로 한다.
③ 정당이 임기만료에 따른 지역구지방의회의원선거에 후보자를 추천하는 때에는 각각 전국지역구 총수의 100분의 30 이상을 의무적으로 여성으로 추천해야 한다.
④ 지방자치단체장이 그 직을 가지고 당해 지역에 다시 입후보하는 경우 선거일 전 90일까지 그 직을 그만두지 않아도 된다.

06

「지방재정법」상 재정분석 및 공개에 대한 설명으로 옳지 않은 것은?

① 행정안전부장관은 재정위험 수준이 심각하다고 판단되는 지방자치단체를 재정주의단체로 지정할 수 있다.
② 재정위기단체의 장이 예산을 편성할 때에는 재정건전화계획을 기초로 하여야 한다.
③ 지방재정위기관리에 관한 사항을 심의하기 위해서 행정안전부장관 소속으로 지방재정관리위원회를 설치한다.
④ 행정안전부장관은 재정주의단체의 지정사유가 해소된 경우에는 지방재정관리위원회의 심의를 거쳐 그 지정을 해제할 수 있다.

07

「지방자치법」상 지방자치단체 상호 간의 분쟁조정에 대한 설명으로 옳지 않은 것은?

① 지방자치단체 상호 간의 분쟁이 공익을 현저히 해쳐 조속한 조정이 필요하다고 인정되면 당사자의 신청이 없어도 행정안전부장관이나 시·도지사가 직권으로 조정할 수 있다.
② 행정안전부장관이나 시·도지사가 직권으로 분쟁을 조정하는 경우에는 그 취지를 미리 당사자에게 알려야 한다.
③ 행정안전부장관이나 시·도지사는 분쟁 조정 결정에 따른 시설의 설치로 특정 지방자치단체가 이익을 얻었다고 해서 그 시설비나 운영비를 부담하게 할 수 없다.
④ 분쟁 조정 결정 사항 중 예산이 필요한 사항에 대해서는 관계 지방자치단체는 필요한 예산을 우선적으로 편성하여야 한다.

08

다음 제시문에서 설명하고 있는 지역공동체 유형은?

> - 자활, 환경, 지역 만들기 등을 위해 자생적 시민단체가 중심이 되어 공동체 활동을 하는 형태이다.
> - 자발적으로 활동하지만 정부로부터 일부 재정적 지원을 받기도 한다.

① 재정사업형 ② 풀뿌리운동형
③ 기업형   ④ 협동조합형

09

지방자치단체의 재정력 측정 및 재정분권지표에 대한 설명으로 옳지 않은 것은?

① 의존재원의 증가율이 자체수입 증가율보다 큰 경우 재정 규모가 증가하더라도 재정자립도는 하락할 수 있다.
② 재정자주도 측정에서는 의존재원으로 분류되었던 지방교부세와 조정교부금을 자주재원으로 고려한다.
③ 재정자립도는 지방재정조정제도의 유효성을 보여주는 지표로 활용된다.
④ 지방자치단체 총수입 대비 지방세 비율도 지방분권 수준을 나타내는 지표로 사용된다.

10

「지방자치법」상 지방자치단체의 관할 구역에 대한 설명으로 옳지 않은 것은?

① 지적공부에 등록이 누락된 토지가 속할 지방자치단체는 행정안전부장관이 결정한다.
② 매립지의 매립면허를 받은 자는 면허관청에 해당 매립지가 속할 지방자치단체의 결정 신청을 요구할 수 있다.
③ 지방자치단체장이 행정안전부장관에게 경계변경에 대한 조정을 신청하는 경우 지방의회 재적의원 과반수의 출석과 출석의원 과반수의 동의를 받아야 한다.
④ 관할 구역 경계변경과 관계된 지방자치단체는 경계변경자율협의체 구성·운영 요청을 받은 후 지체 없이 협의체를 구성해야 한다.

11

「지방자치법」상 지방자치단체의 종류별 사무배분기준에 대한 설명으로 옳지 않은 것은?

① 지방자치단체의 구역, 조직, 행정관리에 관한 사무는 시·군 및 자치구가 아닌 시·도에서 담당한다.
② 행정처리 결과가 2개 이상의 시·군 및 자치구에 미치는 광역적 사무는 시·군 및 자치구가 아닌 시·도에서 담당한다.
③ 인구 50만 이상의 시에 대해서는 도가 처리하는 사무의 일부를 직접 처리하게 할 수 있다.
④ 시·도와 시·군 및 자치구는 사무를 처리할 때 서로 겹치지 아니하도록 하여야 하며, 사무가 서로 겹치면 시·군 및 자치구에서 먼저 처리한다.

12

「지방자치법」상 지방자치단체조합에 대한 설명으로 옳지 않은 것은?

① 지방자치단체조합회의는 지방자치단체조합의 조례로 정하는 바에 따라 지방자치단체조합의 중요 사무를 심의·의결한다.
② 지방자치단체조합에는 지방자치단체조합회의와 지방자치단체조합장 및 사무직원을 둔다.
③ 관계 지방의회의원과 관계 지방자치단체의 장은 지방자치단체조합회의의 위원이나 지방자치단체조합장을 겸할 수 있다.
④ 2개 이상의 지방자치단체가 하나 또는 둘 이상의 사무를 공동으로 처리할 필요가 있을 때에는 규약을 정하여 지방의회의 의결을 거쳐 시·도는 행정안전부장관의 승인, 시·군 및 자치구는 시·도지사의 승인을 받아 지방자치단체조합을 설립할 수 있다.

13

지방자치에 대한 학자들의 견해로 옳지 않은 것은?

① 물랭(Moulin)에 따르면 지방정부는 국가 전체의 이익을 희생하고 또 다른 독재의 산실이 될 수 있다.
② 팬터브릭(Panter-Brick)은 광기가 저지를 수 있는 오류로부터 국민을 방어해 줄 수 있는 것이 중앙집권이라고 보았다.
③ 오츠(Oates)는 지역의 공공재를 생산하는 데 비용이 똑같이 든다면 중앙정부보다 지방정부가 맡는 것이 더 효율적이라고 주장하였다.
④ 브라이스(Bryce)는 지방자치란 민주주의의 가장 훌륭한 학교라고 설명하였다.

14

「지방공기업법」상 지방공기업에 대한 관리·감독에 대한 내용으로 옳지 않은 것은?

① 지방공기업에 대한 경영평가에는 경영목표의 달성도, 업무의 능률성, 공익성, 고객서비스 등에 관한 평가가 포함되어야 한다.
② 행정안전부장관이 필요하다고 인정하는 경우에는 지방자치단체장으로 하여금 지방공기업에 대한 경영평가를 하게 할 수 있다.
③ 지방자치단체장이 지방공기업 경영평가를 하였을 때에는 그 평가가 끝난 후 1개월 이내에 관련 서류를 행정안전부장관에게 제출하여야 한다.
④ 지방자치단체장은 지방공기업 경영평가, 경영진단, 경영 개선에 관한 사항을 심의하기 위하여 지방공기업정책위원회를 운영한다.

15

「지방자치법」상 지방의회에 대한 설명으로 옳은 것은?

ㄱ. 지방의회에 교섭단체를 둘 수 있으며, 이 경우 대통령령으로 정하는 수 이상의 소속의원을 가진 정당은 하나의 교섭단체가 된다.
ㄴ. 지방의회의원 3명 이상이 발의하고 출석의원 3분의 2 이상이 찬성한 경우 또는 지방의회의 의장이 사회의 안녕질서 유지를 위하여 필요하다고 인정하는 경우에 지방의회의 회의를 공개할 수 있다.
ㄷ. 지방의회의원은 본인 또는 배우자와 직접 이해관계가 있는 안건에 관하여 의회의 동의가 있으면 의회에 출석하여 발언할 수 있다.
ㄹ. 지방의회의 위원회에는 위원장과 위원의 자치입법활동을 지원하기 위하여 지방의회의원이 아닌 전문지식을 가진 위원을 둔다.

① ㄱ, ㄴ   ② ㄱ, ㄷ   ③ ㄴ, ㄹ   ④ ㄷ, ㄹ

16

「지방자치법」상 행정협의조정위원회에 대한 설명으로 옳지 않은 것은?

① 중앙행정기관의 장과 지방자치단체의 장이 사무를 처리할 때 의견을 달리하는 경우 이를 협의·조정하기 위하여 국무총리 소속으로 행정협의조정위원회를 둔다.
② 「지방자치법」에 규정한 사항 외에 행정협의조정위원회의 구성과 운영 등에 필요한 사항은 대통령령으로 정한다.
③ 행정협의조정위원회는 위원장 1명을 포함하여 13명 이내의 위원으로 구성한다.
④ 기획재정부장관, 행정안전부장관, 국무조정실장, 법제처장, 지방시대위원장은 행정협의조정위원회의 위원으로 규정되어 있다.

17

「지방자치법」상 예산과 결산에 대한 설명으로 옳지 않은 것은?

① 지방자치단체장은 출납 폐쇄 후 80일 이내에 결산서와 증명서류를 작성하고 지방의회가 선임한 검사위원의 검사의견서를 첨부하여 지방의회의 승인을 받아야 한다.
② 지역의 재정건전성을 위하여 지방자치단체장은 보증채무부담행위를 할 수 없다.
③ 지방자치단체장은 한 회계연도를 넘어 계속하여 경비를 지출할 필요가 있으면 계속비로서 지방의회의 의결을 받아야 한다.
④ 지방의회의 의장은 예산안이 의결되면 그날부터 3일 이내에 지방자치단체장에게 이송하여야 한다.

18

「지방자치법」상 지방자치단체장의 권한에 대한 설명으로 옳지 않은 것은?

① 지방자치단체의 장은 그 지방자치단체의 사무와 법령에 따라 그 지방자치단체의 장에게 위임된 사무를 관리하고 집행한다.
② 지방자치단체의 장은 지방의회 사무직원을 포함한 소속 직원을 지휘·감독하고 임면·교육훈련·복무·징계 등에 관한 사항을 처리한다.
③ 지방자치단체의 장이 퇴직할 때에는 소관 사무 일체를 후임자에게 인계하여야 한다.
④ 시·도와 시·군 및 자치구에서 시행하는 국가사무는 시·도지사와 시장·군수 및 자치구의 구청장에게 위임하여 수행하는 것을 원칙으로 한다.

19

「지방자치법」상 주민소송에 대한 설명으로 옳지 않은 것은?

① 주민소송은 해당 지방자치단체의 사무소 소재지를 관할하는 행정법원의 관할로 한다.
② 중지청구소송은 해당 행위를 중지할 경우 생명이나 신체에 중대한 위해가 생길 우려가 있거나 그 밖에 공공복리를 현저하게 해칠 우려가 있으면 제기할 수 없다.
③ 소송을 제기한 주민은 승소한 경우 그 지방자치단체에 대하여 소송비용, 감사 청구절차의 진행 등을 위하여 사용된 여비를 보상할 것을 청구할 수 있다.
④ 주무부장관이나 시·도지사가 감사 청구를 수리한 날부터 60일이 지나도 감사를 끝내지 아니한 경우 주민소송은 해당 60일이 끝난 날부터 30일 이내에 제기하여야 한다.

20

「지방자치법」상 지방의회의 권한에 대한 설명으로 옳지 않은 것은?

① 지방의회는 위원회의 의결로 감사 또는 조사 결과를 처리한다.
② 지방의회가 조사를 발의할 때에는 이유를 밝힌 서면으로 하여야 하며, 재적의원 3분의 1 이상의 찬성이 있어야 한다.
③ 본회의나 위원회는 그 의결로 안건의 심의와 직접 관련된 서류의 제출을 해당 지방자치단체의 장에게 요구할 수 있다.
④ 지방의회는 법령과 조례에 규정된 것을 제외한 예산 외의 의무부담이나 권리의 포기에 대한 사항을 의결한다.

MEMO

2025년도 공개경쟁채용 필기시험 답안지

2025년도 공개경쟁채용 필기시험 답안지

컴퓨터용 흑색사인펜만 사용

책 형

【필적감정용 기재】
*아래 예시문을 옮겨 적으시오

본인은 ○○○(응시자성명)임을 확인함

기 재 란

성 명	
자필성명	본인 성명 기재
응시직렬	
응시지역	
시험장소	

응시번호							
	⓪	⓪	⓪	⓪	⓪	⓪	⓪
	①	①	①	①	①	①	①
	②	②	②	②	②	②	②
	③	③	③	③	③	③	③
	④	④	④	④	④	④	④
	⑤	⑤	⑤	⑤	⑤	⑤	⑤
⑥	⑥	⑥	⑥	⑥	⑥	⑥	⑥
⑦	⑦	⑦	⑦	⑦	⑦	⑦	⑦
	⑧	⑧	⑧	⑧	⑧	⑧	⑧
	⑨	⑨	⑨	⑨	⑨	⑨	⑨

생년월일					
	⓪	⓪	⓪	⓪	⓪
	①	①	①	①	①
	②	②	②	②	②
	③	③	③		③
	④		④		④
⑤	⑤		⑤		⑤
⑥	⑥		⑥		⑥
⑦	⑦		⑦		⑦
⑧	⑧		⑧		⑧
⑨	⑨		⑨		⑨

※ 시험감독관 서명 (성명을 정자로 기재할 것)
적색 볼펜만 사용

문번	실전제 회	문번	실전제 회	문번	실전제 회	문번	실전제 회	문번	실전제 회
1	① ② ③ ④	1	① ② ③ ④	1	① ② ③ ④	1	① ② ③ ④	1	① ② ③ ④
2	① ② ③ ④	2	① ② ③ ④	2	① ② ③ ④	2	① ② ③ ④	2	① ② ③ ④
3	① ② ③ ④	3	① ② ③ ④	3	① ② ③ ④	3	① ② ③ ④	3	① ② ③ ④
4	① ② ③ ④	4	① ② ③ ④	4	① ② ③ ④	4	① ② ③ ④	4	① ② ③ ④
5	① ② ③ ④	5	① ② ③ ④	5	① ② ③ ④	5	① ② ③ ④	5	① ② ③ ④
6	① ② ③ ④	6	① ② ③ ④	6	① ② ③ ④	6	① ② ③ ④	6	① ② ③ ④
7	① ② ③ ④	7	① ② ③ ④	7	① ② ③ ④	7	① ② ③ ④	7	① ② ③ ④
8	① ② ③ ④	8	① ② ③ ④	8	① ② ③ ④	8	① ② ③ ④	8	① ② ③ ④
9	① ② ③ ④	9	① ② ③ ④	9	① ② ③ ④	9	① ② ③ ④	9	① ② ③ ④
10	① ② ③ ④	10	① ② ③ ④	10	① ② ③ ④	10	① ② ③ ④	10	① ② ③ ④
11	① ② ③ ④	11	① ② ③ ④	11	① ② ③ ④	11	① ② ③ ④	11	① ② ③ ④
12	① ② ③ ④	12	① ② ③ ④	12	① ② ③ ④	12	① ② ③ ④	12	① ② ③ ④
13	① ② ③ ④	13	① ② ③ ④	13	① ② ③ ④	13	① ② ③ ④	13	① ② ③ ④
14	① ② ③ ④	14	① ② ③ ④	14	① ② ③ ④	14	① ② ③ ④	14	① ② ③ ④
15	① ② ③ ④	15	① ② ③ ④	15	① ② ③ ④	15	① ② ③ ④	15	① ② ③ ④
16	① ② ③ ④	16	① ② ③ ④	16	① ② ③ ④	16	① ② ③ ④	16	① ② ③ ④
17	① ② ③ ④	17	① ② ③ ④	17	① ② ③ ④	17	① ② ③ ④	17	① ② ③ ④
18	① ② ③ ④	18	① ② ③ ④	18	① ② ③ ④	18	① ② ③ ④	18	① ② ③ ④
19	① ② ③ ④	19	① ② ③ ④	19	① ② ③ ④	19	① ② ③ ④	19	① ② ③ ④
20	① ② ③ ④	20	① ② ③ ④	20	① ② ③ ④	20	① ② ③ ④	20	① ② ③ ④

2025년도 공개경쟁채용 필기시험 답안지

2025 가장 체계적으로 · 직관적으로 · 수험적합적으로

공무원 전직렬 시험 대비

황철곤
지방자치론
실전모의고사

정답
해설

넥스트스터디

가장 체계적으로 · 직관적으로 · 수험적합적으로

정답
해설

황철곤
지방자치론
실전모의고사

제 01회 실전 모의고사

| 01 | ③ | 02 | ④ | 03 | ③ | 04 | ④ | 05 | ② | 06 | ④ | 07 | ② | 08 | ① | 09 | ① | 10 | ② |
| 11 | ③ | 12 | ② | 13 | ① | 14 | ③ | 15 | ③ | 16 | ③ | 17 | ③ | 18 | ③ | 19 | ④ | 20 | ② |

01

다음 제시문에서 설명하고 있는 지방세의 원칙은?

> 지방정부의 재화나 공공서비스로부터 혜택을 받은 수혜자가 그에 상응하는 부담을 져야한다는 원칙이다. 이 때 공공서비스의 혜택은 반드시 직접적·개별적 이익일 것이 아닌 간접적·전체적 속성을 지닌다.

① 보편성의 원칙 ② 충분성의 원칙
③ 응익성의 원칙 ④ 부담분임성의 원칙

01

① ✗ 보편성의 원칙은 지방세의 세원이 특정 지역에 편재되지 않고 전국의 지방자치단체에 고루 분포되는 것을 의미한다.
② ✗ 충분성의 원칙은 지방세의 세원이 지방재정수요에 충분할 정도로 확보되어야 하는 원칙이다.
③ ○ 제시문은 응익성의 원칙 또는 수익자부담의 원칙에 대한 설명이다. 정부로부터 받는 서비스의 정도에 따라 과세하자는 것으로, 지방세는 공공서비스에 대한 반대급부적 성격이 강하므로 응익성의 원칙 적용이 바람직하다고 볼 수도 있다.
④ ✗ 부담분임성의 원칙은 지역 내에 거주하는 구성원인 주민들이 지방정부의 재화나 서비스의 경비를 나누어 분담하는 원칙이다.

정답 ③

02

「지방자치법」상 예산과 결산에 대한 설명으로 옳지 않은 것은?

① 지방자치단체의 회계는 일반회계와 특별회계로 구분한다.
② 지방자치단체는 예측할 수 없는 예산 외의 지출이나 예산초과지출에 충당하기 위하여 세입·세출예산에 예비비를 계상하여야 한다.
③ 지방의회에서 새로운 회계연도가 시작될 때까지 예산안이 의결되지 못하면 지방자치단체의 장은 지방의회에서 예산안이 의결될 때까지 일부 경비를 전년도 예산에 준하여 집행할 수 있다.
④ 시·도의회는 제출된 예산안을 회계연도 시작 50일 전까지, 시·군 및 자치구의회는 회계연도 시작 40일 전까지 의결하여야 한다.

02

① ○
> **지방자치법 제141조(회계의 구분)**
> ① 지방자치단체의 회계는 일반회계와 특별회계로 구분한다.

② ○
> **동법 제144조(예비비)**
> ① 지방자치단체는 예측할 수 없는 예산 외의 지출이나 예산초과지출에 충당하기 위하여 세입·세출예산에 예비비를 계상하여야 한다.

③ ○
> **동법 제146조(예산이 성립하지 아니할 때의 예산 집행)**
> 지방의회에서 새로운 회계연도가 시작될 때까지 예산안이 의결되지 못하면 지방자치단체의 장은 지방의회에서 예산안이 의결될 때까지 다음 각 호의 목적을 위한 경비를 전년도 예산에 준하여 집행할 수 있다.

④ ✗ 시·도의회는 제출된 예산안을 회계연도 시작 15일 전까지, 시·군 및 자치구의회는 회계연도 시작 10일 전까지 의결하여야 한다.

> **동법 제142조(예산의 편성 및 의결)**
> ② 시·도의회는 제1항의 예산안을 회계연도 시작 15일 전까지, 시·군 및 자치구의회는 회계연도 시작 10일 전까지 의결하여야 한다.

정답 ④

03

「주민조례발안에 관한 법률」의 내용으로 옳지 않은 것은?

① 18세 이상의 주민은 해당 지방의회에 조례를 제정하거나 개정 또는 폐지할 것을 청구할 수 있다.
② 주민조례청구를 하려는 청구인의 대표자는 지방의회의 의장에게 대표자 증명서 발급을 신청하여야 한다.
③ 지방의회의 의장은 청구인명부의 서명에 청구권자가 아닌 사람의 서명이 포함된 경우 전체 서명을 무효로 결정하여야 한다.
④ 지방의회는 주민청구조례안이 수리된 날부터 1년 이내에 주민청구조례안을 의결하여야 한다.

03

① ○

> **주민조례발안법 제2조(주민조례청구권자)**
> 18세 이상의 주민으로서 다음 각 호의 어느 하나에 해당하는 사람은 해당 지방의회에 조례를 제정하거나 개정 또는 폐지할 것을 청구할 수 있다.

② ○

> **동법 제6조(대표자 증명서 발급 등)**
> ① 청구권자가 주민조례청구를 하려는 경우에는 **청구인의 대표자를 선정**하여야 하며, 선정된 대표자는 다음 각 호의 서류를 첨부하여 지방의회의 의장에게 대표자 증명서 발급을 신청하여야 한다.

③ ✗ 청구권자가 아닌 사람의 서명이 포함됐다고 해도 전체 서명을 무효로 하는 것은 아니며, 해당 서명을 무효로 결정하고 청구인명부를 수정한 후 청구인 대표자에게 알려야 한다.

> **동법 제11조(이의신청 등)**
> ① 지방의회의 의장은 청구인명부의 서명이 다음 각 호의 어느 하나에 해당하는 경우 해당 서명을 무효로 결정하고 청구인명부를 수정한 후 그 사실을 즉시 대표자에게 알려야 한다.
> 1. 청구권자가 아닌 사람의 서명

④ ○

> **동법 제13조(주민청구조례안의 심사 절차)**
> ① 지방의회는 제12조제1항에 따라 주민청구조례안이 수리된 날부터 1년 이내에 주민청구조례안을 의결하여야 한다. 다만, 필요한 경우에는 본회의 의결로 1년 이내의 범위에서 한 차례만 그 기간을 연장할 수 있다.

정답 ③

04

「지방자치법」상 특별지방자치단체에 대한 설명으로 옳지 않은 것은?

① 구성 지방자치단체의 장은 특별지방자치단체 규약을 변경하려는 경우에 구성 지방자치단체의 지방의회 의결을 거쳐 행정안전부장관의 승인을 받아야 한다.
② 가입 또는 탈퇴의 신청을 받은 특별지방자치단체의 장은 특별지방자치단체 의회의 동의를 받아 신청의 수용 여부를 결정하되, 특별한 사유가 없으면 가입하거나 탈퇴하려는 지방자치단체의 의견을 존중하여야 한다.
③ 행정안전부장관은 공익상 필요하다고 인정할 때에는 관계 지방자치단체에 대하여 특별지방자치단체의 설치, 해산 또는 규약 변경을 권고할 수 있다.
④ 특별지방자치단체의 장은 구성 지방자치단체의 사무처리가 기본계획의 시행에 지장을 주거나 지장을 줄 우려가 있을 때에는 행정안전부장관에게 필요한 조치를 요청할 수 있다.

04

① ○

> **지방자치법 제202조(규약 등)**
> ② 구성 지방자치단체의 장은 제1항의 규약을 변경하려는 경우에는 구성 지방자치단체의 지방의회 의결을 거쳐 행정안전부장관의 승인을 받아야 한다.

② ○

> **동법 제208조(가입 및 탈퇴)**
> ② 제1항에 따른 가입 또는 탈퇴의 신청을 받은 **특별지방자치단체의 장은 특별지방자치단체 의회의 동의를 받아** 신청의 수용 여부를 결정하되, 특별한 사유가 없으면 가입하거나 탈퇴하려는 **지방자치단체의 의견을 존중**하여야 한다.

③ ○

> **동법 제200조(설치 권고 등)**
> 행정안전부장관은 공익상 필요하다고 인정할 때에는 관계 지방자치단체에 대하여 **특별지방자치단체의 설치, 해산 또는 규약 변경을 권고**할 수 있다. 이 경우 행정안전부장관의 권고가 국가 또는 시·도 사무의 위임을 포함하고 있을 때에는 사전에 관계 중앙행정기관의 장 또는 시·도지사와 협의하여야 한다.

④ ✗ 구성 지방자치단체의 사무처리가 기본계획의 시행에 지장을 주거나 지장을 줄 우려가 있을 때에는 행정안전부장관에게 필요한 조치를 요청하는 것이 아니라, **특별지방자치단체의 의회 의결을 거쳐 구성 지방자치단체의 장에게 필요한 조치를 요청**할 수 있다.

> **동법 제203조(기본계획 등)**
> ③ 특별지방자치단체의 장은 구성 지방자치단체의 사무처리가 기본계획의 시행에 지장을 주거나 지장을 줄 우려가 있을 때에는 특별지방자치단체의 의회 의결을 거쳐 구성 지방자치단체의 장에게 필요한 조치를 요청할 수 있다.

정답 ④

05

「지방자치법」상 지방자치단체장의 직 인수위원회에 대한 설명으로 옳지 않은 것은?

① 위원장·부위원장 및 위원은 명예직으로 하고, 당선인이 임명하거나 위촉한다.
② 인수위원회는 위원장 1명 및 부위원장 1명을 포함하여 시·도는 15명 이내, 시·군 및 자치구는 10명 이내로 구성한다.
③ 인수위원회의 위원 중 공무원이 아닌 사람은 인수위원회의 업무와 관련하여 벌칙을 적용할 때에는 공무원으로 본다.
④ 인수위원회는 당선인으로 결정된 때부터 지방자치단체의 장의 임기 시작일 이후 20일의 범위에서 존속한다.

05

① ○

> **지방자치법 제105조(지방자치단체의 장의 직 인수위원회)**
> ⑥ 위원장·부위원장 및 위원은 명예직으로 하고, 당선인이 임명하거나 위촉한다.

② ✕ 인수위원회는 시·도는 15명이 아닌 20명 이내로, 시·군·구는 10명이 아닌 15명 이내로 구성한다.

> **동법 제105조(지방자치단체의 장의 직 인수위원회)**
> ⑤ 인수위원회는 위원장 1명 및 부위원장 1명을 포함하여 다음 각 호의 구분에 따른 위원으로 구성한다.
> 1. 시·도: 20명 이내
> 2. 시·군 및 자치구: 15명 이내

③ ○

> **동법 제105조(지방자치단체의 장의 직 인수위원회)**
> ⑨ 인수위원회의 위원장·부위원장 및 위원과 그 직에 있었던 사람 중 공무원이 아닌 사람은 인수위원회의 업무와 관련하여 「형법」이나 그 밖의 법률에 따른 벌칙을 적용할 때에는 공무원으로 본다.

④ ○

> **동법 제105조(지방자치단체의 장의 직 인수위원회)**
> ③ 인수위원회는 당선인으로 결정된 때부터 지방자치단체의 장의 임기 시작일 이후 20일의 범위에서 존속한다.

정답 ②

06

「지방자치법」상 지방자치단체의 관할 구역 경계변경에 대한 설명으로 옳지 않은 것은?

① 지방자치단체의 장은 행정안전부장관에게 경계변경이 필요한 지역을 명시하여 경계변경에 대한 조정을 신청할 수 있다.
② 조정 신청을 받은 행정안전부장관은 당사자 간 경계변경에 관한 사항을 협의할 수 있도록 경계변경자율협의체를 구성하고 운영할 것을 관계 지방자치단체의 장에게 요청하여야 한다.
③ 관계 지방자치단체가 경계변경자율협의체를 통해 120일 이내에 합의를 하지 못하면 행정안전부장관은 지방자치단체중앙분쟁조정위원회의 심의·의결을 거쳐 경계변경에 대한 조정할 수 있다.
④ 지방자치단체중앙분쟁조정위원회가 관할 구역 경계변경이 필요하다고 의결하면 행정안전부장관은 이를 반영한 행정안전부령안을 입안하여야 한다.

06

① ○

> **지방자치법 제6조(지방자치단체의 관할 구역 경계변경 등)**
> ① 지방자치단체의 장은 관할 구역과 생활권과의 불일치 등으로 인하여 주민생활에 불편이 큰 경우 등 대통령령으로 정하는 사유가 있는 경우에는 행정안전부장관에게 경계변경이 필요한 지역 등을 명시하여 경계변경에 대한 조정을 신청할 수 있다. 이 경우 지방자치단체의 장은 지방의회 재적의원 과반수의 출석과 출석의원 3분의 2 이상의 동의를 받아야 한다.

② ○

> **동법 동조**
> ④ 행정안전부장관은 제3항에 따른 기간이 끝난 후 지체 없이 대통령령으로 정하는 바에 따라 관계 지방자치단체 등 당사자 간 경계변경에 관한 사항을 효율적으로 협의할 수 있도록 경계변경자율협의체를 구성·운영할 것을 관계 지방자치단체의 장에게 요청하여야 한다.

③ ○

> **동법 동조**
> ⑦ 행정안전부장관은 다음 각 호의 어느 하나에 해당하는 경우에는 위원회의 심의·의결을 거쳐 경계변경에 대하여 조정할 수 있다.
> 1. 관계 지방자치단체가 제4항에 따른 행정안전부장관의 요청을 받은 날부터 120일 이내에 협의체를 구성하지 못한 경우
> 2. 관계 지방자치단체가 제5항에 따른 협의 기간 이내에 경계변경 여부 및 대상 등에 대하여 합의를 하지 못한 경우

④ × 자치단체 관할구역 경계변경은 행정안전부령이 아닌 대통령령으로 정한다.

> **동법 동조**
> ⑨ 행정안전부장관은 다음 각 호의 어느 하나에 해당하는 경우 지체 없이 그 내용을 검토한 후 이를 반영하여 경계변경에 관한 대통령령안을 입안하여야 한다.
> 1. 제5항에 따른 협의체의 협의 결과 관계 지방자치단체 간 경계변경에 합의를 하고, 관계 지방자치단체의 장이 제6항에 따라 그 내용을 각각 알린 경우
> 2. 위원회가 제7항에 따른 심의 결과 경계변경이 필요하다고 의결한 경우

정답 ④

07

지방자치단체의 구역 개편 이론 중 분절론에 대한 설명으로 옳은 것을 모두 고르면?

ㄱ. 규모의 경제효과를 달성할 수 있다.
ㄴ. 주민들의 선택권이 향상된다.
ㄷ. 소규모 구역으로 인해 지근거리에서 의견을 표출하고 참여할 수 있다.
ㄹ. 도농격차를 완화하고 균형발전의 계기가 될 수 있다.

① ㄱ, ㄴ ② ㄴ, ㄷ ③ ㄴ, ㄹ ④ ㄷ, ㄹ

07

ㄱ·ㄹ × 분절론이 아닌 통합론에서 강조하는 내용이다. 통합론은 구역의 통합을 주장하는 것으로, 구역의 통합이 규모의 경제효과를 통해 행정비용을 감소시키고 행정의 효율성을 높일 수 있다고 본다. 또한 인접한 구역의 통합은 지역의 균형발전에 도움을 줄 수 있다고 주장한다. 특히 도시와 농촌지역 간의 통합은 도농격차를 완화하고 균형발전의 계기가 될 수 있다.

ㄴ·ㄷ ○ 분절론에서 강조하는 내용이다. 티부의 발로 뛰는 투표 이론과 같이 지역의 숫자가 많을 때 주민들은 자신이 선호하는 행정서비스와 그에 따른 조세부담을 고려하여 거주 지역 선택의 폭이 넓어진다. 또한 분절론은 지역이 직면에 문제에 대한 주민참여와 민주성을 중시하기 때문에 주민들의 효능감이 증대되고 풀뿌리 민주주의 구현에 적합하다.

정답 ②

08

「지방자치법」상 지방의회의원에 대한 설명으로 옳지 않은 것은?

① 지방의회의원에게 지급되는 의정활동비와 월정수당은 의정비심의위원회 결정 대상에서 제외한다.
② 지방의회의원이 직무로 인하여 신체에 상해를 입거나 사망한 경우와 그 상해나 직무로 인한 질병으로 사망한 경우에는 보상금을 지급할 수 있다.
③ 지방의회의원의 의정활동을 지원하기 위하여 지방의회의원 정수의 2분의 1 범위에서 해당 지방자치단체의 조례로 정하는 바에 따라 지방의회에 정책지원 전문인력을 둘 수 있다.
④ 정책지원 전문인력은 지방공무원으로 보하며, 직급·직무 및 임용절차 등 운영에 필요한 사항은 대통령령으로 정한다.

08

① × 의정활동비와 월정수당은 의정비심의위원회 결정 대상에 포함되며, 여비는 의정비심의위원회 결정 대상에서 제외된다.

> **지방자치법 제40조(의원의 의정활동비 등)**
> ① 지방의회의원에게는 다음 각 호의 비용을 지급한다.
> 1. 의정 자료를 수집하고 연구하거나 이를 위한 보조 활동에 사용되는 비용을 보전하기 위하여 매월 지급하는 의정활동비
> 2. 지방의회의원의 직무활동에 대하여 지급하는 월정수당
> 3. 본회의 의결, 위원회 의결 또는 지방의회의 의장의 명에 따라 공무로 여행할 때 지급하는 여비
> ② 제1항 각 호에 규정된 비용은 대통령령으로 정하는 기준을 고려하여 해당 지방자치단체의 의정비심의위원회에서 결정하는 금액 이내에서 지방자치단체의 조례로 정한다. 다만, 제1항제3호에 따른 비용(여비)은 의정비심의위원회 결정 대상에서 제외한다.

② ○

> **동법 제42조(상해·사망 등의 보상)**
> ① 지방의회의원이 직무로 인하여 신체에 상해를 입거나 사망한 경우와 그 상해나 직무로 인한 질병으로 사망한 경우에는 보상금을 지급할 수 있다.

③ ○

> **동법 제41조(의원의 정책지원 전문인력)**
> ① 지방의회의원의 의정활동을 지원하기 위하여 지방의회의원 정수의 2분의 1 범위에서 해당 지방자치단체의 조례로 정하는 바에 따라 지방의회에 정책지원 전문인력을 둘 수 있다.

④ ○

> **동법 제41조(의원의 정책지원 전문인력)**
> ② 정책지원 전문인력은 지방공무원으로 보하며, 직급·직무 및 임용절차 등 운영에 필요한 사항은 대통령령으로 정한다.

정답 ①

09

A군(郡)은 같은 도(道)에 속해 있는 B군(郡)과 「지방자치법」상 협력을 하고자 한다. 이에 대한 설명으로 옳지 않은 것은?

① A군수가 자신의 소관사무 일부를 B군수에게 위탁하여 처리하게 할 수 있으며, A군수는 이를 도지사에게 보고해야 한다.
② A군은 사무의 일부를 B군과 공동으로 처리하기 위해 행정협의회를 구성할 수 있으며, A군수는 이를 도지사에게 보고해야 한다.
③ A군과 B군은 사무를 공동으로 처리할 필요가 있을 때 규약을 정하여 지방의회의 의결을 거쳐 도지사의 승인을 받아 지방자치단체조합을 설립할 수 있다.
④ B군이 A군으로부터 사무의 공동처리에 관한 요청을 받으면 법령의 범위에서 협력해야 한다.

09

① ✗ 다른 자치단체에 사무를 위탁할 때 상급기관에 보고하는 절차는 없다.

> **지방자치법 제168조(사무의 위탁)**
> ① 지방자치단체나 그 장은 소관 사무의 일부를 다른 지방자치단체나 그 장에게 위탁하여 처리하게 할 수 있다.

② ○

> **동법 제169조(행정협의회의 구성)**
> ① 지방자치단체는 2개 이상의 지방자치단체에 관련된 사무의 일부를 공동으로 처리하기 위하여 관계 지방자치단체 간의 행정협의회를 구성할 수 있다. 이 경우 지방자치단체의 장은 시·도가 구성원이면 행정안전부장관과 관계 중앙행정기관의 장에게, 시·군 또는 자치구가 구성원이면 시·도지사에게 이를 보고하여야 한다.

③ ○

> **동법 제176조(지방자치단체조합의 설립)**
> ① 2개 이상의 지방자치단체가 하나 또는 둘 이상의 사무를 공동으로 처리할 필요가 있을 때에는 규약을 정하여 지방의회의 의결을 거쳐 시·도는 행정안전부장관의 승인, 시·군 및 자치구는 시·도지사의 승인을 받아 지방자치단체조합을 설립할 수 있다.

④ ○

> **동법 제164조(지방자치단체 상호 간의 협력)**
> ① 지방자치단체는 다른 지방자치단체로부터 사무의 공동처리에 관한 요청이나 사무처리에 관한 협의·조정·승인 또는 지원의 요청을 받으면 법령의 범위에서 협력하여야 한다.

정답 ①

10

다음 중 「지방자치법」에서 예시하고 있는 지방자치단체의 사무를 모두 고르면?

ㄱ. 물가정책·금융정책·수출입정책
ㄴ. 지역개발과 자연환경보전 및 생활환경시설의 설치·관리
ㄷ. 근로기준·측량단위
ㄹ. 교육·체육·문화·예술의 진흥
ㅁ. 농림·수산·상공업 등 산업 진흥
ㅂ. 지역민방위 및 지방소방
ㅅ. 국제교류 및 협력
ㅇ. 농산물·임산물·축산물·수산물 및 양곡의 수급조절

① ㄱ, ㄴ, ㄹ, ㅂ, ㅇ
② ㄴ, ㄹ, ㅁ, ㅂ, ㅅ
③ ㄴ, ㄹ, ㅁ, ㅅ, ㅇ
④ ㄷ, ㅁ, ㅂ, ㅅ, ㅇ

10

② ○ 물가정책·금융정책·수출입정책, 근로기준·측량단위, 농산물·임산물·축산물·수산물 및 양곡의 수급조절 사무는 지방자치단체의 사무가 아닌 국가사무로 규정되어 있다.

> **지방자치법 제13조(지방자치단체의 사무 범위)**
> ② 제1항에 따른 지방자치단체의 사무를 예시하면 다음 각 호와 같다. 다만, 법률에 이와 다른 규정이 있으면 그러하지 아니하다.
> 1. 지방자치단체의 구역, 조직, 행정관리 등
> 2. 주민의 복지증진
> 3. 농림·수산·상공업 등 산업 진흥
> 4. 지역개발과 자연환경보전 및 생활환경시설의 설치·관리
> 5. 교육·체육·문화·예술의 진흥
> 6. 지역민방위 및 지방소방
> 7. 국제교류 및 협력
>
> **동법 제15조(국가사무의 처리 제한)**
> 지방자치단체는 다음 각 호의 국가사무를 처리할 수 없다. 다만, 법률에 이와 다른 규정이 있는 경우에는 국가사무를 처리할 수 있다.
> 1. 외교, 국방, 사법(司法), 국세 등 국가의 존립에 필요한 사무
> 2. **물가정책, 금융정책, 수출입정책 등 전국적으로 통일적 처리를 할 필요가 있는 사무**
> 3. **농산물·임산물·축산물·수산물 및 양곡의 수급조절과 수출입 등 전국적 규모의 사무**
> 4. 국가종합경제개발계획, 국가하천, 국유림, 국토종합개발계획, 지정항만, 고속국도·일반국도, 국립공원 등 전국적 규모나 이와 비슷한 규모의 사무
> 5. **근로기준, 측량단위 등 전국적으로 기준을 통일하고 조정하여야 할 필요가 있는 사무**
> 6. 우편, 철도 등 전국적 규모나 이와 비슷한 규모의 사무
> 7. 고도의 기술이 필요한 검사·시험·연구, 항공관리, 기상행정, 원자력개발 등 지방자치단체의 기술과 재정능력으로 감당하기 어려운 사무

정답 ②

11

「지방재정법」상 지방자치단체의 예산에 대한 설명으로 옳지 않은 것은?

① 투자심사에 관한 지방자치단체의 장의 자문에 응하기 위하여 지방자치단체의 장 소속으로 지방재정투자심사위원회를 둔다.
② 지방재정투자심사위원회 소속 민간위원의 임기는 3년 이내에서 조례로 정하며, 한 차례만 연임할 수 있다.
③ 지방자치단체가 예산안에 첨부하는 재정운용상황개요서에는 지방공기업의 부채는 포함되지만 출자기관의 부채는 제외된다.
④ 지방자치단체의 세출은 원칙적으로 지방채 외의 세입을 재원으로 하여야 한다.

11

① ○

> **지방재정법 제37조의3(지방재정투자심사위원회)**
> ① 투자심사에 관한 지방자치단체의 장의 자문에 응하기 위하여 지방자치단체의 장 소속으로 지방재정투자심사위원회를 둔다.

② ○

> **동법 제37조의3(지방재정투자심사위원회)**
> ⑤ 민간위원의 임기는 3년 이내에서 조례로 정하며, 한 차례만 연임할 수 있다.

③ × 재정운용상황개요서에는 통합부채가 포함되어야 하는데, 여기에는 지방자치단체의 부채뿐만 아니라 지방공기업과 출자기관·출연기관의 부채가 포함된다.

> **동법 제44조의2(예산안의 첨부서류)**
> ① 예산안에는 다음 각 호의 서류가 첨부되어야 한다.
>   1. 재정운용상황개요서
> ② 제1항 제1호에 따른 재정운용상황개요서에는 다음 각 호의 사항이 포함되어야 한다.
>   2. 통합부채[「지방공기업법」에 따른 지방공기업 및 「지방자치단체 출자·출연 기관의 운영에 관한 법률」에 따른 출자기관·출연기관의 부채를 포함한 부채를 말한다]

④ ○

> **동법 제35조 (세출의 재원)**
> 지방자치단체의 세출은 지방채 외의 세입을 그 재원으로 하여야 한다. 다만 부득이한 경우에는 지방채로 충당할 수 있다.

정답 ③

12

우리나라 지방선거제도에 대한 설명으로 옳지 않은 것은?

① 하나의 시·군·자치구의원 지역구에서 선출할 지역구시·군·자치구의원 정수는 2인 이상 4인 이하이다.
② 외국인에게는 영주권을 취득한 날부터 지방선거의 선거권이 주어진다.
③ 지방선거에 피선거권을 갖기 위해서 해당 지방자치단체에 주민등록이 되어 있어야 하는 기간은 선거일 현재 계속하여 60일 이상이다.
④ 기초지방의회의원의 선거구는 행정구역과 인구규모 등을 모두 고려하여 획정하고, 지역구별 의원정수는 조례로 정한다.

12

① ○

> **공직선거법 제26조(지방의회의원선거구의 획정)**
> ② 자치구·시·군의원지역구는 인구·행정구역·지세·교통 그 밖의 조건을 고려하여 획정하되, 하나의 자치구·시·군의원지역구에서 선출할 지역구자치구·시·군의원정수는 2인 이상 4인 이하로 하며, 그 자치구·시·군의원지역구의 명칭·구역 및 의원정수는 시·도조례로 정한다.

② × 공직선거법에 따라 외국인은 영주권을 획득한 날부터 3년이 경과해야 선거권이 주어진다.

> **동법 제15조(선거권)**
> ② 18세 이상으로서 제37조제1항에 따른 선거인명부작성기준일 현재 다음 각 호의 어느 하나에 해당하는 사람은 그 구역에서 선거하는 지방자치단체의 의회의원 및 장의 선거권이 있다.
>   3. 「출입국관리법」 제10조에 따른 영주의 체류자격 취득일 후 3년이 경과한 외국인으로서 같은 법 제34조에 따라 해당 지방자치단체의 외국인등록대장에 올라 있는 사람

③ ○

> **동법 제16조(피선거권)**
> ③ 선거일 현재 계속하여 60일 이상 해당 지방자치단체의 관할구역에 주민등록이 되어 있는 주민으로서 18세 이상의 국민은 그 지방의회의원 및 지방자치단체의 장의 피선거권이 있다.

④ ○

> **동법 제26조(지방의회의원선거구의 획정)**
> ② 자치구·시·군의원지역구는 인구·행정구역·지세·교통 그 밖의 조건을 고려하여 획정하되, 하나의 자치구·시·군의원지역구에서 선출할 지역구자치구·시·군의원정수는 2인 이상 4인 이하로 하며, 그 자치구·시·군의원지역구의 명칭·구역 및 의원정수는 시·도조례로 정한다.

정답 ②

13

「지방교부세법」상 다음 빈 칸에 들어갈 내용으로 알맞은 것은?

지방교부세법 제9조의4(소방안전교부세의 교부)
① 행정안전부장관은 다음 각 호의 구분에 따라 소방안전교부세를 지방자치단체에 전액 교부하여야 한다. 이 경우 (ㄱ) 분야에 대해서는 소방청장의 의견을 들어 교부하여야 한다.
1. 지방자치단체의 소방 인력 운용, 소방시설 확충 및 소방안전관리 강화 목적: 「개별소비세법」에 따라 담배에 부과하는 개별소비세 총액의 100분의 (ㄴ) 이상에 해당하는 금액
2. 지방자치단체의 안전시설 확충 및 안전관리 목적: 「개별소비세법」에 따라 담배에 부과하는 개별소비세 총액의 100분의 (ㄷ) 이하에 해당하는 금액
② … 제1항제1호의 금액 중 「개별소비세법」에 따라 담배에 부과하는 개별소비세 총액의 100분의 (ㄹ)에 해당하는 부분은 소방 인력의 인건비로 우선 충당하여야 한다.

	ㄱ	ㄴ	ㄷ	ㄹ
①	소방	40	5	25
②	안전	40	5	30
③	소방	30	15	25
④	안전	30	15	30

13
① ○

지방교부세법 제9조의4(소방안전교부세의 교부)
① 행정안전부장관은 다음 각 호의 구분에 따라 소방안전교부세를 지방자치단체에 전액 교부하여야 한다. 이 경우 소방 분야에 대해서는 소방청장의 의견을 들어 교부하여야 한다.
1. 지방자치단체의 소방 인력 운용, 소방시설(소방장비 포함) 확충 및 소방안전관리 강화 목적: 「개별소비세법」에 따라 담배에 부과하는 개별소비세 총액의 100분의 40 이상에 해당하는 금액
2. 지방자치단체의 안전시설 확충 및 안전관리 목적: 「개별소비세법」에 따라 담배에 부과하는 개별소비세 총액의 100분의 5 이하에 해당하는 금액
② 제1항에 따른 소방안전교부세의 교부기준은 지방자치단체의 소방 인력, 소방시설 및 안전시설 현황, 소방시설 및 안전시설 투자 소요, 재난예방 및 안전강화 노력, 재정여건 등을 고려하여 대통령령으로 정한다. 다만, 제1항제1호의 금액 중 「개별소비세법」에 따라 담배에 부과하는 개별소비세 총액의 100분의 25에 해당하는 부분은 소방 인력의 인건비로 우선 충당하여야 한다.

정답 ①

14

「지방자치법」상 지방의회에 대한 설명으로 옳지 않은 것은?

① 지방의회의 의장이나 부의장이 궐위된 경우에는 보궐선거를 실시한다.
② 지방의회의 의장이나 부의장이 법령을 위반하거나 정당한 사유 없이 직무를 수행하지 아니하면 지방의회는 불신임을 의결할 수 있다.
③ 지방의회의 의장이 부득이한 사유로 직무를 수행할 수 없을 때에는 임시의장을 선출하여 의장의 직무를 대행하게 한다.
④ 지방의회의 의장이나 부의장에 대한 불신임 의결은 재적의원 4분의 1 이상의 발의와 재적의원 과반수의 찬성으로 한다.

14
① ○

지방자치법 제61조(보궐선거)
① 지방의회의 의장이나 부의장이 궐위(闕位)된 경우에는 보궐선거를 실시한다.

② ○

동법 제62조(의장·부의장 불신임의 의결)
① 지방의회의 의장이나 부의장이 법령을 위반하거나 정당한 사유 없이 직무를 수행하지 아니하면 지방의회는 불신임을 의결할 수 있다.

③ ✕ 지방의회의 의장이 부득이한 사유로 직무를 수행할 수 없을 때에는 임시의장을 선출하는 것이 아니라 부의장이 그 직무를 대리한다.

동법 제59조(의장 직무대리)
지방의회의 의장이 부득이한 사유로 직무를 수행할 수 없을 때에는 부의장이 그 직무를 대리한다.

동법 제60조(임시의장)
지방의회의 의장과 부의장이 모두 부득이한 사유로 직무를 수행할 수 없을 때에는 임시의장을 선출하여 의장의 직무를 대행하게 한다.

④ ○

동법 제62조(의장·부의장 불신임의 의결)
② 제1항의 불신임 의결은 재적의원 4분의 1 이상의 발의와 재적의원 과반수의 찬성으로 한다.

정답 ③

15

「지방자치법」상 지방의회에 대한 설명으로 옳은 것은?

① 지방의회의원은 다른 의원의 자격에 대하여 이의가 있으면 재적의원 3분의 2 이상의 찬성으로 지방의회의 의장에게 자격심사를 청구할 수 있다.
② 지방의회는 지방의회의원 중에서 시·도의 경우 의장 1명과 부의장 1명을 무기명투표로 선출하여야 한다.
③ 지방의회는 지방의회의원이 이 법이나 자치법규에 위배되는 행위를 하면 윤리특별위원회의 심사를 거쳐 의결로써 징계할 수 있다.
④ 지방의회에 제출된 의안은 회기 중에 의결되지 못하면 폐기된다.

15 해설

① ✗ 지방의원에 대한 자격심사 청구는 재적의원 3분의 2 이상의 찬성이 아닌, 재적의원 4분의 1 이상의 찬성이 필요하다.

> **지방자치법 제91조(의원의 자격심사)**
> ① 지방의회의원은 다른 의원의 자격에 대하여 이의가 있으면 재적의원 4분의 1 이상의 찬성으로 지방의회의 의장에게 자격심사를 청구할 수 있다.

② ✗ 광역자치단체에서는 의장 1명과 부의장 2명을 무기명투표로 선출한다.

> **동법 제57조(의장·부의장의 선거와 임기)**
> ① 지방의회는 지방의회의원 중에서 시·도의 경우 의장 1명과 부의장 2명을, 시·군 및 자치구의 경우 의장과 부의장 각 1명을 무기명투표로 선출하여야 한다.

③ ○

> **동법 제98조(징계의 사유)**
> 지방의회는 지방의회의원이 이 법이나 자치법규에 위배되는 행위를 하면 윤리특별위원회의 심사를 거쳐 의결로써 징계할 수 있다.

④ ✗ 회기계속의 원칙에 따라 지방의회에 제출된 의안은 회기 중에 의결되지 못했다고 해서 폐기되는 것은 아니며, 다음 회기에서 계속 심의할 수 있다.

> **동법 제79조(회기계속의 원칙)**
> 지방의회에 제출된 의안은 회기 중에 의결되지 못한 것 때문에 폐기되지 아니한다. 다만, 지방의회의원의 임기가 끝나는 경우에는 그러하지 아니하다.

정답 ③

16

「지방자치법」상 국가와 지방자치단체 간의 관계에 대한 설명으로 옳지 않은 것은?

① 시·군 및 자치구나 그 장이 위임받아 처리하는 시·도의 사무에 관하여는 시·도지사의 지도·감독을 받는다.
② 행정안전부장관 또는 시·도지사는 자치사무에 대한 감사를 하기 전에 해당 사무의 처리가 법령에 위반되는지 등을 확인하여야 한다.
③ 행정협의조정위원회는 위원장 1명을 포함하여 11명 이내의 위원으로 구성한다.
④ 주무부장관이나 시·도지사는 해당 지방자치단체의 장이 이행명령을 이행하지 아니하면 그 지방자치단체의 비용부담으로 대집행 또는 행정상·재정상 필요한 조치를 할 수 있다.

16 해설

① ○

> **지방자치법 제185조(국가사무나 시·도 사무 처리의 지도·감독)**
> ② 시·군 및 자치구나 그 장이 위임받아 처리하는 시·도의 사무에 관하여는 시·도지사의 지도·감독을 받는다.

② ○

> **동법 제190조(지방자치단체의 자치사무에 대한 감사)**
> ② 행정안전부장관 또는 시·도지사는 제1항에 따라 감사(자치사무에 대한 감사)를 하기 전에 해당 사무의 처리가 법령에 위반되는지 등을 확인하여야 한다.

③ ✗ 행정협의조정위원회는 위원장 1명을 포함하여 11명 이내가 아닌 13명 이내의 위원으로 구성한다.

> **동법 제187조(중앙행정기관과 지방자치단체 간 협의·조정)**
> ② 행정협의조정위원회는 위원장 1명을 포함하여 13명 이내의 위원으로 구성한다.

④ ○

> **동법 제189조(지방자치단체의 장에 대한 직무이행명령)**
> ② 주무부장관이나 시·도지사는 해당 지방자치단체의 장이 제1항의 기간에 이행명령을 이행하지 아니하면 그 지방자치단체의 비용부담으로 대집행 또는 행정상·재정상 필요한 조치를 할 수 있다. 이 경우 행정대집행에 관하여는 「행정대집행법」을 준용한다.

정답 ③

17

「지방자치법」상 하부행정기관에 대한 설명으로 옳지 않은 것은?

① 자치구가 아닌 구에 구청장, 읍에 읍장, 면에 면장을 두며, 이 경우 면·동은 행정면·행정동을 말한다.
② 읍장·면장·동장은 일반직 지방공무원으로 보하되, 시장·군수 또는 자치구의 구청장이 임명한다.
③ 동장은 시장 또는 자치구가 아닌 구의 구청장을 제외한 구청장의 지휘·감독을 받아 소관 국가사무와 지방자치단체의 사무를 맡아 처리하고 소속 직원을 지휘·감독한다.
④ 지방자치단체는 조례로 정하는 바에 따라 자치구가 아닌 구와 읍·면·동에 소관 행정사무를 분장하기 위하여 필요한 행정기구를 둘 수 있다.

17

① ○

지방자치법 제131조(하부행정기관의 장)
자치구가 아닌 구에 구청장, 읍에 읍장, 면에 면장, 동에 동장을 둔다. 이 경우 면·동은 행정면·행정동을 말한다.

② ○

동법 제132조(하부행정기관의 장의 임명)
② 읍장·면장·동장은 일반직 지방공무원으로 보하되, 시장·군수 또는 자치구의 구청장이 임명한다.

③ × 동장에 대한 지휘·감독권을 행사하는 구청장에는 자치구의 구청장뿐만 아니라 자치구가 아닌 구의 구청장도 포함될 수 있다.

동법 제133조(하부행정기관의 장의 직무권한)
자치구가 아닌 구의 구청장은 시장, 읍장·면장은 시장이나 군수, 동장은 시장(구가 없는 시의 시장)이나 구청장(자치구의 구청장을 포함)의 지휘·감독을 받아 소관 국가사무와 지방자치단체의 사무를 맡아 처리하고 소속 직원을 지휘·감독한다.

④ ○

동법 제134조(하부행정기구)
지방자치단체는 조례로 정하는 바에 따라 자치구가 아닌 구와 읍·면·동에 소관 행정사무를 분장하기 위하여 필요한 행정기구를 둘 수 있다. 이 경우 면·동은 행정면·행정동을 말한다.

정답 ③

18

「지방재정법」상 지방자치단체의 예산에 대한 내용으로 옳은 것을 모두 고르면?

ㄱ. 지방자치단체장은 매년 5회계연도 이상의 기간에 대한 중기지방재정계획을 수립하여 예산안과 함께 지방의회에 제출해야 한다.
ㄴ. 지방자치단체장은 예산이 여성과 남성에게 미칠 영향을 미리 분석한 보고서를 작성하여야 한다.
ㄷ. 지방자치단체장은 지방의회의 예산안 심의 결과 감액된 지출항목에 대해 예비비를 사용할 수 있다.
ㄹ. 지방자치단체가 현물로 출자하는 경우와 기금을 운용하는 경우 이를 세입·세출예산 외로 처리할 수 있다.

① ㄱ, ㄴ ② ㄱ, ㄷ ③ ㄱ, ㄴ, ㄹ ④ ㄴ, ㄷ, ㄹ

18

ㄱ. ○

지방재정법 제33조(중기지방재정계획의 수립 등)
① 지방자치단체의 장은 지방재정을 계획성 있게 운용하기 위하여 매년 다음 회계연도부터 5회계연도 이상의 기간에 대한 중기지방재정계획을 수립하여 예산안과 함께 지방의회에 제출하고, 회계연도 개시 30일 전까지 행정안전부장관에게 제출하여야 한다.

ㄴ. ○

동법 제36조의2(성인지 예산서의 작성·제출)
① 지방자치단체의 장은 예산이 여성과 남성에게 미칠 영향을 미리 분석한 보고서(성인지 예산서)를 작성하여야 한다.

ㄷ. × 지방의회가 폐지하거나 감액한 지출항목에 대해서는 자치단체장이 예비비를 사용할 수 없다.

동법 제43조(예비비)
③ 지방자치단체의 장은 지방의회의 예산안 심의 결과 폐지되거나 감액된 지출항목에 대해서는 예비비를 사용할 수 없다.

ㄹ. ○

동법 제34조(예산총계주의 원칙)
③ 지방자치단체가 현물로 출자하는 경우와 「지방자치단체 기금관리기본법」 제2조에 따른 기금을 운용하는 경우 또는 그 밖에 대통령령으로 정하는 사유로 보관할 의무가 있는 현금이나 유가증권이 있는 경우에는 제2항에도 불구하고 이를 세입·세출예산 외로 처리할 수 있다.

정답 ③

19

「지방자치법」상 규칙의 제·개정과 폐지 의견 제출에 대한 설명으로 옳지 않은 것은?

① 주민은 규칙의 제정, 개정 또는 폐지와 관련된 의견을 해당 지방자치단체의 장에게 제출할 수 있다.
② 법령이나 조례를 위반하거나 법령이나 조례에서 위임한 범위를 벗어나는 사항은 의견 제출 대상에서 제외한다.
③ 지방자치단체의 장은 규칙의 제정과 관련하여 제출된 의견에 대하여 의견이 제출된 날부터 30일 이내에 검토 결과를 그 의견을 제출한 주민에게 통보하여야 한다.
④ 규칙의 제정과 관련된 주민의 의견 제출, 주민 의견에 대한 지방자치단체장의 검토와 결과 통보의 방법 및 절차는 대통령령으로 정한다.

19

① ○
> **지방자치법 제20조(규칙의 제정과 개정·폐지 의견 제출)**
> 주민은 제29조에 따른 규칙(권리·의무와 직접 관련되는 사항으로 한정한다)의 제정, 개정 또는 폐지와 관련된 의견을 해당 지방자치단체의 장에게 제출할 수 있다.

② ○
> **동법 제20조(규칙의 제정과 개정·폐지 의견 제출)**
> ② 법령이나 조례를 위반하거나 법령이나 조례에서 위임한 범위를 벗어나는 사항은 제1항에 따른 의견 제출 대상에서 제외한다.

③ ○
> **동법 제20조(규칙의 제정과 개정·폐지 의견 제출)**
> ③ 지방자치단체의 장은 제1항에 따라 제출된 의견에 대하여 의견이 제출된 날부터 30일 이내에 검토 결과를 그 의견을 제출한 주민에게 통보하여야 한다.

④ ✕ 주민 의견 제출, 의견에 대한 지방자치단체장의 검토와 결과 통보의 방법 및 절차는 대통령령이 아닌 해당 지방자치단체의 조례로 정한다.

> **동법 제20조(규칙의 제정과 개정·폐지 의견 제출)**
> ④ 제1항에 따른 의견 제출, 제3항에 따른 의견의 검토와 결과 통보의 방법 및 절차는 해당 지방자치단체의 조례로 정한다.

정답 ④

20

생활정치에 대한 설명으로 옳지 않은 것은?

① 기든스(Giddens)는 정치를 해방정치와 생활정치로 구분하면서, 생활정치는 자아실현을 촉진하는 정당한 생활형식이라고 보았다.
② 특정 지역의 특수성이 아닌 전국 단위를 반영한 생활의제를 중심으로 다룬다.
③ 정부의 하향식 의사결정이 아닌 일상생활 속 문제나 의제들의 주체적 선택을 통한 상향식 의사결정을 강조한다.
④ 공론장에서의 토론과 합의를 통한 시민적 공공성을 형성한다.

20

① ○ 생활정치란 생활세계에서 일어나는 구체적 문제를 주민들이 책임의식을 갖고 대화와 소통을 통해 해결하는 과정이다. 기든스에 따르면 착취·불평등·억압·권력으로부터의 해방을 강조하는 해방정치가 있다면, 생활정치의 개념에서는 자아실현을 촉진하는 정당한 생활형식을 강조하였다. 하버마스에 따르면 생활정치는 정치의 추상성을 극복하고 구체적 생활이 정치의 대상이 되는 것이다.
② ✕ 생활정치는 이데올로기나 권력에 의해 양분된 이념정치, 제도정치를 지양하고 주민의 삶과 직결된 일상생활 속 의제를 다룬다. 따라서 전국 단위가 아닌 **특정 지역의 특수성을 반영한 생활의제를 중심으로 다루는 것**이 생활정치의 특성으로 적절하다.
③ ○ 생활정치는 일상생활의 성찰에 기반한 주민 삶의 자기선택을 강조한다. 정부나 정치권의 하향식 의사결정이 아닌 일상생활 속 문제나 의제들의 주체적 선택을 통한 **상향식 선택 또는 의사결정**을 강조하게 된다.
④ ○ 생활정치에서는 **공론장에서 토론과 합의를 통한 시민적 공공성을 형성한다.** 생활 속 문제나 의제들을 공개적인 장에서 논의하는 과정을 통해 시민의 의식변화와 성장이 일어나며 연대와 협력의 경험이 축적된다.

정답 ②

제 02회 실전 모의고사

| 01 | ① | 02 | ③ | 03 | ② | 04 | ② | 05 | ② | 06 | ② | 07 | ③ | 08 | ② | 09 | ③ | 10 | ② |
| 11 | ① | 12 | ② | 13 | ③ | 14 | ④ | 15 | ③ | 16 | ② | 17 | ③ | 18 | ④ | 19 | ④ | 20 | ③ |

01

아른스타인(Arnstein)의 참여의 사다리 중 다음 제시문에서 설명하고 있는 유형은?

- 지방정부가 의도한 목적과 방향으로 주민을 이끌고 가기 위한 방편이다.
- 주민들을 교정의 대상으로 보고 일방적으로 주민들의 의견과 참여를 관리하는 것이다.

① 치유(Therapy) ② 정보제공(Informing)
③ 유화(Placation) ④ 동반자관계(Partnership)

01

① ○ 제시문은 비참여 단계 중 하나인 치유에 대해 설명하고 있다. 주민의 무력감을 사회사업의 기술론적 접근을 통해 치료하는 것으로, 아파트 주민들에게 청소운동 등을 전개하라는 것처럼 행정의 일반적 지도에서 끝나는 유형이다.

② × 정보제공은 형식적 참여 단계 중 하나이다. 정부가 도시계획이나 정책과정에 관해 포스터나 팸플렛, 고지 등을 통해 주민들에게 정보를 제공하지만 이러한 정보제공은 일방적인 제공 수준에 머문다.

③ × 유화는 형식적 참여 단계 중 하나로 소수의 취약계층이나 소수인종의 대표자를 위원회 등에 참여시킨다. 표면적으로는 관련 이해 주민들의 참여를 통해 절차적 과정을 밟았다고 하나 정보의 비대칭성과 분야별 전문성의 미흡으로 인해 실질적인 영향력을 미치기 힘들 수 있다.

④ × 동반자관계는 실질적 참여 단계 중 하나로 주민 또는 주민조직과 지방정부가 도시계획이나 지방의 주요한 의사결정에 있어 협상을 통해 동반자로서 권한을 공유하는 단계이다.　　**정답 ①**

02

「지방자치법」상 지방자치단체에 대한 설명으로 옳지 않은 것은?

① 지방자치단체는 법인으로 한다.
② 특별자치도의 경우에는 법률이 정하는 바에 따라 관할 구역 안에 시 또는 군을 두지 아니할 수 있다.
③ 지방자치단체장의 선임방법을 제외한 지방자치단체의 기관구성 형태를 따로 법률로 정하는 바에 따라 달리 할 수 있다.
④ 지방자치단체인 구는 특별시와 광역시의 관할 구역의 구만을 말한다.

02

① ○

> **지방자치법 제3조(지방자치단체의 법인격과 관할)**
> ① 지방자치단체는 법인으로 한다.

② ○

> **동법 제3조(지방자치단체의 법인격과 관할)**
> ② … 다만, 특별자치도의 경우에는 법률이 정하는 바에 따라 관할 구역 안에 시 또는 군을 두지 아니할 수 있다.

③ × 지방자치법의 규정에도 불구하고 따로 법률로 정하는 바에 따라 지방자치단체의 기관구성 형태를 달리 할 수 있으며, 여기에는 지방자치단체장의 선임방법도 포함된다.

> **동법 제4조(지방자치단체의 기관구성 형태의 특례)**
> ① 지방의회와 집행기관에 관한 이 법의 규정에도 불구하고 따로 법률로 정하는 바에 따라 지방자치단체의 장의 선임방법을 포함한 지방자치단체의 기관구성 형태를 달리 할 수 있다.

④ ○

> **동법 제2조(지방자치단체의 종류)**
> ② 지방자치단체인 구는 특별시와 광역시의 관할 구역의 구만을 말하며, 자치구의 자치권의 범위는 법령으로 정하는 바에 따라 시·군과 다르게 할 수 있다.

정답 ③

03

「지방자치법」상 지방자치단체분쟁조정위원회에 대한 설명으로 옳은 것을 모두 고르면?

ㄱ. 지방자치단체중앙분쟁조정위원회와 지방자치단체지방분쟁조정위원회는 각각 위원장 1명을 포함하여 13명 이내의 위원으로 구성한다.
ㄴ. 지방자치단체중앙분쟁조정위원회의 경우 대통령령으로 정하는 중앙행정기관 소속 공무원은 당연직위원이 된다.
ㄷ. 공무원이 아닌 위원장 및 위원의 임기는 3년으로 한다.
ㄹ. 지방자치단체지방분쟁조정위원회의 위원장은 행정안전부장관이 임명하거나 위촉하고, 조례로 정하는 해당 지방자치단체 소속 공무원은 당연직위원이 된다.

① ㄱ, ㄴ ② ㄴ, ㄷ ③ ㄴ, ㄹ ④ ㄷ, ㄹ

03

ㄱ. ✗ 분쟁조정위원회는 위원장 1명을 포함하여 13명이 아닌 11명 이내의 위원으로 구성한다.

> 지방자치법 제166조(지방자치단체중앙분쟁조정위원회 등의 설치와 구성 등)
> ④ 중앙분쟁조정위원회와 지방분쟁조정위원회는 각각 위원장 1명을 포함하여 11명 이내의 위원으로 구성한다.

ㄴ. ○

> 동법 제166조(지방자치단체중앙분쟁조정위원회 등의 설치와 구성 등)
> ⑤ 중앙분쟁조정위원회의 위원장과 위원 중 5명은 다음 각 호의 사람 중에서 행정안전부장관의 제청으로 대통령이 임명하거나 위촉하고, 대통령령으로 정하는 중앙행정기관 소속 공무원은 당연직위원이 된다.

ㄷ. ○

> 동법 제166조(지방자치단체중앙분쟁조정위원회 등의 설치와 구성 등)
> ⑦ 공무원이 아닌 위원장 및 위원의 임기는 3년으로 하며, 연임할 수 있다.

ㄹ. ✗ 지방분쟁조정위원회의 위원장은 행정안전부장관이 아닌 시·도지사가 임명하거나 위촉한다.

> 동법 제166조(지방자치단체중앙분쟁조정위원회 등의 설치와 구성 등)
> ⑥ 지방분쟁조정위원회의 위원장과 위원 중 5명은 제5항 각 호의 사람 중에서 시·도지사가 임명하거나 위촉하고, 조례로 정하는 해당 지방자치단체 소속 공무원은 당연직위원이 된다.

정답 ②

04

「지방자치법」상 지방의회에 대한 설명으로 옳지 않은 것은?

① 특별한 이유가 있으면 지방자치단체의 장은 관계 공무원에게 지방의회에 출석하여 답변하게 할 수 있다.
② 지방의회 의장은 지방자치단체장이나 재적의원 3분의 1 이상의 의원이 요구하면 15일 이내에 임시회를 소집하여야 한다.
③ 본회의 폐회 중에는 지방의회의 의장이 서류의 제출을 해당 지방자치단체의 장에게 요구할 수 있다.
④ 새로운 지방자치단체가 설치된 경우에 최초의 임시회는 지방의회 사무처장·사무국장·사무과장이 해당 지방자치단체가 설치되는 날에 소집한다.

04

① ○

> 지방자치법 제51조(행정사무처리상황의 보고와 질의응답)
> ② 지방자치단체의 장이나 관계 공무원은 지방의회나 그 위원회가 요구하면 출석·답변하여야 한다. 다만, 특별한 이유가 있으면 지방자치단체의 장은 관계 공무원에게 출석·답변하게 할 수 있다.

② ✗ 재적의원 3분의 1 이상의 의원의 요구로 정해져 있는 것이 아니라, 조례로 정하는 수 이상의 의원이 요구하면 임시회를 소집한다.

> 동법 제54조(임시회)
> ③ 지방의회의 의장은 지방자치단체의 장이나 조례로 정하는 수 이상의 지방의회의원이 요구하면 15일 이내에 임시회를 소집하여야 한다.

③ ○

> 동법 제48조(서류제출 요구)
> ③ 제1항에도 불구하고 폐회 중에는 지방의회의 의장이 서류의 제출을 해당 지방자치단체의 장에게 요구할 수 있다.

④ ○

> 동법 제54조(임시회)
> ② 지방자치단체를 폐지하거나 설치하거나 나누거나 합쳐 새로운 지방자치단체가 설치된 경우에 최초의 임시회는 지방의회 사무처장·사무국장·사무과장이 해당 지방자치단체가 설치되는 날에 소집한다.

정답 ②

05

재정자립도에 대한 설명으로 옳은 것을 모두 고르면?

ㄱ. 지방재정수입의 자체 충당 능력을 나타내는 세입분석지표이다.
ㄴ. 지방자치단체가 자주적으로 재량권을 가지고 사용할 수 있는 재원이 전체 세입 중 얼마나 되는가를 나타내는 지표이다.
ㄷ. 지방자치단체의 표준적인 행정서비스 수준을 나타내는 기준재정수요에 대해 기준재정수입이 어느 정도 충당하는지를 나타내는 지표이다.
ㄹ. 일반회계 예산규모 중 의존재원의 비율이 낮고 자체재원의 비중이 높은 경우 지방재정이 취약함에도 재정자립도는 올라갈 수 있다.

① ㄱ, ㄴ ② ㄱ, ㄹ ③ ㄴ, ㄷ ④ ㄷ, ㄹ

05

ㄱ. ○ 재정자립도는 일반회계의 총세입 중 지방의 자체재원으로 분류되는 지방세와 세외수입의 비율로 측정한다. 지방재정 수입의 자체 충당 능력을 나타내는 세입분석지표로, 재원조달측면에서의 자립정도를 반영하는 지표이다.

ㄴ. × 재정자립도가 아닌 재정자주도에 대한 설명이다. 재정자주도는 지방자치단체의 일반회계 세입에서 자체수입과 지방교부세 및 조정교부금을 합한 일반재원의 비중으로, 자율적으로 사용할 수 있는 지방교부세 등을 지표에 포함시킴으로써 실질적인 자치단체의 재원 활용능력을 나타내는 지표이다.

ㄷ. × 재정자립도가 아닌 재정력지수에 대한 설명이다. 재정력지수는 지방의 자체재원으로 지역사회의 행정수요를 얼마나 잘 충당할 수 있는가를 측정하는 지표이다. 지방자치단체의 표준적인 행정서비스 수준을 나타내는 기준재정수요에 대해 기준재정수입이 어느 정도 충당하는지를 나타내는 지표이다. 재정력지수는 중앙정부가 보통교부세의 산정에 사용하고 있다.

ㄹ. ○ 재정자립도가 높다고 반드시 재정상황이 좋은 것은 아니다. 일반회계 예산규모 중 의존재원의 비율이 낮고 자체재원의 비중이 높은 경우 지방재정이 취약함에도 재정자립도는 올라갈 수 있다. 의존재원의 증가율이 자체수입 증가율보다 작으면 지방의 재정규모가 감소하더라도 재정자립도는 올라간다.

정답 ②

06

「지방재정법」상 지방채의 발행에 대한 설명으로 옳지 않은 것은?

① 지방자치단체장은 천재지변으로 발생한 예측할 수 없었던 세입결함의 보전을 위한 자금 조달에 필요할 때 지방채를 발행할 수 있다.
② 지방자치단체조합장이 지방채를 발행하기 위해서는 기획재정부장관의 승인을 받은 범위에서 조합의 구성원인 각 지방자치단체 지방의회의 의결을 얻어야 한다.
③ 지방자치단체조합장이 발행한 지방채에 대하여는 조합과 그 구성원인 지방자치단체가 그 상환과 이자의 지급에 관하여 연대책임을 진다.
④ 지방채 발행 한도액 범위더라도 지방자치단체장이 외채를 발행하는 경우에는 지방의회의 의결을 거치기 전에 행정안전부장관의 승인을 받아야 한다.

06

① ○

> **지방재정법 제11조(지방채의 발행)**
> ① 지방자치단체의 장은 다음 각 호를 위한 자금 조달에 필요할 때에는 지방채를 발행할 수 있다.
>   1. 공유재산의 조성 등 소관 재정투자사업과 그에 직접적으로 수반되는 경비의 충당
>   2. 재해예방 및 복구사업
>   3. 천재지변으로 발생한 예측할 수 없었던 세입결함의 보전
>   4. 지방채의 차환

② × 지방자치단체조합장도 지방채를 발행할 수 있으나, 기획재정부장관이 아닌 행정안전부장관의 승인을 받은 범위에서 지방의회의 의결을 얻어 발행해야 한다.

> **동법 제11조(지방채의 발행)**
> ④ 지방자치단체조합의 장은 그 조합의 투자사업과 긴급한 재난복구 등을 위한 경비를 조달할 필요가 있을 때 또는 투자사업이나 재난복구사업을 지원할 목적으로 지방자치단체에 대부할 필요가 있을 때에는 지방채를 발행할 수 있다. 이 경우 행정안전부장관의 승인을 받은 범위에서 조합의 구성원인 각 지방자치단체 지방의회의 의결을 얻어야 한다.

③ ○

> **동법 제11조(지방채의 발행)**
> ⑤ 제4항에 따라 발행한 지방채에 대하여는 조합과 그 구성원인 지방자치단체가 그 상환과 이자의 지급에 관하여 연대책임을 진다.

④ ○

> **동법 제11조(지방채의 발행)**
> ② 지방자치단체의 장은 제1항에 따라 지방채를 발행하려면 재정 상황 및 채무 규모 등을 고려하여 대통령령으로 정하는 지방채 발행 한도액의 범위에서 지방의회의 의결을 얻어야 한다. 다만, 지방채 발행 한도액 범위더라도 외채를 발행하는 경우에는 지방의회의 의결을 거치기 전에 행정안전부장관의 승인을 받아야 한다.

정답 ②

07

중앙·지방 간 사무배분 방식에 대한 설명으로 옳지 않은 것은?

① 개별적 배분방식은 지방자치단체별로 개별 법률을 통해 사무를 구체적으로 규정하는 방식이다.
② 포괄적 배분방식은 중앙정부가 처리하거나 법률로 특별히 금지되지 않는 사무에 대해서는 지방자치에 관한 일반법을 통해 포괄적으로 배분하는 방식이다.
③ 포괄적 배분방식은 사무의 범위와 책임을 명확히 한다는 점에서 긍정적이지만 국가 전체의 통일성 유지 측면에서 한계가 존재한다.
④ 과거 우리나라는 포괄적 배분방식을 적용했지만, 「지방자치법」의 개정으로 포괄적 예시주의라는 절충방식을 도입했다.

07

① ○ 개별적 배분방식은 지방별로 담당할 사무를 각각의 개별법에 명시적이고 구체적으로 규정하는 방식이다. 지방자치단체별로 개별 법률을 통해 사무를 구체적으로 규정하는 방식으로 영국·호주·캐나다·스웨덴·덴마크 등의 국가에서 채택하고 있다.
② ○ 포괄적 배분방식은 중앙정부가 지방정부에 사무를 배분할 때 개별 사무를 하나하나 지정하지 않고 일정한 범주의 사무를 일괄적으로 포괄해 배분하는 방식이다. 지방정부는 법령에서 금지하거나 중앙정부가 명시적으로 처리하도록 한 사무를 제외하고는 해당 범위에서 포괄적으로 사무를 처리할 수 있다.
③ × 포괄적 배분방식이 아닌 개별적 배분방식에 대한 설명이다. 개별적 배분방식에 따르면 특정 지자체에 새로운 사무를 신설하거나 기존의 권한이 미흡한 경우 해당 지자체에만 적용되는 관련 개별 법안을 의회에서 개정·변경한다. 이러한 방식은 개별 사무마다 고유한 특성을 반영하고 법률로 내용과 범위를 명확히 설정한다는 장점도 있지만, 국가 전체적인 통일성과는 거리가 멀다는 단점도 있다.
④ ○ 우리나라는 과거에 포괄적 배분방식을 따랐으나 현재는 포괄적 예시주의를 취하고 있다. 포괄적 배분방식은 자치단체의 사무를 개별적으로 지정하지는 않고 포괄적으로만 배분하는 방식인데, 이렇게 포괄적으로 배분된 사무에 몇 가지 예시를 두고 있는 방식이 포괄적 예시주의이다.

정답 ③

08

우리나라의 지방자치단체조합과 특별지방자치단체에 대한 비교로 옳지 않은 것은?

	지방자치단체조합	특별지방자치단체
① 설치 목적:	일부사무 공동처리	광역사무 공동처리
② 직원 구성:	소속직원 및 파견직원	파견직원
③ 조례 제정:	불가	가능
④ 법적 성격:	법인	법인

08

① ○ 지방자치단체조합은 하나 또는 둘 이상의 사무, 즉 일부사무의 공동처리가 설치 목적인 반면, 특별지방자치단체는 광역적인 사무를 공동처리하기 위해 설치된다.
② × 지방자치단체조합은 파견직원만 있고 소속직원은 원칙적으로 존재하지 않는 반면, 특별지방자치단체는 파견직원뿐만 아니라 소속직원도 둘 수 있다.
③ ○ 보통지방자치단체에 적용되는 조례 제정권의 경우 지방자치단체조합에는 적용되지 않지만 특별지방자치단체는 관련 규정을 준용하고 있다.
④ ○ 지방자치단체조합과 특별지방자치단체 모두 법인으로 규정되어 있다.

정답 ②

09

「지방공기업법」상 지방직영기업의 관리자가 담당하는 업무로 옳은 것은?

> ㄱ. 요금이나 사용료를 징수하는 사항
> ㄴ. 예산안을 의회에 제출하는 사항
> ㄷ. 예산 내의 지출을 하는 경우 현금이 부족할 때에 일시 차입을 하는 사항
> ㄹ. 「지방자치법」에 따른 과태료를 부과하는 사항
> ㅁ. 결산을 작성하여 지방자치단체의 장에게 제출하는 사항

① ㄱ, ㄴ, ㄷ
② ㄱ, ㄹ, ㅁ
③ ㄱ, ㄷ, ㅁ
④ ㄴ, ㄹ, ㅁ

09

ㄱ. ○ 요금이나 사용료를 징수하는 사항은 관리자가 하는 업무이다.
ㄴ. × 예산안을 의회에 제출하는 사항은 관리자가 아닌 지방자치단체장의 업무이다. 관리자가 지방자치단체장에게 제출한 예산안을 지방자치단체장이 의회에 제출한다.
ㄷ. ○ 예산 내의 지출을 하는 경우 현금이 부족할 때 일시 차입을 하는 사항은 관리자가 담당하는 업무이다.
ㄹ. × 지방자치법에 따른 과태료를 부과하는 사항은 관리자가 아닌 자치단체장의 업무이다.
ㅁ. ○ 결산을 작성하여 지방자치단체의 장에게 제출하는 사항은 관리자의 업무이다.

> **지방공기업법 제8조(관리자의 권한)**
> 관리자는 다음 각 호의 사항을 제외한 지방직영기업의 업무를 관리·집행한다. 다만, 법령에 특별한 규정이 있는 경우에는 그러하지 아니하다.
> 1. 예산안을 의회에 제출하는 사항
> 2. 결산을 의회의 승인에 부치는 사항
> 3. 의회의 의결이 필요한 사항으로서 그 의안을 의회에 제출하는 사항
> 4. 「지방자치법」에 따른 과태료를 부과하는 사항
>
> **동법 제9조(관리자의 업무)**
> 제8조에 따라 관리자가 담당하는 주요 업무는 다음 각 호와 같다.
> 1. 지방직영기업에 관한 조례안 및 규칙안을 작성하여 지방자치단체의 장에게 제출하는 사항
> 2. 지방직영기업의 사업운영계획 및 예산안을 작성하여 지방자치단체의 장에게 제출하는 사항
> 3. 결산을 작성하여 지방자치단체의 장에게 제출하는 사항
> 4. 지방직영기업의 자산을 취득·관리·처분하는 사항
> 5. 계약을 체결하는 사항
> 6. 요금이나 그 밖의 사용료 또는 수수료를 징수하는 사항
> 7. 예산 내의 지출을 하는 경우 현금이 부족할 때에 일시 차입을 하는 사항과 그 밖에 예산집행에 관한 사항
> 8. 출납이나 그 밖의 회계 사무에 관한 사항
> 9. 증명서 및 공문서류를 보관하는 사항
> 10. 지방직영기업의 조직 및 인사(人事) 운영에 관한 사항, 그 밖에 법령이나 해당 지방자치단체의 조례 또는 규칙에 따라 관리자의 권한에 속하는 사항

정답 ③

10

「지방자치법」상 사무배분의 기본원칙에 대한 설명으로 옳은 것을 모두 고르면?

> ㄱ. 국가는 지방자치단체가 사무를 종합적·자율적으로 수행할 수 있도록 국가와 지방자치단체 간 또는 지방자치단체 상호 간의 사무를 주민의 편익증진, 집행의 효과 등을 고려하여 서로 중복되지 아니하도록 배분하여야 한다.
> ㄴ. 지역주민생활과 밀접한 관련이 있는 사무는 원칙적으로 시·군 및 자치구의 사무로, 시·군 및 자치구가 처리하기 어려운 사무는 시·도의 사무로, 시·도가 처리하기 어려운 사무는 국가의 사무로 각각 배분하여야 한다.
> ㄷ. 국가가 지방자치단체에 사무를 배분하거나 지방자치단체가 사무를 다른 지방자치단체에 재배분할 때에는 사무를 배분받거나 재배분받는 지방자치단체가 그 사무를 자기의 책임하에 종합적으로 처리할 수 있도록 관련 사무를 개별적으로 배분하여야 한다.

① ㄱ
② ㄱ, ㄴ
③ ㄴ, ㄷ
④ ㄱ, ㄴ, ㄷ

10

ㄱ. ○ 비경합의 원칙(중복배제의 원칙)에 대한 옳은 설명이다.
ㄴ. ○ 보충성의 원칙에 대한 옳은 설명이다.
ㄷ. × 포괄성의 원칙(종합성의 원칙)에 따르면 사무를 배분받는 지방자치단체가 해당 사무를 종합적으로 처리할 수 있도록 관련 사무를 개별적으로 배분하는 것이 아닌, 포괄적으로 배분해야 하는 것이 적절하다.

> **지방자치법 제11조(사무배분의 기본원칙)**
> ① 국가는 지방자치단체가 사무를 종합적·자율적으로 수행할 수 있도록 국가와 지방자치단체 간 또는 지방자치단체 상호 간의 사무를 주민의 편익증진, 집행의 효과 등을 고려하여 서로 중복되지 아니하도록 배분하여야 한다.
> ② 국가는 제1항에 따라 사무를 배분하는 경우 지역주민생활과 밀접한 관련이 있는 사무는 원칙적으로 시·군 및 자치구의 사무로, 시·군 및 자치구가 처리하기 어려운 사무는 시·도의 사무로, 시·도가 처리하기 어려운 사무는 국가의 사무로 각각 배분하여야 한다.
> ③ 국가가 지방자치단체에 사무를 배분하거나 지방자치단체가 사무를 다른 지방자치단체에 재배분할 때에는 사무를 배분받거나 재배분받는 지방자치단체가 그 사무를 자기의 책임하에 종합적으로 처리할 수 있도록 관련 사무를 포괄적으로 배분하여야 한다.

정답 ②

11

「지방자치법」상 주민감사청구에 대한 설명으로 옳지 않은 것은?

① 지방자치단체의 18세 이상의 주민이 감사를 청구하려면 청구인의 대표자를 선정하여 청구인명부에 적어야 하며, 청구인의 대표자는 감사청구서를 작성하여 해당 지방자치단체의 장에게 제출하여야 한다.
② 주민 감사 청구인명부의 서명에 관하여 이의가 있는 사람은 해당 주무부장관이나 시·도지사에게 이의를 신청할 수 있다.
③ 주무부장관이나 시·도지사는 주민 감사 청구를 처리할 때 청구인의 대표자에게 반드시 증거 제출 및 의견 진술의 기회를 주어야 한다.
④ 주무부장관이나 시·도지사는 감사 결과에 대해 지방자치단체의 장에게 조치한 요구 내용과 지방자치단체의 장의 조치 결과를 청구인의 대표자에게 서면으로 알리고 공표하여야 한다.

11

① ✗ 감사청구서는 해당 지방지방자치단체의 장이 아닌, 상급기관인 주무부장관 또는 시·도지사에게 제출하여야 한다.

> 지방자치법 제21조(주민의 감사 청구)
> ④ 지방자치단체의 18세 이상의 주민이 감사를 청구하려면 청구인의 대표자를 선정하여 청구인명부에 적어야 하며, 청구인의 대표자는 감사청구서를 작성하여 주무부장관 또는 시·도지사에게 제출하여야 한다.

② ○

> 동법 제21조(주민의 감사 청구)
> ⑥ 주민 감사 청구인명부의 서명에 관하여 이의가 있는 사람은 해당 주무부장관이나 시·도지사에게 이의를 신청할 수 있다.

③ ○

> 동법 제21조(주민의 감사 청구)
> ⑪ 주무부장관이나 시·도지사는 주민 감사 청구를 처리(각하를 포함한다)할 때 청구인의 대표자에게 반드시 증거 제출 및 의견 진술의 기회를 주어야 한다.

④ ○

> 동법 제21조(주민의 감사 청구)
> ⑬ 주무부장관이나 시·도지사는 조치 요구 내용과 지방자치단체의 장의 조치 결과를 청구인의 대표자에게 서면으로 알리고, 공표하여야 한다.

정답 ①

12

「지방자치법」상 지방의회의 행정사무 감사권 및 조사권에 대한 설명으로 옳지 않은 것은?

① 지방의회는 매년 1회 그 지방자치단체의 사무에 대하여 시·도에서는 14일의 범위에서, 시·군 및 자치구에서는 9일의 범위에서 감사를 실시한다.
② 감사 또는 조사를 위하여 필요하면 그 사무에 관계되는 사람을 출석하게 하여 증인으로서 선서한 후 증언하게 할 수 있으며, 출석요구를 받은 증인이 정당한 사유 없이 출석하지 아니하거나 증언을 거부한 경우에는 1천만원 이하의 과태료를 부과할 수 있다
③ 지방자치단체의 사무 중 특정 사안에 관하여 본회의 의결로 본회의나 위원회에서 조사하게 할 수 있으며, 조사를 발의할 때에는 재적의원 3분의 1 이상의 찬성이 있어야 한다.
④ 지방자치단체 및 그 장이 위임받아 처리하는 국가사무와 시·도의 사무에 대하여 국회와 시·도의회가 직접 감사하기로 한 사무 외에는 그 감사를 각각 해당 시·도의회와 시·군 및 자치구의회가 할 수 있다.

12

① ○

> 지방자치법 제49조(행정사무 감사권 및 조사권)
> ① 지방의회는 매년 1회 그 지방자치단체의 사무에 대하여 시·도에서는 14일의 범위에서, 시·군 및 자치구에서는 9일의 범위에서 감사를 실시하고, 지방자치단체의 사무 중 특정 사안에 관하여 본회의 의결로 본회의나 위원회에서 조사하게 할 수 있다.

② ✗ 출석요구를 받은 증인이 정당한 사유 없이 출석하지 않거나 증언을 거부한 경우 부과할 수 있는 과태료는 1천만원 이하가 아닌 500만원 이하의 과태료이다.

> 동법 제49조(행정사무 감사권 및 조사권)
> ④ 제1항의 감사 또는 조사와 제3항의 감사를 위하여 필요하면 현지확인을 하거나 서류제출을 요구할 수 있으며, 지방자치단체의 장 또는 관계 공무원이나 그 사무에 관계되는 사람을 출석하게 하여 증인으로서 선서한 후 증언하게 하거나 참고인으로서 의견을 진술하도록 요구할 수 있다.
> ⑤ 제4항에 따른 증언에서 거짓증언을 한 사람은 고발할 수 있으며, 제4항에 따라 서류제출을 요구받은 자가 정당한 사유 없이 서류를 정해진 기한까지 제출하지 아니한 경우, 같은 항에 따라 출석요구를 받은 증인이 정당한 사유 없이 출석하지 아니하거나 선서 또는 증언을 거부한 경우에는 500만원 이하의 과태료를 부과할 수 있다.

③ ○

> 동법 제49조(행정사무 감사권 및 조사권)
> ② 제1항의 조사를 발의할 때에는 이유를 밝힌 서면으로 하여야 하며, 재적의원 3분의 1 이상의 찬성이 있어야 한다.

④ ○

> 동법 제49조(행정사무 감사권 및 조사권)
> ③ 지방자치단체 및 그 장이 위임받아 처리하는 국가사무와 시·도의 사무에 대하여 국회와 시·도의회가 직접 감사하기로 한 사무 외에는 그 감사를 각각 해당 시·도의회와 시·군 및 자치구의회가 할 수 있다. 이 경우 국회와 시·도의회는 그 감사 결과에 대하여 그 지방의회에 필요한 자료를 요구할 수 있다.

정답 ②

13

「지방자치법」상 지방자치단체장에 대한 직무이행명령의 설명으로 옳지 않은 것은?

① 지방자치단체의 장이 법령에 따라 그 의무에 속하는 국가위임사무의 관리와 집행을 명백히 게을리하고 있다고 인정되면 시·도에 대해서는 주무부장관이, 시·군 및 자치구에 대해서는 시·도지사가 기간을 정하여 서면으로 이행할 사항을 명령할 수 있다.

② 주무부장관은 시장·군수 및 자치구의 구청장이 법령에 따라 그 의무에 속하는 국가위임사무의 관리와 집행을 명백히 게을리하고 있다고 인정됨에도 불구하고 시·도지사가 이행명령을 하지 아니하는 경우 시·도지사에게 기간을 정하여 직무이행명령을 하도록 명할 수 있다.

③ 주무부장관은 시·도지사가 시장·군수 및 자치구의 구청장에게 직무이행명령을 하였으나 이를 이행하지 아니한 데 따른 대집행을 하지 아니하는 경우에는 곧바로 직접 대집행을 할 수 있다.

④ 지방자치단체의 장은 이행명령에 이의가 있으면 이행명령서를 접수한 날부터 15일 이내에 대법원에 소를 제기할 수 있다.

13

① ○

지방자치법 제189조(지방자치단체의 장에 대한 직무이행명령)
① 지방자치단체의 장이 법령에 따라 그 의무에 속하는 국가위임사무나 시·도위임사무의 관리와 집행을 명백히 게을리하고 있다고 인정되면 시·도에 대해서는 주무부장관이, 시·군 및 자치구에 대해서는 시·도지사가 기간을 정하여 서면으로 이행할 사항을 명령할 수 있다.

② ○

동법 동조
③ 주무부장관은 시장·군수 및 자치구의 구청장이 법령에 따라 그 의무에 속하는 국가위임사무의 관리와 집행을 명백히 게을리하고 있다고 인정됨에도 불구하고 시·도지사가 제1항에 따른 이행명령을 하지 아니하는 경우 시·도지사에게 기간을 정하여 이행명령을 하도록 명할 수 있다.

③ ✗ 주무부장관은 광역자치단체장에게 대집행을 하도록 먼저 명한 다음에, 그럼에도 불구하고 광역자치단체장이 대집행을 하지 않으면 그때서야 직접 대집행을 할 수 있다.

동법 동조
⑤ 주무부장관은 시·도지사가 시장·군수 및 자치구의 구청장에게 제1항에 따라 이행명령을 하였으나 이를 이행하지 아니한 데 따른 대집행등을 하지 아니하는 경우에는 시·도지사에게 기간을 정하여 대집행등을 하도록 명하고, 그 기간에 대집행등을 하지 아니하면 주무부장관이 직접 대집행등을 할 수 있다.

④ ○

동법 동조
⑥ 지방자치단체의 장은 제1항 또는 제4항에 따른 이행명령에 이의가 있으면 이행명령서를 접수한 날부터 15일 이내에 대법원에 소를 제기할 수 있다. 이 경우 지방자치단체의 장은 이행명령의 집행을 정지하게 하는 집행정지결정을 신청할 수 있다.

정답 ③

14

「지방자치법」상 지방자치단체장의 사무 위임에 대한 설명으로 옳지 않은 것은?

① 지방자치단체의 장은 조례나 규칙으로 정하는 바에 따라 그 권한에 속하는 사무의 일부를 보조기관, 소속 행정기관 또는 하부행정기관에 위임할 수 있다.

② 지방자치단체의 장은 조례나 규칙으로 정하는 바에 따라 그 권한에 속하는 사무의 일부를 관할 지방자치단체나 공공단체에 위임하거나 위탁할 수 있다.

③ 지방자치단체의 장이 위임받거나 위탁받은 사무의 일부를 다시 위임하거나 위탁하려면 미리 그 사무를 위임하거나 위탁한 기관의 장의 승인을 받아야 한다.

④ 지방자치단체의 장은 조례나 규칙으로 정하는 바에 따라 그 권한에 속하는 사무 중 주민의 권리·의무와 직접 관련되지 아니하는 사무를 법인 또는 단체에게 위탁할 수 있으나, 개인에게는 위탁할 수 없다.

14

① ○

지방자치법 제117조(사무의 위임 등)
① 지방자치단체의 장은 조례나 규칙으로 정하는 바에 따라 그 권한에 속하는 사무의 일부를 보조기관, 소속 행정기관 또는 하부행정기관에 위임할 수 있다.

② ○

동법 제117조(사무의 위임 등)
② 지방자치단체의 장은 조례나 규칙으로 정하는 바에 따라 그 권한에 속하는 사무의 일부를 관할 지방자치단체나 공공단체 또는 그 기관(사업소·출장소를 포함한다)에 위임하거나 위탁할 수 있다.

③ ○

동법 제117조(사무의 위임 등)
④ 지방자치단체의 장이 위임받거나 위탁받은 사무의 일부를 제1항부터 제3항까지의 규정에 따라 다시 위임하거나 위탁하려면 미리 그 사무를 위임하거나 위탁한 기관의 장의 승인을 받아야 한다.

④ ✗ 지방자치단체장은 주민의 권리·의무와 직접 관련되지 않는 사무를 법인과 단체뿐만 아니라 개인에게도 위탁할 수 있다.

동법 제117조(사무의 위임 등)
③ 지방자치단체의 장은 조례나 규칙으로 정하는 바에 따라 그 권한에 속하는 사무 중 조사·검사·검정·관리업무 등 주민의 권리·의무와 직접 관련되지 아니하는 사무를 법인·단체 또는 그 기관이나 개인에게 위탁할 수 있다.

정답 ④

15

지방자치단체가 부과할 수 있는 세목의 연결이 옳지 않은 것은?

① 세종특별자치시 - 지역자원시설세, 자동차세
② 경상남도 - 레저세, 지방소비세
③ 경기도 파주시 - 취득세, 지방소득세
④ 인천광역시 미추홀구 - 등록면허세, 재산세

15

① ○ 세종특별자치시는 기초자치단체가 없으므로 보통세와 목적세를 모두 부과할 수 있다.
② ○ 경상남도는 도세를 부과하므로, 레저세, 취득세, 지방소비세, 등록면허세를 부과해야 한다.
③ × 경기도 파주시는 시·군세를 부과해야 하므로, 담배소비세, 주민세, 지방소득세, 자동차세, 재산세를 부과한다. 취득세는 도세에 해당한다.
④ ○ 인천광역시 미추홀구는 자치구세를 부과해야 하므로, 등록면허세와 재산세를 부과한다.

정답 ③

16

「지방자치법」상 지방의회에 대한 설명으로 옳지 않은 것은?

① 지방의회는 심사대상인 조례안에 대하여 5일 이상의 기간을 정하여 그 취지, 주요 내용, 전문을 공보나 인터넷 홈페이지 등에 게재하는 방법으로 예고할 수 있다.
② 위원회에서 본회의에 부칠 필요가 없다고 결정된 의안은 지방의회의 의장이 요구하더라도 본회의에 부칠 수 없다.
③ 지방의회는 회의 운영에 관하여 이 법에서 정한 것 외에 필요한 사항을 회의규칙으로 정한다.
④ 지방의회의 의장은 회의록 사본을 첨부하여 회의 결과를 그 지방자치단체의 장에게 알려야 한다.

16

① ○

> **지방자치법 제77조(조례안 예고)**
> ① 지방의회는 심사대상인 조례안에 대하여 5일 이상의 기간을 정하여 그 취지, 주요 내용, 전문을 공보나 인터넷 홈페이지 등에 게재하는 방법으로 예고할 수 있다.

② × 위원회에서 본회의에 부칠 필요가 없다고 결정된 의안은 본회의에 부칠 수 없는 것이 원칙이나, 법정 기한 내에 지방의회 의장이나 재적의원 3분의 1 이상이 요구하면 본회의에 부쳐야 한다.

> **동법 제81조(위원회에서 폐기된 의안)**
> ① 위원회에서 본회의에 부칠 필요가 없다고 결정된 의안은 본회의에 부칠 수 없다. 다만, 위원회의 결정이 본회의에 보고된 날부터 폐회나 휴회 중의 기간을 제외한 7일 이내에 지방의회 의장이나 재적의원 3분의 1 이상이 요구하면 그 의안을 본회의에 부쳐야 한다.

③ ○

> **동법 제83조(회의규칙)**
> 지방의회는 회의 운영에 관하여 이 법에서 정한 것 외에 필요한 사항을 회의규칙으로 정한다.

④ ○

> **동법 제84조(회의록)**
> ③ 지방의회의 의장은 회의록 사본을 첨부하여 회의 결과를 그 지방자치단체의 장에게 알려야 한다.

정답 ②

17

「지방자치법」상 지방자치단체조합에 대한 설명으로 옳은 것은?

① 지방자치단체조합의 구성원인 시·군 및 자치구가 2개 이상의 시·도에 걸쳐 있는 지방자치단체조합은 시·도지사의 승인을 받아야 한다.
② 지방의회는 공익상 필요하면 지방자치단체조합의 설립이나 해산 또는 규약의 변경을 명할 수 있다.
③ 보통지방자치단체와는 달리 조례제정권이 인정되지 않는다.
④ 관계 지방의회의원과 관계 지방자치단체의 장은 겸직금지원칙에 따라 지방자치단체조합장을 겸할 수 없다.

17

① ✗ 원칙적으로 기초자치단체끼리 만든 조합은 시도지사의 승인을 받아야 하지만, 2개 이상의 시도에 걸쳐 있는 경우에는 행정안전부장관의 승인을 받아야 한다.

> 지방자치법 제176조(지방자치단체조합의 설립)
> ① … 다만, 지방자치단체조합의 구성원인 시·군 및 자치구가 2개 이상의 시·도에 걸쳐 있는 지방자치단체조합은 행정안전부장관의 승인을 받아야 한다.

② ✗ 자치단체조합의 설립과 해산을 명할 수 있는 주체는 지방의회가 아닌 행정안전부장관이다.

> 동법 제180조(지방자치단체조합의 지도·감독)
> ② 행정안전부장관은 공익상 필요하면 지방자치단체조합의 설립이나 해산 또는 규약의 변경을 명할 수 있다.

③ ○ 보통지방자치단체나 특별지방자치단체와는 달리, 지방자치단체조합은 조례제정권이 인정되지 않는다.

④ ✗ 자치단체조합을 구성한 자치단체의 의회의원과 단체장은 겸직금지원칙에도 불구하고 자치단체조합회의의 위원 및 조합장을 겸할 수 있다.

> 동법 제177조(지방자치단체조합의 조직)
> ③ 관계 지방의회의원과 관계 지방자치단체의 장은 … 지방자치단체조합회의의 위원이나 지방자치단체조합장을 겸할 수 있다.

정답 ③

18

「지방자치법」상 부단체장에 대한 설명으로 옳지 않은 것은?

① 특별시의 부시장의 수는 3명을 넘지 아니하는 범위에서 대통령령으로 정한다.
② 시의 부시장, 군의 부군수 및 자치구의 부구청장의 수는 1명으로 한다.
③ 정무직 또는 일반직 국가공무원으로 보하는 광역자치단체의 부단체장은 시·도지사의 제청으로 행정안전부장관을 거쳐 대통령이 임명한다.
④ 광역자치단체에서 부단체장을 정무직과 별정직 지방공무원으로 보할 때의 자격기준은 대통령령으로 정한다.

18

① ○

> 지방자치법 제123조(부지사·부시장·부군수·부구청장)
> 1. 특별시의 부시장의 수: 3명을 넘지 아니하는 범위에서 대통령령으로 정한다.

② ○

> 동법 제123조(부지사·부시장·부군수·부구청장)
> 3. 시의 부시장, 군의 부군수 및 자치구의 부구청장의 수: 1명으로 한다.

③ ○

> 동법 제123조(부지사·부시장·부군수·부구청장)
> ③ 제2항의 정무직 또는 일반직 국가공무원으로 보하는 부시장·부지사는 시·도지사의 제청으로 행정안전부장관을 거쳐 대통령이 임명한다.

④ ✗ 정무직과 별정직 지방공무원으로 보할 때의 자격기준은 대통령령이 아닌 해당 지방자치단체의 조례로 정한다.

> 동법 제123조(부지사·부시장·부군수·부구청장)
> ② 특별시·광역시 및 특별자치시의 부시장, 도와 특별자치도의 부지사는 대통령령으로 정하는 바에 따라 정무직 또는 일반직 국가공무원으로 보한다. 다만, 제1항제1호 및 제2호에 따라 특별시·광역시 및 특별자치시의 부시장, 도와 특별자치도의 부지사를 2명이나 3명 두는 경우에 1명은 대통령령으로 정하는 바에 따라 정무직·일반직 또는 별정직 지방공무원으로 보하되, 정무직과 별정직 지방공무원으로 보할 때의 자격기준은 해당 지방자치단체의 조례로 정한다.

정답 ④

19

「지방자치분권 및 지역균형발전에 관한 특별법」의 내용으로 옳지 않은 것은?

① 시·도지사는 5년을 단위로 하는 시·도 지방시대 계획을 수립한다.
② 지방시대위원회는 지방시대 종합계획을 수립할 때에는 시·도 지방시대 계획과 부문별 계획을 반영하여야 한다.
③ 시장·군수·구청장은 시·군·구 지방시대위원회를 설치·운영할 수 있다.
④ 지방시대 종합계획은 국무회의의 심의를 거쳐 대통령에게 보고하여야 하며, 대통령의 승인을 받을 필요는 없다.

19

① ○

지방분권균형발전법 제7조(시·도 지방시대 계획 및 시행계획의 수립)
① 시·도지사는 해당 시·도의 지방자치분권 및 지역균형발전의 추진을 위하여 관계 중앙행정기관의 장과 협의하고 관할 시장·군수·구청장의 의견을 수렴하여 시·도 지방시대위원회의 심의·의결을 거쳐 5년을 단위로 하는 시·도 지방시대 계획을 수립한다.

② ○

동법 제6조(지방시대 종합계획의 수립)
② 지방시대위원회는 지방시대 종합계획을 수립할 때에는 시·도 지방시대 계획과 부문별 계획 및 초광역권발전계획(해당 계획이 수립된 경우로 한정)을 반영하여야 한다.

③ ○

동법 제67조(시·도 지방시대위원회 등의 설치·운영)
③ 시장·군수·구청장은 해당 지방자치단체와 관련된 지방자치분권 및 지역균형발전에 관한 사항의 협의·조정 등을 위하여 시·군·구 지방시대위원회를 설치·운영할 수 있다.

④ × 지방시대 종합계획은 대통령의 승인을 받아야 한다.

동법 제6조(지방시대 종합계획의 수립)
⑤ 지방시대 종합계획은 국무회의의 심의를 거쳐 대통령의 승인을 받아야 한다. 수립된 지방시대 종합계획을 변경할 때에도 또한 같다.

정답 ④

20

「지방재정법」상 행정안전부장관이 지방자치단체를 긴급재정관리단체로 지정할 수 있는 경우에 해당하는 것은?

① 소속 공무원의 인건비를 20일 이상 지급하지 못한 경우
② 상환일이 도래한 채무의 원금 또는 이자에 대한 상환을 50일 이상 이행하지 못한 경우
③ 재정위기단체로 지정된 지방자치단체가 재정건전화계획을 3년간 이행하였음에도 불구하고 재정위기단체로 지정된 때부터 3년이 지난 이후의 지방자치단체의 재정위험 수준이 재정위기단체로 지정된 때보다 대통령령으로 정하는 수준 이하로 악화된 경우
④ 긴급재정관리단체로 지정하기 전에 지방자치단체의 장과 지방의회의 의견을 미리 청취하지 않은 경우

20

① × 소속 공무원의 인건비를 30일 이상 지급하지 못한 경우 긴급재정관리단체로 지정할 수 있다.
② × 상환일이 도래한 채무 원금 또는 이자에 대한 상환을 60일 이상 이행하지 못한 경우 긴급재정관리단체로 지정할 수 있다.
③ ○

지방재정법 제60조의3(긴급재정관리단체의 지정 및 해제)
① 행정안전부장관은 지방자치단체가 다음 각 호의 어느 하나에 해당하여 자력으로 그 재정위기상황을 극복하기 어렵다고 판단되는 경우에는 해당 지방자치단체를 긴급재정관리단체로 지정할 수 있다. 이 경우 행정안전부장관은 긴급재정관리단체로 지정하려는 지방자치단체의 장과 지방의회의 의견을 미리 들어야 한다.
  1. 재정위기단체로 지정된 지방자치단체가 재정건전화계획을 3년간 이행하였음에도 불구하고 재정위기단체로 지정된 때부터 3년이 지난 날 또는 그 이후의 지방자치단체의 재정위험 수준이 재정위기단체로 지정된 때보다 대통령령으로 정하는 수준 이하로 악화된 경우
  2. 소속 공무원의 인건비를 30일 이상 지급하지 못한 경우
  3. 상환일이 도래한 채무의 원금 또는 이자에 대한 상환을 60일 이상 이행하지 못한 경우

④ × 긴급재정관리단체의 지정을 위해서는 사전에 해당 지방자치단체의 장과 지방의회의 의견을 미리 들어야 한다.

정답 ③

| 01 | ③ | 02 | ② | 03 | ④ | 04 | ③ | 05 | ③ | 06 | ① | 07 | ② | 08 | ④ | 09 | ② | 10 | ② |
| 11 | ② | 12 | ③ | 13 | ① | 14 | ① | 15 | ② | 16 | ② | 17 | ② | 18 | ④ | 19 | ① | 20 | ③ |

01

국고보조금에 대한 설명으로 옳지 않은 것은?

① 특정사업을 대상으로 지원되기 때문에 용도가 지정된다.
② 일반적으로 국고보조금은 일정 비율로 지방비부담을 요구하고 있다.
③ 보조금의 배분은 직권주의와 정액보조의 원칙을 따른다.
④ 국가의 통합적인 시책을 추진하고 외부효과가 큰 사업에 대해 집행하는 목적으로 활용된다.

01

① ○ 국고보조금은 국가 차원의 시책사업이나 위임사무로 인해 발생하는 경비의 일부나 전부를 보조하기 위해 활용되기 때문에 특정 국가사업을 위한 재원이다.
② ○ 국고보조금은 일반적으로 지방비 부담도 의무적으로 수반하므로 지방비 부담이 과중될 우려가 존재한다. 사업에 따라 국가가 전액 부담을 하기도 하지만, 대체로 국가와 지방이 일정 비율로 부담을 나눠지게 된다.
③ × 국고보조금의 배분은 원칙적으로 직권주의가 아닌 신청주의이며, 정액보조가 아닌 보조율의 원칙을 따른다. 국고보조금은 지방자치단체의 신청과 이에 대한 평가를 통해 지급여부가 결정된다. 또한 국고보조금은 원칙적으로 기준보조율에 따라 지급되며 차등보조율이 적용되는 영역도 있다.
④ ○ 국가보조금은 국가위임사무와 시책사업 등에 대한 사용범위를 정하여 그 경비의 전부 또는 일부를 보조하거나 재정상의 원조를 하기 위하여 교부하는 제도이다. 특히 긍정적 외부효과가 큰 서비스의 경우 시장에서는 과소공급될 우려가 크기 때문에 정부가 보조금을 지급하여 최적 생산을 유도한다.

정답 ③

02

「지방자치법」상 행정특례에 대한 설명으로 옳지 않은 것은?

① 서울특별시·광역시 및 특별자치시를 제외한 인구 50만 이상 대도시의 행정, 재정 운영 및 국가의 지도·감독에 대해서는 특례를 둘 수 있다.
② 실질적인 행정수요, 지역균형발전 및 지방소멸위기 등을 고려하여 대통령령으로 정하는 기준과 절차에 따라 시·도지사가 지정하는 시·군·구에 대한 추가 특례를 둘 수 있다.
③ 인구 50만 이상 대도시와 특례시의 인구 인정기준은 대통령령으로 정한다.
④ 서울특별시의 지위·조직 및 운영에 대해서는 수도로서의 특수성을 고려하여 법률로 정하는 바에 따라 특례를 둘 수 있다.

02

① ○

> **지방자치법 제198조(대도시 등에 대한 특례 인정)**
> ① 서울특별시·광역시 및 특별자치시를 제외한 인구 50만 이상 대도시의 행정, 재정 운영 및 국가의 지도·감독에 대해서는 그 특성을 고려하여 관계 법률로 정하는 바에 따라 특례를 둘 수 있다.

② × 시·도지사가 아닌 행정안전부장관이 지정하는 시·군·구에 대한 추가 특례가 가능하다.

> **동법 제198조(대도시 등에 대한 특례 인정)**
> ② 제1항에도 불구하고 서울특별시·광역시 및 특별자치시를 제외한 다음 각 호의 어느 하나에 해당하는 대도시 및 시·군·구의 행정, 재정 운영 및 국가의 지도·감독에 대해서는 그 특성을 고려하여 관계 법률로 정하는 바에 따라 추가로 특례를 둘 수 있다.
> 1. 인구 100만 이상 대도시(특례시)
> 2. 실질적인 행정수요, 지역균형발전 및 지방소멸위기 등을 고려하여 대통령령으로 정하는 기준과 절차에 따라 행정안전부장관이 지정하는 시·군·구

③ ○

> **동법 제198조(대도시 등에 대한 특례 인정)**
> ③ 제1항에 따른 인구 50만 이상 대도시와 제2항제1호에 따른 특례시의 인구 인정기준은 대통령령으로 정한다.

④ ○

> **동법 제197조(특례의 인정)**
> ① 서울특별시의 지위·조직 및 운영에 대해서는 수도로서의 특수성을 고려하여 법률로 정하는 바에 따라 특례를 둘 수 있다.

정답 ②

03

특별시에 거주하는 주민 A가 주민을 대표하여 지방의회에 조례의 개정을 청구하려고 할 때 적절하지 않은 것은?

① A는 18세 이상으로서 해당 특별시에 주민등록이 되어 있는 사람이어야 한다.
② A는 해당 특별시의 주민조례청구권자 총수 200분의 1의 범위 이내에서 특별시의 조례로 정하는 청구권자 수 이상의 서명을 받아야 한다.
③ A는 서명요청 기간이 지난 후 특별시의회 의장에게 청구인명부를 제출해야 한다.
④ 특별시의회의 의장은 청구인명부에 서명한 청구권자의 수가 청구요건에 미치지 못할 때 청구를 기각해야 한다.

03

① ○

> **주민조례발안법 제2조(주민조례청구권자)**
> 18세 이상의 주민으로서 다음 각 호의 어느 하나에 해당하는 사람은 해당 지방의회에 조례를 제정하거나 개정 또는 폐지할 것을 청구할 수 있다.
> 1. 해당 지방자치단체의 관할 구역에 주민등록이 되어 있는 사람
> 2. 「출입국관리법」 제10조에 따른 영주(永住)할 수 있는 체류자격 취득일 후 3년이 지난 외국인으로서 같은 법 제34조에 따라 해당 지방자치단체의 외국인등록대장에 올라 있는 사람

② ○

> **동법 제5조(주민조례청구 요건)**
> ① 청구권자가 주민조례청구를 하려는 경우에는 다음 각 호의 구분에 따른 기준 이내에서 해당 지방자치단체의 조례로 정하는 청구권자 수 이상이 연대 서명하여야 한다.
> 1. 특별시 및 인구 800만 이상의 광역시·도: 청구권자 총수의 200분의 1
> 2. 인구 800만 미만의 광역시·도, 특별자치시, 특별자치도 및 인구 100만 이상의 시: 청구권자 총수의 150분의 1
> 3. 인구 50만 이상 100만 미만의 시·군 및 자치구: 청구권자 총수의 100분의 1
> 4. 인구 10만 이상 50만 미만의 시·군 및 자치구: 청구권자 총수의 70분의 1
> 5. 인구 5만 이상 10만 미만의 시·군 및 자치구: 청구권자 총수의 50분

③ ○

> **동법 제10조(청구인명부의 제출 등)**
> ① 대표자는 청구인명부에 서명한 청구권자의 수가 제5조제1항에 따른 해당 지방자치단체의 조례로 정하는 청구권자 수 이상이 되면 제8조제1항에 따른 서명요청 기간이 지난 날부터 시·도의 경우에는 10일 이내에, 시·군 및 자치구의 경우에는 5일 이내에 지방의회의 의장에게 청구인명부를 제출하여야 한다.

④ × 청구권자의 수가 청구요건에 미치지 못했다고 해서 청구를 기각하는 것은 아니며, 일정 기간의 범위에서 보정하게 할 수 있다.

> **동법 제11조(이의신청 등)**
> ④ 지방의회의 의장은 제1항 및 제3항에 따른 결정으로 청구인명부에 서명한 청구권자의 수가 제5조제1항에 따른 청구요건에 미치지 못할 때에는 대표자로 하여금 다음 각 호의 구분에 따른 기간의 범위에서 해당 지방자치단체의 조례로 정하는 기간 내에 보정하게 할 수 있다.
> 1. 시·도: 15일 이상
> 2. 시·군 및 자치구: 10일 이상

정답 ④

04

「지방자치법」상 지방자치단체장에 대한 설명으로 옳지 않은 것은?

① 지방자치단체의 장의 임기는 4년으로 하며, 3기 내에서만 계속 재임할 수 있다.
② 당선이 결정된 때부터 해당 지방자치단체에 지방자치단체의 장의 직 인수위원회를 설치할 수 있다.
③ 지방자치단체장은 교원을 겸임할 수 있다.
④ 수사기관의 장은 체포되거나 구금된 지방자치단체의 장이 있으면 지체 없이 영장의 사본을 첨부하여 해당 지방자치단체에 알려야 한다.

04

① ○

> **지방자치법 제108조(지방자치단체의 장의 임기)**
> 지방자치단체의 장의 임기는 4년으로 하며, 3기 내에서만 계속 재임(在任)할 수 있다.

② ○

> **동법 제105조(지방자치단체의 장의 직 인수위원회)**
> ② 당선인을 보좌하여 지방자치단체의 장의 직 인수와 관련된 업무를 담당하기 위하여 당선이 결정된 때부터 해당 지방자치단체에 지방자치단체의 장의 직 인수위원회를 설치할 수 있다.

③ × 지방자치법에 따르면 지방자치단체장은 교원에 해당하는 직을 겸임할 수 없다.

> **동법 제109조(겸임 등의 제한)**
> ① 지방자치단체의 장은 다음 각 호의 어느 하나에 해당하는 직을 겸임할 수 없다.
> 6. 교원

④ ○

> **동법 제113조(지방자치단체의 장의 체포 및 확정판결의 통지)**
> ① 수사기관의 장은 체포되거나 구금된 지방자치단체의 장이 있으면 지체 없이 영장의 사본을 첨부하여 해당 지방자치단체에 알려야 한다.

정답 ③

05

단층제와 중층제에 대한 설명으로 옳지 않은 것은?

① 단층제를 적용했을 때 행정책임의 소재가 보다 명확해진다.
② 중층제를 적용했을 때 지역의 특성에 맞는 기초지방자치단체에 대한 지도·감독이 용이해진다.
③ 단층제를 적용했을 때 중앙정부의 기능이나 역할이 필요 이상으로 확대되는 것을 방지할 수 있다.
④ 중층제를 적용했을 때 중앙정부와 지방자치단체 간 의사소통 및 정보의 왜곡이 발생할 수 있다.

05

① ○ 중층제와 같은 다층제에서는 권한과 기능의 중복이 발생할 수 있어 상이한 계층의 지방자치단체 간 책임전가 및 회피가 발생하여 행정책임의 소재가 모호해질 수 있다. 반면 단층제는 단일 수준의 지방정부만 둠으로써 지방자치단체의 책임 대상과 범위가 보다 명확해진다.
② ○ 중앙정부가 지방의 특수성을 파악하기 힘든 상황에서 단층제에서처럼 모든 기초지방자치단체를 직접적으로 감독하는 것은 비현실적이고 실효성도 떨어진다. 오히려 중층제를 적용했을 때 일정 지역을 관할하는 상급지방정부가 기초지방자치단체의 지도·감독을 효율적으로 할 수 있다.
③ × 단층제가 아닌 중층제에 대한 설명이다. 기초자치단체보다 재정이나 규모가 큰 상급지방자치단체를 둠으로써 중앙정부의 과대한 권한이나 기능에 대한 견제를 기초자치단체보다 용이하게 할 수 있다.
④ ○ 중층제 하에서 중앙정부와 기초지방자치단체 간의 의사전달은 광역지방자치단체를 거쳐야 한다. 이 과정에서 의사소통의 지연 또는 왜곡이 발생할 수 있고, 행정처리의 지연도 발생할 수도 있다.

정답 ③

06

우리나라 지방선거제도에 대한 설명으로 옳지 않은 것은?

① 자치구·시·군의 지역구시·도의원 정수는 최소 1명으로 한다.
② 지방자치단체의 사무소 소재지가 다른 지방자치단체의 관할 구역에 있어 해당 지방자치단체의 장의 주민등록이 다른 지방자치단체의 관할 구역에 있게 된 때에는 해당 지방자치단체의 관할 구역에 주민등록이 되어 있는 것으로 본다.
③ 2 이상의 같은 종류의 지방자치단체가 합하여 새로운 지방자치단체가 설치된 때에는 종전의 지방자치단체의 장은 그 직을 상실하고, 새로운 지방자치단체의 장에 대해서는 새로 선거를 실시한다.
④ 비례대표시·도의원정수는 지역구시·도의원정수의 100분의 10으로 한다.

06

① × 자치구·시·군의 지역구시·도의원 정수는 인구 5만명 기준으로, 5만명 미만이라면 최소 1명이나, 5만명 이상이라면 최소 2명으로 한다.

> **공직선거법 제22조(시·도의회의 의원정수)**
> ① 시·도별 지역구시·도의원의 총 정수는 그 관할구역 안의 자치구·시·군수의 2배수로 하되, 인구·행정구역·지세·교통, 그 밖의 조건을 고려하여 100분의 20의 범위에서 조정할 수 있다. 다만, 인구가 5만명 미만인 자치구·시·군의 지역구시·도의원정수는 최소 1명으로 하고, 인구가 5만명 이상인 자치구·시·군의 지역구시·도의원정수는 최소 2명으로 한다.

② ○

> **동법 제16조(피선거권)**
> ④ 제3항 전단의 경우에 지방자치단체의 사무소 소재지가 다른 지방자치단체의 관할 구역에 있어 해당 지방자치단체의 장의 주민등록이 다른 지방자치단체의 관할 구역에 있게 된 때에는 해당 지방자치단체의 관할 구역에 주민등록이 되어 있는 것으로 본다.

③ ○

> **동법 제30조(지방자치단체의 폐치·분합시의 선거 등)**
> ① 지방자치단체의 설치·폐지·분할 또는 합병이 있는 때에는 다음 각호에 의하여 당해 지방자치단체의 장을 선거한다.
> 3. 2 이상의 같은 종류의 지방자치단체가 합하여 새로운 지방자치단체가 설치된 때에는 종전의 지방자치단체의 장은 그 직을 상실하고, 새로운 지방자치단체의 장에 대해서는 새로 선거를 실시한다.

④ ○

> **동법 제22조(시·도의회의 의원정수)**
> ④ 비례대표시·도의원정수는 제1항 내지 제3항의 규정에 의하여 산정된 지역구시·도의원정수의 100분의 10으로 한다. 이 경우 단수는 1로 본다. 다만, 산정된 비례대표시·도의원정수가 3인 미만인 때에는 3인으로 한다.

정답 ①

07

「지방자치법」상 지방자치단체장의 보조기관에 대한 설명으로 옳은 것은?

① 인구 800만 이상의 도는 2명을 넘지 않는 범위에서 부지사의 수를 대통령령으로 정한다.
② 광역자치단체의 부단체장을 2명이나 3명 두는 경우에 1명은 대통령령으로 정하는 바에 따라 정무직·일반직 또는 별정직 지방공무원으로 보한다.
③ 시의 부시장, 군의 부군수, 자치구의 부구청장은 일반직 국가공무원으로 보하되, 그 직급은 대통령령으로 정하며 시장·군수·구청장이 임명한다.
④ 지방자치단체에 두는 5급 이상의 국가공무원은 해당 지방자치단체의 장의 제청으로 소속 장관이 임명한다.

07

① ✗ 인구 800만 이상의 도는 2명이 아닌 3명을 넘지 않는 범위에서 부지사의 수를 대통령령으로 정한다.

> **지방자치법 제123조(부지사·부시장·부군수·부구청장)**
> 2. 광역시와 특별자치시의 부시장 및 도와 특별자치도의 부지사의 수: 2명(인구 800만 이상의 광역시나 도는 3명)을 넘지 아니하는 범위에서 대통령령으로 정한다.

② ○

> **동법 동조**
> ② … 특별시·광역시 및 특별자치시의 부시장, 도와 특별자치도의 부지사를 2명이나 3명 두는 경우에 1명은 대통령령으로 정하는 바에 따라 정무직·일반직 또는 별정직 지방공무원으로 보하되, 정무직과 별정직 지방공무원으로 보할 때의 자격기준은 해당 지방자치단체의 조례로 정한다.

③ ✗ 기초자치단체의 부단체장은 일반직 국가공무원이 아닌 **일반직 지방공무원**으로 보한다.

> **동법 동조**
> ④ 시의 부시장, 군의 부군수, 자치구의 부구청장은 일반직 지방공무원으로 보하되, 그 직급은 대통령령으로 정하며 시장·군수·구청장이 임명한다.

④ ✗ 지방자치단체에 두는 5급 이상 국가공무원의 임명권은 소속 장관이 아닌 **대통령**이 행사한다.

> **동법 동조**
> ⑥ … 5급 이상의 국가공무원이나 고위공무원단에 속하는 공무원은 해당 지방자치단체의 장의 제청으로 소속 장관을 거쳐 대통령이 임명하고, 6급 이하의 국가공무원은 그 지방자치단체의 장의 제청으로 소속 장관이 임명한다.

정답 ②

08

우리나라의 특별자치도에 대한 설명으로 옳지 않은 것은?

① 행정안전부장관은 제주특별자치도에 보통교부세 총액의 100분의 3을 보통교부세로 교부한다.
② 강원특별자치도는 미래산업글로벌도시 조성에 필요한 규제정비를 위하여 규제정비에 관한 기본적인 사항을 도조례로 정하여야 한다.
③ 강원특별자치도의 감사위원회는 자치감사를 체계적으로 수행하기 위하여 그 감사를 수행하기 전에 자치감사계획을 수립하여야 한다.
④ 전북특별자치도가 실질적 지방분권 및 지역 경쟁력 제고에 기여할 수 있도록 주요사항을 심의하기 위하여 행정안전부장관 소속으로 전북특별자치도 지원위원회를 둔다.

08

① ○

> **제주특별법 제124조(지방교부세에 관한 특례)**
> 「지방교부세법」 제6조제1항에도 불구하고 행정안전부장관은 제주자치도에 같은 법에 따른 보통교부세 총액의 100분의 3을 보통교부세로 교부한다.

② ○

> **강원특별법 제13조(규제자유화의 추진)**
> ② 강원자치도는 미래산업글로벌도시 조성에 필요한 규제정비를 위하여 규제정비에 관한 기본적인 사항을 도조례로 정하여야 한다.

③ ○

> **강원특별법 제24조(자치감사계획 등)**
> ① 감사위원회는 자치감사를 체계적·효과적으로 수행하기 위하여 그 감사를 수행하기 전에 자치감사의 목적·대상·기관 및 범위를 포함한 자치감사계획을 수립하여야 한다.

④ ✗ 전북특별자치도 지원위원회는 행정안전부장관이 아닌 **국무총리** 소속으로 둔다.

> **전북특별법 제12조(전북특별자치도 지원위원회의 설치 등)**
> ① 전북자치도의 원활한 출범을 지원하고 전북자치도가 실질적 지방분권 및 지역 경쟁력 제고에 기여할 수 있도록 다음 각 호의 사항을 심의하기 위하여 국무총리 소속으로 전북특별자치도 지원위원회를 둔다.

정답 ④

09

「지방자치법」상 변상명령에 대한 설명으로 옳은 것을 모두 고르면?

ㄱ. 지방자치단체의 장은 변상명령요구소송에 대하여 변상할 것을 명하는 판결이 확정되면 판결이 확정된 날부터 60일 이내를 기한으로 하여 당사자에게 그 판결에 따라 결정된 금액을 변상할 것을 명령하여야 한다.
ㄴ. 변상할 것을 명령받은 자가 변상금을 지급하지 아니하면 지방세 체납처분의 예에 따라 징수할 수 있다.
ㄷ. 변상할 것을 명령받은 자는 그 명령에 불복하는 경우 행정심판청구와 행정소송을 제기할 수 있다.

① ㄱ   ② ㄱ, ㄴ   ③ ㄱ, ㄴ, ㄷ   ④ ㄴ, ㄷ

09

ㄱ. ○

지방자치법 제24조(변상명령 등)
① 지방자치단체의 장은 제22조제2항제4호 단서에 따른 소송(변상명령요구)에 대하여 변상할 것을 명하는 판결이 확정되면 판결이 확정된 날부터 60일 이내를 기한으로 하여 당사자에게 그 판결에 따라 결정된 금액을 변상할 것을 명령하여야 한다.

ㄴ. ○

동법 제24조(변상명령 등)
② 제1항에 따라 변상할 것을 명령받은 자가 같은 항의 기한까지 변상금을 지급하지 아니하면 지방세 체납처분의 예에 따라 징수할 수 있다.

ㄷ. × 변상할 것을 명령받은 자가 그 명령에 불복하는 경우 행정소송은 제기할 수 있으나 행정심판청구는 제기할 수 없다.

동법 제24조(변상명령 등)
③ 제1항에 따라 변상할 것을 명령받은 자는 그 명령에 불복하는 경우 행정소송을 제기할 수 있다. 다만, 「행정심판법」에 따른 행정심판청구는 제기할 수 없다.

정답 ②

10

「지방자치법」상 전국적 협의체에 대한 설명으로 옳지 않은 것은?

① 지방자치단체의 장뿐만 아니라 지방의회의 의장도 전국적 협의체를 설립할 수 있다.
② 전국적 협의체를 설립하였을 때 그 대표자는 지체 없이 행정안전부장관의 승인을 받아야 한다.
③ 전국적 협의체는 지방자치에 직접적인 영향을 미치는 법령에 관한 의견을 행정안전부장관에게 제출할 수 있다.
④ 전국적 협의체는 지방자치와 관련된 법률의 제정이 필요하다고 인정하는 경우에 국회에 서면으로 의견을 제출할 수 있다.

10

① ○

지방자치법 제182조(지방자치단체의 장 등의 협의체)
① 지방자치단체의 장이나 지방의회의 의장은 상호 간의 교류와 협력을 증진하고, 공동의 문제를 협의하기 위하여 다음 각 호의 구분에 따라 각각 전국적 협의체를 설립할 수 있다.

② × 전국적 협의체는 행정안전부장관의 승인 사항이 아니다. 설립 후 행정안전부장관에게 신고하면 된다.

동법 동조
③ 제1항에 따른 협의체나 제2항에 따른 연합체를 설립하였을 때에는 그 협의체·연합체의 대표자는 지체 없이 행정안전부장관에게 신고하여야 한다.

③ ○

동법 동조
④ 제1항에 따른 협의체나 제2항에 따른 연합체는 지방자치에 직접적인 영향을 미치는 법령 등에 관한 의견을 행정안전부장관에게 제출할 수 있으며, 행정안전부장관은 제출된 의견을 관계 중앙행정기관의 장에게 통보하여야 한다.

④ ○

동법 동조
⑥ 제1항에 따른 협의체나 제2항에 따른 연합체는 지방자치와 관련된 법률의 제정·개정 또는 폐지가 필요하다고 인정하는 경우에는 국회에 서면으로 의견을 제출할 수 있다.

정답 ②

11

「지방자치법」상 조례와 규칙에 대한 설명으로 옳은 것은?

ㄱ. 지방의회의 의장이 조례를 공포하는 경우에는 공보나 일간신문에 게재하거나 게시판에 게시한다.
ㄴ. 법령에서 조례로 정하도록 위임한 사항은 그 법령의 하위 법령에서 그 위임의 내용과 범위를 제한할 수 있다.
ㄷ. 조례 위반에 대한 과태료는 해당 지방자치단체의 장이나 그 관할 구역의 지방자치단체의 장이 부과·징수한다.
ㄹ. 조례나 규칙을 제정하거나 개정하거나 폐지할 경우 조례는 지방의회에서 이송된 날부터 5일 이내에, 규칙은 공포 예정일 10일 전에 시·도지사는 관계 중앙행정기관의 장에게, 시장·군수 및 자치구의 구청장은 시·도지사에게 그 전문을 첨부하여 각각 보고하여야 한다.

① ㄱ, ㄴ
② ㄱ, ㄷ
③ ㄱ, ㄷ, ㄹ
④ ㄴ, ㄷ, ㄹ

11

ㄱ. ○

지방자치법 제33조(조례와 규칙의 공포 방법 등)
① 조례와 규칙의 공포는 해당 지방자치단체의 공보에 게재하는 방법으로 한다. 다만, 제32조제6항 후단에 따라 지방의회의 의장이 조례를 공포하는 경우에는 공보나 일간신문에 게재하거나 게시판에 게시한다.

ㄴ. × 법령의 하위 법령에서 조례로 정하도록 위임한 내용과 범위를 제한할 수 없다.

동법 제28조(조례)
② 법령에서 조례로 정하도록 위임한 사항은 그 법령의 하위 법령에서 그 위임의 내용과 범위를 제한하거나 직접 규정할 수 없다.

ㄷ. ○

동법 제34조(조례 위반에 대한 과태료)
② 제1항에 따른 과태료는 해당 지방자치단체의 장이나 그 관할 구역의 지방자치단체의 장이 부과·징수한다.

ㄹ. × 규칙은 공포 예정일 10일 전이 아닌 15일 전에 보고해야 한다. 또한 시·도지사는 조례 또는 규칙의 전문을 관계 중앙행정기관의 장이 아닌 행정안전부장관에게 보고하며, 보고를 받은 행정안전부장관은 그 내용을 관계 중앙행정기관의 장에게 통보하여야 한다.

동법 제35조(보고)
조례나 규칙을 제정하거나 개정하거나 폐지할 경우 조례는 지방의회에서 이송된 날부터 5일 이내에, 규칙은 공포 예정일 15일 전에 시·도지사는 행정안전부장관에게, 시장·군수 및 자치구의 구청장은 시·도지사에게 그 전문을 첨부하여 각각 보고하여야 하며, 보고를 받은 행정안전부장관은 그 내용을 관계 중앙행정기관의 장에게 통보하여야 한다.

정답 ②

12

「지방자치법」상 사무의 위탁에 대한 설명으로 옳지 않은 것은?

① 지방자치단체나 그 장은 소관 사무의 일부를 다른 지방자치단체나 그 장에게 위탁하여 처리하게 할 수 있다.
② 사무위탁에 관한 규약에는 위탁사무의 관리와 처리에 드는 경비의 부담과 지출방법이 포함되어야 한다.
③ 지방자치단체나 그 장은 사무위탁을 변경하거나 해지하려면 행정안전부장관과 협의하여 그 사실을 고시하여야 한다.
④ 사무가 위탁된 경우 위탁된 사무의 관리와 처리에 관한 조례나 규칙은 규약에 다르게 정해진 경우 외에는 사무를 위탁받은 지방자치단체에 대해서도 적용한다.

12

① ○

지방자치법 제168조(사무의 위탁)
① 지방자치단체나 그 장은 소관 사무의 일부를 다른 지방자치단체나 그 장에게 위탁하여 처리하게 할 수 있다.

② ○

동법 제168조(사무의 위탁)
③ 제2항의 사무위탁에 관한 규약에는 다음 각 호의 사항이 포함되어야 한다.
1. 사무를 위탁하는 지방자치단체와 사무를 위탁받는 지방자치단체
2. 위탁사무의 내용과 범위
3. 위탁사무의 관리와 처리방법
4. 위탁사무의 관리와 처리에 드는 경비의 부담과 지출방법
5. 그 밖에 사무위탁에 필요한 사항

③ × 사무위탁을 변경하거나 해지하려면 행정안전부장관이 아닌 관계 지방자치단체나 그 장과 협의하여 그 사실을 고시하여야 한다.

동법 제168조(사무의 위탁)
④ 지방자치단체나 그 장은 사무위탁을 변경하거나 해지하려면 관계 지방자치단체나 그 장과 협의하여 그 사실을 고시하여야 한다.

④ ○

동법 제168조(사무의 위탁)
⑤ 사무가 위탁된 경우 위탁된 사무의 관리와 처리에 관한 조례나 규칙은 규약에 다르게 정해진 경우 외에는 사무를 위탁받은 지방자치단체에 대해서도 적용한다.

정답 ③

13

「지방자치법」상 주민청원에 관한 내용으로 옳지 않은 것은?

① 청원을 하려는 주민은 지방자치단체의 장에게 청원서를 제출하여야 한다.
② 재판에 간섭하는 내용의 청원은 수리에서 제외된다.
③ 지방의회의 의장은 청원서를 접수하면 소관 위원회나 본회의에 회부하여 심사를 하게 한다.
④ 청원서에는 청원자의 성명 및 주소를 적고 서명·날인하여야 한다.

13

① ✗ 주민청원은 자치단체장이 아닌 지방의회에 하는 것이며, 지방의회의원의 소개를 받아 청원서를 제출하여야 한다.

> **지방자치법 제85조(청원서의 제출)**
> ① 지방의회에 청원을 하려는 자는 지방의회의원의 소개를 받아 청원서를 제출하여야 한다.

② ○

> **동법 제86조(청원의 불수리)**
> 재판에 간섭하거나 법령에 위배되는 내용의 청원은 수리하지 아니한다.

③ ○

> **동법 제87조(청원의 심사·처리)**
> ① 지방의회의 의장은 청원서를 접수하면 소관 위원회나 본회의에 회부하여 심사를 하게 한다.

④ ○

> **동법 제88조(청원서의 제출)**
> ② 청원서에는 청원자의 성명 및 주소를 적고 서명·날인하여야 한다.

정답 ①

14

지방교육자치에 대한 설명으로 옳지 않은 것은?

① 인구 800만 명 이상이고 학생 150만 명 이상인 시·도는 3인의 부교육감을 둘 수 있다.
② 교육감은 법령 또는 조례의 범위 안에서 그 권한에 속하는 사무에 관하여 교육규칙을 제정할 수 있다.
③ 교육감선거에서 해당 지방자치단체의 교육감이 그 직을 가지고 입후보하는 경우 선거일 전 90일까지 그 직을 그만두지 않아도 된다.
④ 교육감은 학생의 안전과 교육기관의 재산보호를 위하여 긴급하게 필요한 사항으로서 시·도의회가 소집될 시간적 여유가 없을 때 선결처분을 할 수 있다.

14

① ✗ 원칙적으로 부교육감의 정원은 1인이나, 인구 800만 명 이상이고 학생 150만 명 이상인 시·도는 2인의 부교육감을 둘 수 있다.

> **교육자치법 제30조 (보조기관)**
> ① 교육감 소속하에 국가공무원으로 보하는 부교육감 1인(인구 800만명 이상이고 학생 150만 명 이상인 시·도는 2인)을 두되, 대통령령으로 정하는 바에 따라 「국가공무원법」에 따른 고위공무원단에 속하는 일반직공무원 또는 장학관으로 보한다.

② ○

> **동법 제25조(교육규칙의 제정)**
> ① 교육감은 법령 또는 조례의 범위 안에서 그 권한에 속하는 사무에 관하여 교육규칙을 제정할 수 있다.

③ ○

> **동법 제47조(공무원 등의 입후보)**
> ① 「공직선거법」에 해당하는 사람 중 후보자가 되려는 사람은 선거일 전 90일까지 그 직을 그만두어야 한다. 다만, 교육감선거에서 해당 지방자치단체의 교육감이 그 직을 가지고 입후보하는 경우에는 그러하지 아니하다.

④ ○

> **동법 제29조(교육감의 선결처분)**
> ① 교육감은 소관 사무 중 시·도의회의 의결이 필요한 사항에 대하여 다음 각 호의 어느 하나에 해당하는 경우에는 선결처분을 할 수 있다.
> 　1. 시·도의회가 성립되지 아니한 때
> 　2. 학생의 안전과 교육기관 등의 재산보호를 위하여 긴급하게 필요한 사항으로서 시·도의회가 소집될 시간적 여유가 없거나 시·도의회에서 의결이 지체되어 의결되지 아니한 때

정답 ①

15

「주민소환에 관한 법률」의 내용으로 옳지 않은 것은?

① 주민소환투표사무는 관할선거관리위원회가 관리한다.
② 주민소환은 주민소환투표권자 총수의 4분의 1 이상의 투표와 유효투표 총수 과반수의 찬성으로 확정된다.
③ 주민소환투표대상자가 자진사퇴, 피선거권 상실 또는 사망 등으로 궐위된 때에는 주민소환투표를 실시하지 아니한다.
④ 지역구 기초의회의원에 대한 주민소환을 위해서는 주민소환투표청구권자 총수의 100분의 20 이상의 주민서명이 필요하다.

15

① ○

> **주민소환법 제2조(주민소환투표의 사무관리)**
> ① 주민소환투표사무는 「공직선거법」에 의하여 해당 지방자치단체의 장선거 및 지방의회의원 선거의 선거구선거사무를 행하는 선거관리위원회(관할선거관리위원회)가 관리한다.

② ✗ 주민소환투표는 주민소환투표권자 총수의 4분의 1이 아닌 3분의 1 이상의 투표와 유효투표 총수 과반수의 찬성으로 확정된다.

> **제22조(주민소환투표결과의 확정)**
> ① 주민소환은 제3조의 규정에 의한 주민소환투표권자 총수의 3분의 1이상의 투표와 유효투표 총수 과반수의 찬성으로 확정된다.
> ② 전체 주민소환투표자의 수가 주민소환투표권자 총수의 3분의 1에 미달하는 때에는 개표를 하지 아니한다.

③ ○

> **제13조(주민소환투표의 실시)**
> ① 주민소환투표일은 제12조제2항의 규정에 의한 공고일부터 20일 이상 30일 이하의 범위 안에서 관할선거관리위원회가 정한다. 다만, 주민소환투표대상자가 자진사퇴, 피선거권 상실 또는 사망 등으로 궐위된 때에는 주민소환투표를 실시하지 아니한다.

④ ○

> **제7조(주민소환투표의 청구)**
> 1. 특별시장·광역시장·도지사 : 당해 지방자치단체의 주민소환투표청구권자 총수의 100분의 10이상
> 2. 시장·군수·자치구의 구청장 : 당해 지방자치단체의 주민소환투표청구권자 총수의 100분의 15이상
> 3. 지역구시·도의원 및 지역구자치구·시·군의원 : 당해 지방의회의원의 선거구 안의 주민소환투표청구권자 총수의 100분의 20이상

정답 ②

16

지역사회 권력구조와 지방정치 이론에 대한 설명으로 옳지 않은 것은?

① 무의사결정론에 따르면 엘리트 집단은 그들에게 불리한 의제나 현안은 편견의 동원을 통해 아예 논의의 대상이 되지 않도록 하는 비가시적인 권력을 가진다.
② 도시한계론에 따르면 지방이 직면한 구조적 제약 하에 지방정부의 정책은 경제적 요인보다 정치적 이해관계가 더 큰 영향을 미친다.
③ 성장기구론에 따르면 토지자산가와 개발업자는 성장연합을 형성하여 개발을 통해 자산의 교환가치를 극대화하는 데 집중한다.
④ 레짐이론에 따르면 지방정부는 시장을 주도하는 기업을 비롯한 사적영역과의 연합을 통해 지역정책을 결정한다.

16

① ○ 무의사결정은 특정 사회적 쟁점이 공식적 정책과정에 진입하지 못하도록 하는 엘리트집단의 행동을 의미한다. 지배적인 규범, 절차, 가치, 신념, 미신 등을 통해 변화 주장 요구를 차단함으로써 지역 차원의 중요한 현안임에도 불구하고 공론화되지 못하게 하는 권력을 행사하는 것이다.
② ✗ 피터슨의 도시한계론은 지방정치의 접근에 있어서 **시장경제의 구조적 요인**을 강조하였다. 지방정부는 경제성장에 도움이 되는 정책의 추구에는 적극적이나, 그렇지 않은 정책은 최소화한다는 것이다. 따라서 도시한계론에 따르면 시장경제의 구조적 제약 하에 지방정부의 정책은 **정치적 이해관계보다 경제적 요인이 더 크게 영향을 미치게 된다.**
③ ○ 성장기구론은 도시개발과 관련된 이해당사자들이 성장연합을 구성하고, 자원의 교환가치를 중요시하면서 정치적 영향력을 행사하는 것에 관심을 기울인다. 반면 사용가치를 중시하는 자들은 성장연합에 대항하는 반성장연합이 되며, 지역보전 등을 위한 운동을 벌이나 결국 실패하게 된다.
④ ○ 레짐이론은 정치와 경제의 상호작용에 초점을 두는 이론으로, 정부는 지배적인 가치를 둘러싼 자원 배분 구조를 고려하여 연대를 모색하고 정책을 결정한다. 특히 현실적으로 기업이 행사하는 구조적 영향력을 인정하고 기업을 정부의 파트너로 인식하게 된다.

정답 ②

17

「지방자치법」상 세외수입에 대한 설명으로 옳지 않은 것은?

① 지방자치단체는 공공시설의 이용 또는 재산의 사용에 대하여 사용료를 징수할 수 있다.
② 지방자치단체는 국가나 다른 지방자치단체의 위임사무가 특정인을 위한 것이면 그 사무에 대하여 수수료를 징수할 수 있으나, 이 때의 수수료는 그 지방자치단체의 수입으로 할 수 없다.
③ 지방자치단체는 그 재산 또는 공공시설의 설치로 주민의 일부가 특히 이익을 받으면 이익을 받는 자로부터 그 이익의 범위에서 분담금을 징수할 수 있다.
④ 사용료·수수료 또는 분담금의 징수에 관한 사항은 조례로 정한다.

17

① ○

> **지방자치법 제153조(사용료)**
> 지방자치단체는 공공시설의 이용 또는 재산의 사용에 대하여 사용료를 징수할 수 있다.

② × 위임사무에 대해 징수하는 수수료는 그 지방자치단체의 수입으로 하는 것이 원칙이다.

> **동법 제154조(수수료)**
> ② 지방자치단체는 국가나 다른 지방자치단체의 위임사무가 특정인을 위한 것이면 그 사무에 대하여 수수료를 징수할 수 있다.
> ③ 제2항에 따른 수수료는 그 지방자치단체의 수입으로 한다. 다만, 법령에 달리 정해진 경우에는 그러하지 아니하다.

③ ○

> **동법 제155조(분담금)**
> 지방자치단체는 그 재산 또는 공공시설의 설치로 주민의 일부가 특히 이익을 받으면 이익을 받는 자로부터 그 이익의 범위에서 분담금을 징수할 수 있다.

④ ○

> **동법 제156조(사용료의 징수조례 등)**
> ① 사용료·수수료 또는 분담금의 징수에 관한 사항은 조례로 정한다.

정답 ②

18

「지방자치법」상 지방의회의 권한에 대한 설명으로 옳은 것은?

① 지방의회는 매년 2회 그 지방자치단체의 사무에 대하여 시·도에서는 14일의 범위에서, 시·군 및 자치구에서는 9일의 범위에서 감사를 실시한다.
② 지방의회가 조사를 발의할 때에는 이유를 밝힌 서면으로 하여야 하며, 재적의원 3분의 2 이상의 찬성이 있어야 한다.
③ 지방의회의 감사에 출석요구를 받은 증인이 정당한 사유 없이 출석하지 아니하거나 선서 또는 증언을 거부한 경우에는 1천만원 이하의 과태료를 부과할 수 있다.
④ 지방의회의 감사 또는 조사를 위하여 필요한 사항은 「국정감사 및 조사에 관한 법률」에 준하여 대통령령으로 정한다.

18

① × 지방의회의 행정사무 감사는 매년 2회가 아닌 매년 1회 실시한다.

> **지방자치법 제49조(행정사무 감사권 및 조사권)**
> ① 지방의회는 매년 1회 그 지방자치단체의 사무에 대하여 시·도에서는 14일의 범위에서, 시·군 및 자치구에서는 9일의 범위에서 감사를 실시하고, 지방자치단체의 사무 중 특정 사안에 관하여 본회의 의결로 본회의나 위원회에서 조사하게 할 수 있다.

② × 지방의회의 조사 발의를 위해서는 재적의원 3분의 2 이상이 아닌 3분의 1 이상의 찬성이 있어야 한다.

> **동법 제49조(행정사무 감사권 및 조사권)**
> ② 제1항의 조사를 발의할 때에는 이유를 밝힌 서면으로 하여야 하며, 재적의원 3분의 1 이상의 찬성이 있어야 한다.

③ × 증인이 정당한 사유 없이 출석하지 아니하거나 선서 또는 증언을 거부한 경우에는 1천만원 이하가 아닌 500만원 이하의 과태료를 부과할 수 있다.

> **동법 제49조(행정사무 감사권 및 조사권)**
> ⑤ 제4항에 따른 증언에서 거짓증언을 한 사람은 고발할 수 있으며, 제4항에 따라 서류제출을 요구받은 자가 정당한 사유 없이 서류를 정해진 기한까지 제출하지 아니한 경우, 같은 항에 따라 출석요구를 받은 증인이 정당한 사유 없이 출석하지 아니하거나 선서 또는 증언을 거부한 경우에는 500만원 이하의 과태료를 부과할 수 있다.

④ ○

> **동법 제49조(행정사무 감사권 및 조사권)**
> ⑦ 제1항의 감사 또는 조사와 제3항의 감사를 위하여 필요한 사항은 「국정감사 및 조사에 관한 법률」에 준하여 대통령령으로 정하고, 제4항과 제5항의 선서·증언·감정 등에 관한 절차는 「국회에서의 증언·감정 등에 관한 법률」에 준하여 대통령령으로 정한다.

정답 ④

19

「지방자치법」상 주민참여에 대한 설명으로 옳지 않은 것은?

① 주민은 모든 규칙의 개정과 관련된 의견을 해당 지방자치단체의 장에게 제출할 수 있다.
② 주민은 법령으로 정하는 바에 따라 주민생활에 영향을 미치는 지방자치단체의 정책의 결정 및 집행 과정에 참여할 권리를 가진다.
③ 주민감사청구는 사무처리가 있었던 날이나 끝난 날부터 3년이 지나면 제기할 수 없다.
④ 주무부장관이나 시·도지사는 주민감사청구를 처리할 때 청구인의 대표자에게 반드시 의견 진술의 기회를 주어야 한다.

19

① × 주민이 규칙과 관련된 의견을 자치단체장에게 제출할 수는 있으나, 모든 규칙이 아니라 권리·의무와 직접 관련되는 사항으로 한정된다.

> **지방자치법 제20조(규칙의 제정과 개정·폐지 의견 제출)**
> ① 주민은 제29조에 따른 규칙(권리·의무와 직접 관련되는 사항으로 한정한다)의 제정, 개정 또는 폐지와 관련된 의견을 해당 지방자치단체의 장에게 제출할 수 있다.

② ○

> **동법 제17조(주민의 권리)**
> ① 주민은 법령으로 정하는 바에 따라 주민생활에 영향을 미치는 지방자치단체의 정책의 결정 및 집행 과정에 참여할 권리를 가진다.

③ ○

> **동법 제21조(주민의 감사 청구)**
> ③ 제1항에 따른 청구는 사무처리가 있었던 날이나 끝난 날부터 3년이 지나면 제기할 수 없다.

④ ○

> **동법 제21조(주민의 감사 청구)**
> ⑪ 주무부장관이나 시·도지사는 주민 감사 청구를 처리(각하 포함)할 때 청구인의 대표자에게 반드시 증거 제출 및 의견 진술의 기회를 주어야 한다.

정답 ①

20

지방자치권에 대한 시각 중 제도적 보장설에 대한 설명으로 옳은 것을 모두 고르면?

> ㄱ. 국가의 주권 하에 자치권이 부여되지만 헌법에 의해 지방자치의 본질이나 정신이 특별히 보호된다는 입장이다.
> ㄴ. 지방자치단체의 자치권은 국가의 존립 및 그의 범위 내에서만 인정되고 행사된다는 시각이다.
> ㄷ. 자연법 사상에 기반한 개인의 기본권과 같이 자치권을 지방의 고유한 권한으로 보는 시각이다.
> ㄹ. 입법부의 법률적 권한에 의한 왜곡이나 침해로부터 자치권을 보호하기 위한 방식이다.

① ㄱ, ㄴ ② ㄱ, ㄷ ③ ㄱ, ㄹ ④ ㄴ, ㄹ

20

ㄱ·ㄹ ○ 제시문은 제도적 보장설에 대해 설명하고 있다. 자치권은 국가가 전래하나, 본질적 내용은 침해할 수 없다는 견해이다. 자치권이 헌법상 제도로서 규정되어 있는 이상 입법자가 이를 폐지할 수 없다는 시각으로, 입법부의 법률적 권한에 의한 왜곡이나 침해로부터 자치권을 보호하기 위하여 보다 더 엄격하게 헌법상으로 자치권을 규정하고 보호하려는 노력이다.

ㄴ. × 전래권설에 대한 설명이다. 전래권설에 따르면 자치권은 국가가 부여하고 위임하는 범위 내의 권한이다. 지방자치단체는 국가에 의해서 만들어지는 피조물이고 국가로부터 부여된 권한으로서 자치권이 허용된다는 시각이다.

ㄷ. × 고유권설에 대한 설명이다. 고유권설에 따르면 자치권은 국가가 부여한 것이 아니라 지방의 천부적인 권리이다. 지역사회는 자생적으로 생성되며, 입법권·행정권·사법권을 독자적으로 보유할 수 있다고 본다.

정답 ③

제 04회 실전 모의고사

01	①	02	③	03	①	04	②	05	④	06	②	07	①	08	②	09	④	10	④
11	③	12	③	13	④	14	④	15	④	16	③	17	③	18	①	19	③	20	②

01

국가와 지방자치단체 간 사무배분원칙에 대한 설명으로 옳지 않은 것은?

① 효율성의 원칙은 기관 간 사무가 서로 겹치지 않도록 배분되어야 함을 의미한다.
② 종합성의 원칙은 특정의 사무만을 배분하지 않고 서로 연관된 사무를 함께 포괄적으로 배분해야 함을 의미한다.
③ 재정확보의 원칙은 지방자치단체로 사무를 배분하는 경우 해당 사무의 처리를 위한 재정을 확보할 수 있도록 하여야 함을 의미한다.
④ 슈프(Shoup)의 원칙에는 행정책임 명확화의 원칙, 능률의 원칙, 기초자치단체 우선의 원칙이 포함된다.

01

① ✗ 효율성의 원칙이 아닌 명확성의 원칙에 대한 설명이다. 명확성의 원칙은 사무의 소관이 중앙정부인지 광역자치단체인지 기초자치단체인가 명확하게 구분되어야 한다는 것을 의미한다. 명확성의 원칙은 비경합성의 원칙 또는 불경합성의 원칙이라고도 한다. 반면 효율성의 원칙은 사무배분 시에 그 사무처리에 드는 경제적 비용을 고려해야 한다는 것을 의미하는 것으로 경제성의 원칙 또는 능률성의 원칙이라고도 한다.
② ○ 종합성의 원칙은 포괄성의 원칙이라고도 불린다. 하나의 사무에는 연관된 다양한 사무가 있을 수 있는데 이를 별도의 기관에서 처리하게 하는 것이 아니라 하나의 지방자치단체에서 종합적으로 처리하는 것이 바람직함을 의미한다.
③ ○ 재정확보의 원칙은 충분재정의 원칙이라고도 불린다. 재정확보의 원칙에 따르면 국가가 지방자치단체에 사무를 이양하면서 그에 합당한 재정 지원이나 재원 이양이 없다면 지방자치단체의 재정부담이 가중되고 지방자치를 훼손할 수 있다.
④ ○ 슈프의 원칙이란 슈프가 1949년 연합군 총사령부의 초청으로 전후 일본의 조세제도를 전면 개편하면서 사무배분의 원칙으로 행정책임 명확화의 원칙, 능률의 원칙, 기초자치단체 우선의 원칙을 제시한 것을 의미한다.

정답 ①

02

「지방자치법」상 예산과 결산에 대한 설명으로 옳지 않은 것은?

① 지방의회는 새로운 재정부담이 따르는 조례나 안건을 의결하려면 미리 지방자치단체의 장의 의견을 들어야 한다.
② 지방자치단체의 장은 한 회계연도를 넘어 계속하여 경비를 지출할 필요가 있으면 그 총액과 연도별 금액을 정하여 계속비로서 지방의회의 의결을 받아야 한다.
③ 새로운 지방자치단체가 설치된 경우 해당 지방자치단체의 장은 예산이 성립될 때까지 필요한 경상적 수입과 지출을 할 수 있으며, 이 때 수입과 지출은 새로 성립될 예산과는 별도로 운영한다.
④ 지방자치단체를 폐지하거나 설치하거나 나누거나 합쳐 없어진 지방자치단체의 수입과 지출은 없어진 날로 마감하되, 그 지방자치단체의 장이었던 사람이 결산하여야 한다.

02

① ○

지방자치법 제148조(재정부담이 따르는 조례 제정 등)
지방의회는 새로운 재정부담이 따르는 조례나 안건을 의결하려면 미리 지방자치단체의 장의 의견을 들어야 한다.

② ○

동법 제143조(계속비)
지방자치단체의 장은 한 회계연도를 넘어 계속하여 경비를 지출할 필요가 있으면 그 총액과 연도별 금액을 정하여 계속비로서 지방의회의 의결을 받아야 한다.

③ ✗ 새로운 지방자치단체에서 예산이 성립될 때까지 할 수 있는 수입과 지출은 새로 성립될 예산과 별도로 운영되는 것이 아니라 새로 성립될 예산에 포함시켜야 한다.

동법 제147조(지방자치단체를 신설할 때의 예산)
① 지방자치단체를 폐지하거나 설치하거나 나누거나 합쳐 새로운 지방자치단체가 설치된 경우에는 지체 없이 그 지방자치단체의 예산을 편성하여야 한다.
② 제1항의 경우에 해당 지방자치단체의 장은 예산이 성립될 때까지 필요한 경상적 수입과 지출을 할 수 있다. 이 경우 수입과 지출은 새로 성립될 예산에 포함시켜야 한다.

④ ○

동법 제151조(지방자치단체가 없어졌을 때의 결산)
① 지방자치단체를 폐지하거나 설치하거나 나누거나 합쳐 없어진 지방자치단체의 수입과 지출은 없어진 날로 마감하되, 그 지방자치단체의 장이었던 사람이 결산하여야 한다.

정답 ③

03

「지방자치법」상 지방자치단체에 대한 설명으로 옳지 않은 것은?

① 자치구가 아닌 구의 구청장은 일반직 국가공무원으로 보하되, 시장이 임명한다.
② 지방자치단체에 두는 행정기구의 설치와 지방공무원의 정원은 인건비 등 대통령령으로 정하는 기준에 따라 그 지방자치단체의 조례로 정한다.
③ 지방자치단체에는 법률로 정하는 바에 따라 국가공무원을 둘 수 있다.
④ 지방자치단체는 특정 업무를 효율적으로 수행하기 위하여 필요하면 대통령령으로 정하는 범위에서 그 지방자치단체의 조례로 사업소를 설치할 수 있다.

03

① ✕ 자치구가 아닌 구의 구청장은 국가공무원이 아닌 일반직 지방공무원으로 보하며, 시장이 임명한다.

> 지방자치법 제132조(하부행정기관의 장의 임명)
> ① 자치구가 아닌 구의 구청장은 일반직 지방공무원으로 보하되, 시장이 임명한다.

② ○

> 동법 제125조(행정기구와 공무원)
> ① 지방자치단체는 그 사무를 분장하기 위하여 필요한 행정기구와 지방공무원을 둔다.
> ② 제1항에 따른 행정기구의 설치와 지방공무원의 정원은 인건비 등 대통령령으로 정하는 기준에 따라 그 지방자치단체의 조례로 정한다.

③ ○

> 동법 제125조(행정기구와 공무원)
> ⑤ 지방자치단체에는 제1항에도 불구하고 법률로 정하는 바에 따라 국가공무원을 둘 수 있다.

④ ○

> 동법 제127조(사업소)
> 지방자치단체는 특정 업무를 효율적으로 수행하기 위하여 필요하면 대통령령으로 정하는 범위에서 그 지방자치단체의 조례로 사업소를 설치할 수 있다.

정답 ①

04

A도(道)에 속해 있는 B군(郡)에 대한 「지방자치법」상 지도·감독의 설명으로 옳지 않은 것은?

① 주무부장관은 지방자치단체의 사무에 관한 B군수의 처분이 법령에 위반됨에도 불구하고 A도지사가 시정명령을 하지 않으면 A도지사에게 기간을 정하여 시정명령을 하도록 명할 수 있다.
② 주무부장관은 A도지사가 시정명령을 하지 않으면 지체 없이 B군수의 처분을 취소하거나 정지해야 한다.
③ 주무부장관은 A도지사가 B군수에게 시정명령을 하였으나 이를 이행하지 아니한 데 따른 취소·정지를 하지 않는 경우에는 A도지사에게 기간을 정하여 B군수의 처분을 취소하거나 정지할 것을 명할 수 있다.
④ B군수는 자치사무에 관한 처분의 취소 또는 정지에 대하여 이의가 있으면 그 취소처분 또는 정지처분을 통보받은 날부터 15일 이내에 대법원에 소를 제기할 수 있다.

04

① ○

> 지방자치법 제188조(위법·부당한 명령이나 처분의 시정)
> ② 주무부장관은 지방자치단체의 사무에 관한 시장·군수 및 자치구의 구청장의 명령이나 처분이 법령에 위반되거나 현저히 부당하여 공익을 해침에도 불구하고 시·도지사가 제1항에 따른 시정명령을 하지 아니하면 시·도지사에게 기간을 정하여 시정명령을 하도록 명할 수 있다.

② ✕ A도지사가 B군수에게 시정명령을 하지 않았다고 해서 바로 주무부장관이 처분을 취소하는 것이 아니라, A도지사에게 시정명령을 하도록 명한 후에, 그럼에도 이행하지 않으면 그 때서야 주무부장관이 직접 처분을 취소할 수 있다.

> 동법 동조
> ③ 주무부장관은 시·도지사가 제2항에 따른 기간에 시정명령을 하지 아니하면 제2항에 따른 기간이 지난 날부터 7일 이내에 직접 시장·군수 및 자치구의 구청장에게 기간을 정하여 서면으로 시정할 것을 명하고, 그 기간에 이행하지 아니하던 주무부장관이 시장·군수 및 자치구의 구청장의 명령이나 처분을 취소하거나 정지할 수 있다.

③ ○

> 동법 동조
> ④ 주무부장관은 시·도지사가 시장·군수 및 자치구의 구청장에게 제1항에 따라 시정명령을 하였으나 이를 이행하지 아니한 데 따른 취소·정지를 하지 아니하는 경우에는 시·도지사에게 기간을 정하여 시장·군수 및 자치구의 구청장의 명령이나 처분을 취소하거나 정지할 것을 명하고, 그 기간에 이행하지 아니하면 주무부장관이 이를 직접 취소하거나 정지할 수 있다.

④ ○

> 동법 동조
> ⑥ 지방자치단체의 장은 제1항, 제3항 또는 제4항에 따른 자치사무에 관한 명령이나 처분의 취소 또는 정지에 대하여 이의가 있으면 그 취소처분 또는 정지처분을 통보받은 날부터 15일 이내에 대법원에 소를 제기할 수 있다.

정답 ②

05

우리나라 지방선거의 역사에 대한 내용으로 옳지 않은 것은?

① 현재 광역단체장과 기초단체장은 모두 소선거구제에 의해 선출된다.
② 1차 지방선거는 한국전쟁의 와중에서 실시되었다.
③ 1956년에 시·읍·면장의 직선제가 실시되었다.
④ 2002년 3차 전국 동시지방선거부터 기초의회의원까지 정당 투표 방식에 의한 비례대표제를 도입하였다.

05

① ○ 우리나라는 기초의회의원에 대한 선거만 중선거구제로 실시하고, 나머지는 모두 소선거구제를 취하고 있다.
② ○ 우리나라 1차 지방선거는 이승만 정권 때인 1952년에 실시되었으므로 한국전쟁 도중에 실시되었다.
③ ○ 시·읍·면장까지 직선제가 실시된 것은 2차 지방선거가 치러진 1956년이다.
④ × 기초의회의원까지 비례대표제가 도입된 시기는 2002년 3차 동시지방선거가 아닌, 2006년 4차 동시지방선거이다.

정답 ④

06

세외수입에 대한 설명으로 옳지 않은 것은?

① 일반적으로 사용자부담원칙이 적용된다.
② 변동이 작고 재정의 안정성이 높다.
③ 상위 법령에 위반되지 않는 한 지방자치단체가 자율적으로 발굴 및 확장할 수 있는 잠재적 수입원이다.
④ 수입원의 법적 근거에 따라 용처가 특정되어 있는 경우가 많다.

06

① ○ 세외수입은 조세와 같이 광범위하게 강제적으로 징수되기보다는 특정 서비스의 이용에 따른 반대급부, 즉 사용자부담원칙이 일반적으로 적용되어 부과·징수에서 조세저항이 적다.
② × 연도별로 세외수입은 변동이 커 재정의 안정성이 낮다. 지자체의 일회성 재산매각, 기부금 등과 같이 매년 반복되는 경상적 수입의 성격보다는 임시적 또는 일회성 수입으로 인해 연도별 세입의 안정성이 떨어진다.
③ ○ 조세법률주의의 적용을 받는 지방세와 달리, 세외수입은 비교적 자유로이 확대 개발할 수 있다.
④ ○ 세외수입은 특정 세출예산과 연결되어 사용용도가 지정된 경우가 많다.

정답 ②

07

「지방자치법」상 지방자치단체의 국제교류 및 협력에 대한 설명으로 옳지 않은 것은?

① 지방자치단체가 국제교류·협력 등의 업무를 원활히 수행하기 위하여 필요한 곳에 설치할 수 있는 해외사무소는 지방자치단체 간 협력을 통해 공동으로 설치해야 하며, 단독으로는 설치할 수 없다.
② 지방자치단체는 국가의 외교·통상 정책과 배치되지 아니하는 범위에서 국제교류·협력, 통상·투자유치를 위하여 외국의 지방자치단체, 민간기관, 국제기구와 협력을 추진할 수 있다.
③ 지방자치단체는 해외사무소가 효율적으로 운영될 수 있도록 노력해야 한다.
④ 지방자치단체는 국제기구 설립·유치 또는 활동 지원을 위하여 국제기구에 공무원을 파견하거나 운영비용 등 필요한 비용을 보조할 수 있다.

07

① × 해외사무소의 지방자치단체 단독 설치도 가능하다.

> **지방자치법 제195조(해외사무소 설치·운영)**
> ① 지방자치단체는 국제교류·협력 등의 업무를 원활히 수행하기 위하여 필요한 곳에 단독 또는 지방자치단체 간 협력을 통해 공동으로 해외사무소를 설치할 수 있다.

② ○

> **동법 제193조(지방자치단체의 역할)**
> 지방자치단체는 국가의 외교·통상 정책과 배치되지 아니하는 범위에서 국제교류·협력, 통상·투자유치를 위하여 외국의 지방자치단체, 민간기관, 국제기구(국제연합과 그 산하기구·전문기구를 포함한 정부 간 기구, 지방자치단체 간 기구를 포함한 준정부 간 기구, 국제 비정부기구 등을 포함한다. 이하 같다)와 협력을 추진할 수 있다.

③ ○

> **동법 제195조(해외사무소 설치·운영)**
> ② 지방자치단체는 해외사무소가 효율적으로 운영될 수 있도록 노력해야 한다.

④ ○

> **동법 제194조(지방자치단체의 국제기구 지원)**
> 지방자치단체는 국제기구 설립·유치 또는 활동 지원을 위하여 국제기구에 공무원을 파견하거나 운영비용 등 필요한 비용을 보조할 수 있다.

정답 ①

08

지방자치법령상 중앙지방협력회의에 대한 설명으로 옳지 않은 것은?

① 국가와 지방자치단체 간의 협력을 도모하고 지방자치 발전과 지역 간 균형발전에 관련되는 중요 정책을 심의하기 위하여 중앙지방협력회의를 둔다.
② 부의장은 의장에게 회의의 소집을 요청할 수 있으며, 의장이 협력회의에 출석하지 못하는 경우에는 시·도지사협의회장, 국무총리의 순으로 그 직무를 대행한다.
③ 중앙지방협력회의의 의장은 분기별 1회 정례회의를 소집하며, 해당 분기에 부득이한 사정이 있는 경우에는 개최 시기를 조정할 수 있다.
④ 중앙지방협력회의에 상정하는 지방 안건의 발굴·조정을 지원하기 위해 시·도지사의 전국적 협의체에 중앙지방협력회의지방지원단을 둔다.

08

① ○

> **지방자치법 제186조(중앙지방협력회의의 설치)**
> ① 국가와 지방자치단체 간의 협력을 도모하고 지방자치 발전과 지역 간 균형발전에 관련되는 중요 정책을 심의하기 위하여 중앙지방협력회의를 둔다.

② ✗ 의장이 협력회의에 출석하지 못할 경우에는 국무총리, 시·도지사협의회장의 순으로 직무를 대행한다.

> **중앙지방협력회의법 제3조(구성 및 운영)**
> ⑤ 부의장은 의장에게 회의의 소집을 요청할 수 있으며, 의장이 협력회의에 출석하지 못하는 경우에는 국무총리, 시·도지사협의회장의 순으로 그 직무를 대행한다.

③ ○

> **중앙지방협력회의법 시행령 제3조(협력회의의 운영)**
> ① 법 제2조에 따른 중앙지방협력회의의 의장은 분기별 1회 정례회의를 소집한다. 다만, 해당 분기에 부득이한 사정이 있는 경우에는 개최 시기를 조정할 수 있다.

④ ○

> **중앙지방협력회의법 시행령 제12조(중앙지방협력회의중앙지원단 등)**
> ② 협력회의에 상정하는 지방 안건의 발굴·조정을 지원하기 위해 같은 항 제1호에 따른 시·도지사의 전국적 협의체에 중앙지방협력회의지방지원단을 둔다.

정답 ②

09

「지방자치법」상 지방자치단체장의 권한에 대한 설명으로 옳은 것을 모두 고르면?

ㄱ. 지방자치단체장의 재의요구에 따라 지방의회에서 재의결된 사항이 법령에 위반된다고 인정되면 지방자치단체장은 대법원에 소를 제기할 수 있다.
ㄴ. 지방자치단체장은 지방의회의 의결이 예산상 집행할 수 없는 경비를 포함하고 있다고 인정되면 그 의결사항을 이송받은 날부터 20일 이내에 이유를 붙여 재의를 요구할 수 있다.
ㄷ. 지방자치단체장의 선결처분은 지체 없이 지방의회에 보고하여 승인을 받아야 하며, 이를 받지 못하면 그 선결처분은 그때부터 효력을 상실한다.

① ㄱ   ② ㄱ, ㄴ   ③ ㄴ, ㄷ   ④ ㄱ, ㄴ, ㄷ

09

ㄱ. ○

> **지방자치법 제120조(지방의회의 의결에 대한 재의 요구와 제소)**
> ③ 지방자치단체의 장은 제2항에 따라 재의결된 사항이 법령에 위반된다고 인정되면 대법원에 소(訴)를 제기할 수 있다. 이 경우에는 제192조제4항을 준용(20일 이내)한다.

ㄴ. ○

> **동법 제121조(예산상 집행 불가능한 의결의 재의 요구)**
> ① 지방자치단체의 장은 지방의회의 의결이 예산상 집행할 수 없는 경비를 포함하고 있다고 인정되면 그 의결사항을 이송받은 날부터 20일 이내에 이유를 붙여 재의를 요구할 수 있다.

ㄷ. ○

> **동법 제122조(지방자치단체의 장의 선결처분)**
> ② 제1항에 따른 선결처분은 지체 없이 지방의회에 보고하여 승인을 받아야 한다.
> ③ 지방의회에서 제2항의 승인을 받지 못하면 그 선결처분은 그때부터 효력을 상실한다.

정답 ④

10

「지방자치법」상 지방의회에 대한 설명으로 옳지 않은 것은?

① 위원회는 그 직무에 속하는 사항에 관하여 의안을 제출할 수 있다.
② 지방의회에서 부결된 의안은 같은 회기 중에 다시 발의하거나 제출할 수 없다.
③ 지방의회의원에 대한 자격상실 의결은 무기명투표로 표결한다.
④ 지방의회의원이 조례안을 발의하는 경우에는 발의 의원과 찬성 의원을 구분하되, 해당 조례안의 제명의 부제로 찬성 의원의 성명을 기재하여야 한다.

10

① ○

> **지방자치법 제76조(의안의 발의)**
> ② 위원회는 그 직무에 속하는 사항에 관하여 의안을 제출할 수 있다.

② ○

> **동법 제80조(일사부재의의 원칙)**
> 지방의회에서 부결된 의안은 같은 회기 중에 다시 발의하거나 제출할 수 없다.

③ ○

> 동법 제74조(표결방법)
> 본회의에서 표결할 때에는 조례 또는 회의규칙으로 정하는 표결방식에 의한 기록표결로 가부(可否)를 결정한다. 다만, 다음 각 호의 어느 하나에 해당하는 경우에는 무기명투표로 표결한다.
> 4. 제92조에 따른 자격상실 의결

④ ✕ 조례안의 제명의 부제로는 찬성 의원이 아닌 발의 의원의 성명을 기재하여야 한다.

> 동법 제76조(의안의 발의)
> ④ 제1항에 따라 지방의회의원이 조례안을 발의하는 경우에는 발의 의원과 찬성 의원을 구분하되, 해당 조례안의 제명의 부제로 발의 의원의 성명을 기재하여야 한다. 다만, 발의 의원이 2명 이상인 경우에는 대표발의 의원 1명을 명시하여야 한다.

정답 ④

11

「지방자치법」상 조례에 대한 설명으로 옳지 않은 것은?

① 조례안이 지방의회에서 의결되면 지방의회의 의장은 의결된 날부터 5일 이내에 그 지방자치단체의 장에게 이송하여야 한다.
② 지방자치단체의 장은 조례안의 일부에 대하여 또는 조례안을 수정하여 재의를 요구할 수 없다.
③ 지방자치단체의 장이 이송 받은 조례안을 20일 이내에 공포하지 않으면 그 조례안은 폐기된다.
④ 조례와 규칙은 특별한 규정이 없으면 공포한 날부터 20일이 지나면 효력을 발생한다.

11

① ○

> 지방자치법 제32조(조례와 규칙의 제정 절차 등)
> ① 조례안이 지방의회에서 의결되면 지방의회의 의장은 의결된 날부터 5일 이내에 그 지방자치단체의 장에게 이송하여야 한다.

② ○

> 동법 제32조(조례와 규칙의 제정 절차 등)
> 지방자치단체의 장은 조례안의 일부에 대하여 또는 조례안을 수정하여 재의를 요구할 수 없다.

③ ✕ 지방자치단체장이 지방의회로부터 이송 받은 조례안을 공포하지 않을 때는 폐기되는 것이 아니라 그 조례안이 조례로서 확정된다.

> 동법 제32조(조례와 규칙의 제정 절차 등)
> ⑤ 지방자치단체의 장이 제2항의 기간(20일)에 공포하지 아니하거나 재의 요구를 하지 아니하더라도 그 조례안은 조례로서 확정된다.

④ ○

> 동법 제32조(조례와 규칙의 제정 절차 등)
> ⑧ 조례와 규칙은 특별한 규정이 없으면 공포한 날부터 20일이 지나면 효력을 발생한다.

정답 ③

12

「지방자치법」상 지방의회에 대한 설명으로 옳은 것은?

ㄱ. 지방의회의원에게 지급되는 비용에는 의정활동비, 월정수당, 여비가 포함된다.
ㄴ. 정당의 당원이 될 수 있는 교원은 지방의회의원으로 당선될 수 없다.
ㄷ. 지방의회의원은 현행범인 경우를 제외하고는 회기 중 지방의회의 동의 없이 체포 또는 구금되지 아니한다.
ㄹ. 지방자치단체의 사무 중 특정 사안에 관하여 본회의 의결로 본회의나 위원회에서 조사하게 할 수 있다.

① ㄱ, ㄴ ② ㄱ, ㄷ, ㄹ ③ ㄱ, ㄹ ④ ㄴ, ㄹ

12

ㄱ. ○

> 지방자치법 제40조(의원의 의정활동비 등)
> ① 지방의회의원에게는 다음 각 호의 비용을 지급한다.
> 1. 의정(議政) 자료를 수집하고 연구하거나 이를 위한 보조 활동에 사용되는 비용을 보전(補填)하기 위하여 매월 지급하는 의정활동비
> 2. 지방의회의원의 직무활동에 대하여 지급하는 월정수당
> 3. 본회의 의결, 위원회 의결 또는 지방의회의 의장의 명에 따라 공무로 여행할 때 지급하는 여비

ㄴ. ✕ 정당의 당원이 될 수 있는 교원은 지방의회의원으로 당선될 수 있으며, 이 때 사임하는 것이 아니라 그 교원의 직에서 휴직된다.

> 동법 제43조(겸직 등 금지)
> ② 「정당법」에 따라 정당의 당원이 될 수 있는 교원이 지방의회의원으로 당선되면 임기 중 그 교원의 직은 휴직된다.

ㄷ. ✗ 지방의회의원에게는 국회의원과 같은 불체포특권이 적용되지 않는다. 따라서 수사기관은 지방의회의원을 체포하거나 구금할 수 있으며, 이를 지방의회 의장에게 알려주면 된다.

> **동법 제45조(의원체포 및 확정판결의 통지)**
> ① 수사기관의 장은 체포되거나 구금된 지방의회의원이 있으면 지체 없이 해당 지방의회의 의장에게 영장의 사본을 첨부하여 그 사실을 알려야 한다.

ㄹ. ○

> **동법 제49조(행정사무 감사권 및 조사권)**
> ① 지방의회는 매년 1회 그 지방자치단체의 사무에 대하여 시·도에서는 14일의 범위에서, 시·군 및 자치구에서는 9일의 범위에서 감사를 실시하고, 지방자치단체의 사무 중 특정 사안에 관하여 본회의 의결로 본회의나 위원회에서 조사하게 할 수 있다.

정답 ③

13

「지방자치법」상 위원회에 대한 설명으로 옳지 않은 것은?

① 위원회는 그 소관에 속하는 의안과 청원 등 또는 지방의회가 위임한 특정한 안건을 심사한다.
② 위원회는 본회의 의결이 있거나 지방의회의 의장 또는 위원장이 필요하다고 인정할 때, 재적위원 3분의 1 이상이 요구할 때에 개회한다.
③ 지방의회의원의 윤리강령과 윤리실천규범 준수 여부 및 징계에 관한 사항을 심사하기 위하여 윤리특별위원회를 둔다.
④ 윤리심사자문위원회의 위원은 민간전문가 중에서 윤리특별위원회 위원장이 위촉한다.

13

① ○

> **지방자치법 제67조(위원회의 권한)**
> 위원회는 그 소관에 속하는 의안과 청원 등 또는 지방의회가 위임한 특정한 안건을 심사한다.

② ○

> **동법 제70조(위원회의 개회)**
> ① 위원회는 본회의 의결이 있거나 지방의회의 의장 또는 위원장이 필요하다고 인정할 때, 재적위원 3분의 1 이상이 요구할 때에 개회한다.

③ ○

> **동법 제65조(윤리특별위원회)**
> ① 지방의회의원의 윤리강령과 윤리실천규범 준수 여부 및 징계에 관한 사항을 심사하기 위하여 윤리특별위원회를 둔다.

④ ✗ 윤리심사자문위원회의 위원은 민간전문가 중에서 윤리특별위원회 위원장이 아니라 지방의회의 의장이 위촉한다.

> **동법 제66조(윤리심사자문위원회)**
> ① 지방의회의원의 겸직 및 영리행위 등에 관한 지방의회의 의장의 자문과 지방의회의원의 윤리강령과 윤리실천규범 준수 여부 및 징계에 관한 윤리특별위원회의 자문에 응하기 위하여 윤리특별위원회에 윤리심사자문위원회를 둔다.
> ② 윤리심사자문위원회의 위원은 민간전문가 중에서 지방의회의 의장이 위촉한다.

정답 ④

14

라이트(Wright)의 정부간 관계 모형에 대한 설명으로 옳은 것을 모두 고르면?

> ㄱ. 동등권위형(coordinate authority model)은 상호 독립적으로 분리되는 고유권한의 존재로 인해 개별정부 단위의 권한을 침범하게 되면 공식적·법적 다툼의 여지가 발생한다.
> ㄴ. 내포권위형(inclusive model)에서 연방정부와 하위정부의 관계는 계층제적 관계로 주정부 및 기초지방정부는 연방정부의 정책결정을 집행하는 성격을 가진다.
> ㄷ. 중첩권위형(overlapping model)은 연방정부, 주정부, 지방정부 사이에 중첩하는 권위 영역이 존재하며 이를 위해 공동으로 서비스를 제공한다.

① ㄱ ② ㄱ, ㄴ ③ ㄴ, ㄷ ④ ㄱ, ㄴ, ㄷ

14

ㄱ. ○ 동등권위형은 중앙정부와 지방정부가 서로 독립적이고 자치적으로 운영되며, 오직 접촉적인 관계만을 유지하는 형태이다.
ㄴ. ○ 내포권위형은 중앙정부가 지방정부를 포괄하고 있는 형태로, 계층제적 국가체제의 성격을 띠고 있으며, 지방정부는 전적으로 중앙정부에 의존하는 형태이다. 미국을 기준으로 연방정부가 주정부를, 주정부가 지방정부를 수직적으로 내포하고 있는 관계이다.
ㄷ. ○ 중첩권위형은 중앙정부와 지방정부의 관계를 상호 의존적으로 보는 모형이다. 미국을 기준으로 연방정부·주정부·지방정부가 각자 자기 영역을 가진 독립된 실체로서 존재하며, 동시에 상호 의존하는 관계이다.

정답 ④

15

「지방자치법」상 행정협의회에 대한 설명으로 옳은 것을 모두 고르면?

ㄱ. 행정협의회는 법인으로 한다.
ㄴ. 행정협의회의 회장과 위원은 규약으로 정하는 바에 따라 관계 지방자치단체의 직원 중에서 선임한다.
ㄷ. 행정안전부장관이나 시·도지사가 행정협의회에서 합의가 이루어지지 않은 사항에 대해 조정을 하려면 관계 중앙행정기관의 장과의 협의를 거쳐 분쟁조정위원회의 의결에 따라 조정하여야 한다.
ㄹ. 지방자치단체는 행정협의회를 구성하려면 관계 지방자치단체 간의 협의에 따라 규약을 정하여 관계 지방의회에 각각 보고한 다음 고시하여야 한다.

① ㄱ, ㄴ   ② ㄴ, ㄷ   ③ ㄷ, ㄹ   ④ ㄴ, ㄷ, ㄹ

15

ㄱ. ✗ 지방자치법상 행정협의회는 법인으로 규정되어 있지 않다.
ㄴ. ○

> **지방자치법 제170조(협의회의 조직)**
> ② 회장과 위원은 규약으로 정하는 바에 따라 관계 지방자치단체의 직원 중에서 선임한다.

ㄷ. ○

> **동법 제173조(협의사항의 조정)**
> ① 협의회에서 합의가 이루어지지 아니한 사항에 대하여 관계 지방자치단체의 장이 조정을 요청하면 시·도 간의 협의사항에 대해서는 행정안전부장관이, 시·군 및 자치구 간의 협의사항에 대해서는 시·도지사가 조정할 수 있다. 다만, 관계되는 시·군 및 자치구가 2개 이상의 시·도에 걸쳐 있는 경우에는 행정안전부장관이 조정할 수 있다.
> ② 행정안전부장관이나 시·도지사가 제1항에 따라 조정을 하려면 관계 중앙행정기관의 장과의 협의를 거쳐 분쟁조정위원회의 의결에 따라 조정하여야 한다.

ㄹ. ○

> **동법 제169조(행정협의회의 구성)**
> ② 지방자치단체는 협의회를 구성하려면 관계 지방자치단체 간의 협의에 따라 규약을 정하여 관계 지방의회에 각각 보고한 다음 고시하여야 한다.

정답 ④

16

「지방공기업법」상 지방직영기업의 요금에 대한 설명으로 옳지 않은 것은?

① 지방자치단체는 지방직영기업의 급부에 대하여 조례로 정하는 바에 따라 요금을 징수할 수 있다.
② 요금은 적정하여야 하고, 지역 간 요금수준의 형평을 도모하여야 하며, 급부의 원가를 보상하면서 기업으로서 계속성을 유지할 수 있도록 결정되어야 한다.
③ 요금의 산정방식은 영업비용, 자본비용 등을 고려하여 조례로 정한다.
④ 지방자치단체는 요금을 내야 하는 자가 납부기한까지 요금을 납부하지 아니하면 내야 할 요금의 100분의 3의 범위에서 조례로 정하는 바에 따라 연체금을 가산하여 징수할 수 있다.

16

① ○

> **지방공기업법 제22조(요금)**
> ① 지방자치단체는 지방직영기업의 급부에 대하여 조례로 정하는 바에 따라 요금을 징수할 수 있다.

② ○

> **동법 제22조(요금)**
> ② 제1항에 따른 요금은 적정하여야 하고, 지역 간 요금수준의 형평을 도모하여야 하며, 급부의 원가를 보상하면서 기업으로서 계속성을 유지할 수 있도록 결정되어야 한다.

③ ✗ 요금의 산정방식은 조례가 아닌 대통령령으로 정한다.

> **동법 제22조(요금)**
> ③ 제1항에 따른 요금의 산정방식은 영업비용, 자본비용 등을 고려하여 대통령령으로 정한다.

④ ○

> **동법 제22조(요금)**
> ④ 지방자치단체는 제1항에 따른 요금을 내야 하는 자가 납부기한까지 요금을 납부하지 아니하면 내야 할 요금의 100분의 3의 범위에서 조례로 정하는 바에 따라 연체금을 가산하여 징수할 수 있다.

정답 ③

17

「지방재정법」상 지방자치단체의 재정 운영에 대한 설명으로 옳은 것은?

> ㄱ. 지방자치단체는 조례에 근거가 있는 경우에 지방의회의 의결 없이 공공기관에 대한 출연을 할 수 있다.
> ㄴ. 지방자치단체의 장은 행정안전부령으로 정하는 바에 따라 예산의 성과계획서 및 성과보고서를 작성하여야 한다.
> ㄷ. 지방자치단체의 장은 대규모의 재정적 부담을 수반하는 국제경기대회 유치를 신청하려면 미리 해당 지방자치단체의 재정에 미칠 영향을 평가하고 그 평가결과를 토대로 지방재정투자심사위원회의 심사를 거쳐야 한다.
> ㄹ. 국고보조금에 의한 사업 중 지방자치단체의 재정적 부담을 수반하는 경우 지방자치단체의 예산편성은 중앙관서의 장과 기획재정부장관이 협의한 보조사업계획에 의한다.

① ㄱ, ㄴ   ② ㄱ, ㄷ   ③ ㄴ, ㄷ   ④ ㄷ, ㄹ

17

ㄱ. ✗ 지방자치단체가 출자 또는 출연을 하려면 미리 해당 지방의회의 의결을 얻어야 한다.

> 지방재정법 제18조(출자 또는 출연의 제한)
> ② 지방자치단체는 법령에 근거가 있는 경우와 제17조제2항의 공공기관에 대하여 조례에 근거가 있는 경우에만 출연을 할 수 있다.
> ③ 지방자치단체가 출자 또는 출연을 하려면 미리 해당 지방의회의 의결을 얻어야 한다.

ㄴ. ○

> 동법 제5조(성과 중심의 지방재정 운용)
> ② 지방자치단체의 장은 행정안전부령으로 정하는 바에 따라 예산의 성과계획서 및 성과보고서를 작성하여야 한다.

ㄷ. ○

> 동법 제27조의6(지방재정영향평가)
> ① 지방자치단체의 장은 대규모의 재정적 부담을 수반하는 국내·국제경기대회, 축제·행사, 공모사업 등의 유치를 신청하거나 응모를 하려면 미리 해당 지방자치단체의 재정에 미칠 영향을 평가하고 그 평가결과를 토대로 제37조의3에 따른 지방재정투자심사위원회의 심사를 거쳐야 한다.

ㄹ. ✗ 지방자치단체의 재정적 부담을 수반하는 국고보조금 사업에 대한 예산편성은 중앙관서의 장과 행정안전부장관이 협의한 보조사업계획에 의한다.

> 동법 제27조의3(국고보조사업에 대한 예산편성)
> ① 국고보조금에 의한 사업 중 지방자치단체의 재정적 부담을 수반하는 경우 지방자치단체의 예산편성은 제26조 및 「보조금 관리에 관한 법률」 제7조에 따라 중앙관서의 장과 행정안전부장관이 협의한 보조사업계획에 의한다.

정답 ③

18

「지방자치법」상 도농 복합형태의 시(市)가 될 수 있는 지역을 모두 고르면?

> ㄱ. 인구 10만 이상의 시와 1만 이상의 군을 통합한 지역
> ㄴ. 인구 5만 이상의 도시 형태를 갖춘 지역이 있는 군
> ㄷ. 인구 2만 이상의 도시 형태를 갖춘 2개 이상의 지역의 인구가 5만이며, 총인구가 10만인 군
> ㄹ. 국가 정책으로 인해 도시가 형성되고, 도의 출장소가 설치된 지역으로서 그 지역의 인구가 2만 이상이고, 인구 10만 이상의 도농 복합형태의 시의 일부인 지역

① ㄱ, ㄴ   ② ㄱ, ㄷ   ③ ㄴ, ㄷ   ④ ㄷ, ㄹ

18

> 지방자치법 제10조(시·읍의 설치기준 등)
> ① 시는 그 대부분이 도시의 형태를 갖추고 인구 5만 이상이 되어야 한다.
> ② 다음 각 호의 어느 하나에 해당하는 지역은 도농(都農) 복합형태의 시로 할 수 있다.
> 1. 제1항에 따라 설치된 시와 군을 통합한 지역
> 2. 인구 5만 이상의 도시 형태를 갖춘 지역이 있는 군
> 3. 인구 2만 이상의 도시 형태를 갖춘 2개 이상의 지역의 인구가 5만 이상인 군. 이 경우 군의 인구가 15만 이상으로서 대통령령으로 정하는 요건을 갖추어야 한다.
> 4. 국가의 정책으로 인하여 도시가 형성되고, 제115조에 따라 도의 출장소가 설치된 지역으로서 그 지역의 인구가 3만 이상이고, 인구 15만 이상의 도농 복합형태의 시의 일부인 지역

ㄱ. ○ 도시의 형태를 갖춘 인구 5만 이상의 시에 군(인구 상관 없음)을 통합할 때 도농 복합형태의 시가 될 수 있다.
ㄴ. ○ 인구 5만 이상의 도시 형태를 갖춘 지역이 있는 군은 도농 복합형태의 시로 할 수 있다.
ㄷ. ✗ 인구 2만 이상의 도시 형태를 갖춘 2개 이상의 지역의 인구가 5만이고, 군의 전체 인구가 10만이 아닌 15만 이상인 군이어야 도농 복합형태의 시로 할 수 있다.
ㄹ. ✗ 도의 출장소가 설치된 지역의 경우 그 지역의 인구가 2만이 아닌 3만 이상이어야 하며, 인구 10만 이상이 아닌 인구 15만 이상의 도농 복합형태의 시의 일부인 지역이어야 따로 도농 복합형태의 시로 분리될 수 있다.

정답 ①

19

「지방자치법」상 지방자치단체의 관할 구역에 대한 설명으로 옳은 것은?

① 지방자치단체의 구역을 변경하거나 지방자치단체를 폐지하거나 설치하거나 나누거나 합칠 때에는 행정안전부장관이 그 사무와 재산을 승계한다.
② 인구 2만 이상의 도시 형태를 갖춘 지역이 있는 군은 도농 복합형태의 시로 할 수 있다.
③ 지방자치단체의 사무소 소재지를 변경하려는 조례를 정할 때에는 그 지방의회의 재적의원 과반수의 찬성이 있어야 한다.
④ 읍·면·동의 명칭과 구역의 변경은 특별시장·광역시장·도지사의 승인을 받아 그 지방자치단체의 조례로 정한다.

19

① ✗ 행정안전부장관이 아닌, 새로 그 지역을 관할하게 된 지방자치단체가 사무와 재산을 승계한다.

> **지방자치법 제8조(구역의 변경 또는 폐지·설치·분리·합병 시의 사무와 재산의 승계)**
> ① 지방자치단체의 구역을 변경하거나 지방자치단체를 폐지하거나 설치하거나 나누거나 합칠 때에는 새로 그 지역을 관할하게 된 지방자치단체가 그 사무와 재산을 승계한다.

② ✗ 인구 2만 이상이 아닌, 5만 이상의 도시 형태를 갖춘 지역이 있는 군을 도농 복합형태의 시로 할 수 있다.

> **동법 제10조(시·읍의 설치기준 등)**
> ① 시는 그 대부분이 도시의 형태를 갖추고 인구 5만 이상이 되어야 한다.
> ② 다음 각 호의 어느 하나에 해당하는 지역은 도농 복합형태의 시로 할 수 있다.
>   1. 제1항에 따라 설치된 시와 군을 통합한 지역
>   2. 인구 5만 이상의 도시 형태를 갖춘 지역이 있는 군
>   3. 인구 2만 이상의 도시 형태를 갖춘 2개 이상의 지역 인구가 5만 이상인 군. 이 경우 군의 인구는 15만 이상으로서 대통령령으로 정하는 요건을 갖추어야 한다.
>   4. 국가의 정책으로 인하여 도시가 형성되고, 제128조에 따라 도의 출장소가 설치된 지역으로서 그 지역의 인구가 3만 이상이며, 인구 15만 이상의 도농 복합형태의 시의 일부인 지역

③ ○

> **동법 제9조(사무소의 소재지)**
> ① 지방자치단체의 사무소 소재지와 자치구가 아닌 구 및 읍·면·동의 사무소 소재지는 종전과 같이 하고, 이를 변경하거나 새로 설정하려면 지방자치단체의 조례로 정한다. 이 경우 면·동은 행정면·행정동을 말한다.
> ② 제1항의 사항을 조례로 정할 때에는 그 지방의회의 재적의원 과반수의 찬성이 있어야 한다.

④ ✗ 읍·면·동의 명칭과 구역의 변경은 특별시장·광역시장·도지사에게 그 결과를 보고하면 되며 사전 승인을 받을 필요는 없다.

> **동법 제7조(자치구가 아닌 구와 읍·면·동 등의 명칭과 구역)**
> ① 자치구가 아닌 구와 읍·면·동의 명칭과 구역은 종전과 같이 하고, 자치구가 아닌 구와 읍·면·동을 폐지하거나 설치하거나 나누거나 합칠 때에는 행정안전부장관의 승인을 받아 그 지방자치단체의 조례로 정한다. 다만, 명칭과 구역의 변경은 그 지방자치단체의 조례로 정하고, 그 결과를 특별시장·광역시장·도지사에게 보고하여야 한다.

정답 ③

20

지방자치단체의 기관구성 방식에 대한 설명으로 옳지 않은 것은?

① 강시장-의회형 하에서 시장은 지방자치단체 전체를 대표하는 지위뿐만 아니라 행정전반에 강력한 권한을 행사한다.
② 의회-지배인형 하에서 시지배인은 지방자치단체장이 허용한 범위 내에서 예산 및 인사 등 행정 전반의 실질적인 운영 및 관리를 맡는다.
③ 약시장-의회형 하에서는 지방의회가 일부 공무원에 대한 인사권을 가지며 행정운영의 감독권을 행사한다.
④ 시장-수석행정관-의회형 하에서 시장은 정치적 기능을 전담하고, 수석행정관은 행정의 집행과 관리를 전문적으로 담당하여 시장의 역할을 분담한다.

20

① ○ 강시장-의회형은 기관대립형 중 시장의 권한이 의회보다 상대적으로 강하게 허용되는 형태이다. 공무원의 인사권, 예산편성 및 제출권, 의회의결의 거부권 등을 시장이 행사하게 된다.

② ✗ 의회-지배인형태는 의회가 중심이 되면서 전문집행인인 시지배인을 별도로 임명하는 형태이다. 시지배인은 의회에 의해 임명 및 해고되며 의회의 의사와 의지를 반영하여 집행기관을 담당한다. 즉 시지배인은 지방자치단체장이 아닌 의회가 허용한 범위 내에서 예산 및 인사 등 행정 전반의 실질적인 운영 및 관리를 맡는다. 의회-지배인형태의 분류에 대해서는 기관대립형, 기관통합형, 절충형 등 다양한 견해가 존재한다.

③ ○ 약시장-의회형은 기관대립형 중 시장의 권한이 의회보다 약한 형태이다. 지방자치단체장은 행정운영과 권한의 행사에 있어 지방의회로부터 어느 정도 통제와 제한을 받게 된다. 이때는 의회가 예산을 편성하거나 행정료의 임명권을 가지기도 한다.

④ ○ 시장-수석행정관-의회형은 기관대립형 중 하나로, 정치와 행정의 기능을 시장과 수석행정관으로 각각 분산하여 담당하는 방식이다. 시장은 정치적 기능을 전담하고, 수석행정관은 행정의 집행과 관리를 전문적으로 담당하여 시장의 업무 부담을 덜어 주는 역할을 한다. 수석행정관은 일반적으로 지방의회에 의해 임명되어 행정운영에 대한 전반적인 총괄 및 감독, 예산편성 및 집행의 역할을 담당한다.

정답 ②

… 제 05회 실전 모의고사

| 01 | ④ | 02 | ② | 03 | ② | 04 | ① | 05 | ① | 06 | ③ | 07 | ③ | 08 | ② | 09 | ③ | 10 | ① |
| 11 | ② | 12 | ③ | 13 | ④ | 14 | ④ | 15 | ③ | 16 | ④ | 17 | ④ | 18 | ① | 19 | ④ | 20 | ② |

01

지방자치단체의 기관구성 방식에 대한 설명으로 옳지 않은 것은?

① 기관통합형은 의결기능과 집행기능이 통합되어 있어 행정의 책임성과 대응성을 높인다.
② 기관대립형은 지방자치단체장이 집행기관을 총괄·감독·책임짐으로써 행정의 통합성과 안정성을 확보할 수 있다.
③ 기관통합형의 경우 지방의원이 개별 집행부서와 관련된 전문적 지식이나 경험이 부족하면 행정의 총괄 및 관리가 어려워진다.
④ 기관대립형의 경우 주민의 대표기관인 지방의회가 주민의 이해나 의사를 보다 정확하고 적실하게 반영한 정책을 추진할 수 있다.

01

① ○ 기관통합형의 경우 지방행정의 모든 권한과 책임이 주민의 대표기관인 지방의회에 집중되기 때문에 이론상 민주정치와 책임행정을 구현함에 있어 가장 적합하다.
② ○ 기관대립형의 경우 지방자치단체장에게 행정권한이 통합적으로 허용된다. 이를 활용하여 행정기관 내부의 부처할거주의의 우려를 감소시킬 수 있다면 행정의 통합성과 안정성도 확보할 수 있다.
③ ○ 기관통합형의 경우 행정에 대한 전문지식이 없는 지방의원이 행정책임자가 되기 때문에 전문성이 경시될 가능성이 존재하며, 지방행정을 총괄조정할 단일 집행책임자가 없어 행정의 전체적 통일성과 종합성을 확보하기 곤란할 수 있다.
④ × 기관대립형이 아닌 기관통합형에 대한 설명이다. 기관통합형에 따르면 주민의 의해 선출된 지방의원이 주요한 정책의 방향 및 결정을 할 뿐만 아니라 집행도 동시에 담당하여 행정의 민주성을 제고할 수 있다.

정답 ④

02

「지방자치법」상 지방의회의 임시회에 대한 설명으로 옳은 것을 모두 고르면?

ㄱ. 임시회 소집은 집회일 3일 전에 공고하여야 한다.
ㄴ. 지방의회의원 총선거 후 최초로 집회되는 임시회는 지방의회의 의장이 지방의회의원 임기 개시일부터 25일 이내에 소집한다.
ㄷ. 지방의회의 의장은 지방자치단체의 장이나 조례로 정하는 수 이상의 지방의회의원이 요구하면 15일 이내에 임시회를 소집하여야 한다.
ㄹ. 지방의회의 의장과 부의장이 부득이한 사유로 임시회를 소집할 수 없을 때에는 지방의회의원 중 연장자가 소집한다.

① ㄱ, ㄴ ② ㄱ, ㄷ ③ ㄴ, ㄷ ④ ㄷ, ㄹ

02

ㄱ. ○

> **지방자치법 제54조(임시회)**
> ④ 임시회 소집은 집회일 3일 전에 공고하여야 한다. 다만, 긴급할 때에는 그러하지 아니하다.

ㄴ. × 최초로 집회되는 임시회는 지방의회 의장이 아닌 지방의회 사무처장·사무국장·사무과장이 소집한다.

> **동법 제54조(임시회)**
> ① 지방의회의원 총선거 후 최초로 집회되는 임시회는 지방의회 사무처장·사무국장·사무과장이 지방의회의원 임기 개시일부터 25일 이내에 소집한다.

ㄷ. ○

> **동법 제54조(임시회)**
> ③ 지방의회의 의장은 지방자치단체의 장이나 조례로 정하는 수 이상의 지방의회의원이 요구하면 15일 이내에 임시회를 소집하여야 한다.

ㄹ. × 지방의회 의장과 부의장이 임시회를 소집할 수 없을 때는 지방의회의원 중 최다선의원이, 최다선의원이 2명 이상일 때는 연장자의 순으로 소집할 수 있다.

> **동법 제54조(임시회)**
> ③ … 다만, 지방의회의 의장과 부의장이 부득이한 사유로 임시회를 소집할 수 없을 때에는 지방의회의원 중 최다선의원이, 최다선의원이 2명 이상인 경우에는 그 중 연장자의 순으로 소집할 수 있다.

정답 ②

03

「지방자치법」상 부단체장이 지방자치단체장의 권한을 대행하는 사유로 옳은 것을 모두 고르면?

> ㄱ. 공소 제기된 후 구금상태에 있는 경우
> ㄴ. 지방자치단체장이 출장·휴가 등 일시적 사유로 직무를 수행할 수 없는 경우
> ㄷ. 「의료법」에 따른 의료기관에 30일 이상 계속하여 입원한 경우
> ㄹ. 궐위된 경우

① ㄱ, ㄴ, ㄹ ② ㄱ, ㄹ ③ ㄴ, ㄷ, ㄹ ④ ㄷ, ㄹ

03

ㄱ·ㄹ. ○

> **지방자치법 제124조(지방자치단체의 장의 권한대행 등)**
> ① 지방자치단체의 장이 다음 각 호의 어느 하나에 해당되면 부지사·부시장·부군수·부구청장(부단체장)이 그 권한을 대행한다.
>   1. 궐위된 경우
>   2. 공소 제기된 후 구금상태에 있는 경우
>   3. 「의료법」에 따른 의료기관에 60일 이상 계속하여 입원한 경우
> ② 지방자치단체의 장이 그 직을 가지고 그 지방자치단체의 장 선거에 입후보하면 예비후보자 또는 후보자로 등록한 날부터 선거일까지 부단체장이 그 지방자치단체의 장의 권한을 대행한다.
> ③ 지방자치단체의 장이 출장·휴가 등 일시적 사유로 직무를 수행할 수 없으면 부단체장이 그 직무를 대리한다.

ㄴ. ✕ 지방자치단체장이 출장·휴가 등 일시적 사유로 직무를 수행할 수 없는 경우는 권한대행 사유가 아닌 직무대리 사유에 해당한다.

ㄷ. ✕ 「의료법」에 따른 의료기관에 30일 이상이 아닌 60일 이상 계속하여 입원한 경우 부단체장이 지방자치단체장의 권한을 대행한다.

정답 ②

04

「지방재정법」상 투자심사 및 타당성조사에 대한 설명으로 옳지 않은 것은?

① 투자심사의 대상에는 지방공사 및 지방공단 설립 사업도 포함된다.
② 지방자치단체의 장은 재정투자사업에 관한 예산안 편성과 같은 사항에 대해서는 미리 그 필요성과 타당성에 대한 심사를 직접 하거나 행정안전부장관 또는 시·도지사에게 의뢰하여 투자심사를 받아야 한다.
③ 투자심사 결과는 적정, 조건부 추진, 재검토 및 부적정으로 구분하며, 재검토 또는 부적정인 경우에는 예산을 편성하여서는 아니 된다.
④ 지방자치단체의 장은 투자심사 대상 중에서 총사업비 500억 원 이상인 신규사업에 대해서는 투자심사를 하거나 받기 전에 행정안전부장관이 정하여 고시하는 전문기관에 의뢰하여 그 사업의 타당성을 객관적 기준에 따라 검증하는 타당성조사를 실시하여야 한다.

04

① ✕ 지방공사 및 지방공단 설립 사업은 투자심사 대상에서 제외한다.

> **지방재정법 제37조(투자심사)**
> ③ 제1항에도 불구하고 다음 각 호의 사업은 투자심사 대상에서 제외한다.
>   3. 「지방공기업법」 제49조에 따른 지방공사 및 같은 법 제76조에 따른 지방공단 설립 사업

② ○

> **동법 제37조(투자심사)**
> ① 지방자치단체의 장은 다음 각 호의 사항에 대해서는 미리 그 필요성과 타당성에 대한 심사를 직접 하거나 행정안전부장관 또는 시·도지사에게 의뢰하여 투자심사를 받아야 한다.
>   1. 재정투자사업에 관한 예산안 편성

③ ○

> **동법 제37조(투자심사)**
> ④ 제1항에 따른 투자심사 결과는 적정, 조건부 추진, 재검토 및 부적정으로 구분한다.
> ⑤ 지방자치단체의 장은 투자심사 결과가 재검토 또는 부적정인 경우에는 예산을 편성하여서는 아니 된다.

④ ○

> **동법 제37조의2(타당성조사)**
> ① 지방자치단체의 장은 제37조제1항에 따른 투자심사 대상 중에서 총사업비 500억원 이상인 신규사업에 대해서는 투자심사를 하거나 받기 전에 행정안전부장관이 정하여 고시하는 전문기관에 의뢰하여 그 사업의 타당성을 객관적 기준에 따라 검증하는 타당성조사를 실시하여야 한다.

정답 ①

05

정부간 관계 모형에 대한 설명으로 옳지 않은 것은?

① 로즈(Rhodes)의 권력의존모형은 정부간 관계에서 지방정부의 자율성을 비판하는 논의를 발전시켰다.
② 라이트(Wright)의 동등권위형은 연방정부와 주정부 간의 관계에서 설정되는 것으로 기초지방정부는 제외되는 것으로 본다.
③ 라이트의 중첩권위형은 하나의 정부 단독이 아닌 여러 정부가 중첩되어 권한과 책임을 담당하는 모형으로 정부 간 상호 협상 및 협력이 강조된다.
④ 챈들러(Chandler)는 1980년대 영국 대처 정부 하의 중앙과 지방의 관계에서 지방은 마름(steward)의 권한과 역할로 자율성이 위축되었다고 주장한다.

05

① ✗ 권력의존모형을 제시한 로즈는 중앙과 지방의 관계를 교환의 과정으로 보면서 정부가 보유한 자원의 양과 운용기술, 전략에 따라 지방정부도 상당한 정도의 자율성을 지닐 수 있다고 지적하였다.
② ○ 동등권위형은 연방정부와 주정부 간의 관계에서 설정되는 것으로 기초지방정부는 제외되는 것으로 본다. 즉, 시와 카운티 등의 기초지방정부는 딜론의 규칙(Dillon's rule)에 따라 주정부의 피조물로 보아 정부간 관계 모형의 설정에 포함되지 않는다.
③ ○ 중첩권위형은 중앙정부와 지방정부의 관계를 상호 의존적으로 보는 모형이다. 미국을 기준으로 연방정부·주정부·지방정부가 각자 자기 영역을 가진 독립된 실체로서 존재하며, 동시에 상호 의존하는 관계이다.
④ ○ 챈들러는 마름모형을 제시하였다. 마름이란 주인이 허용하는 범위 내에서 자율성을 발휘하는 존재이다. 챈들러에 따르면 보수당 정부인 대처수상이 집권하면서 지방재정지원을 축소하고 지방의 권한을 대폭적으로 축소시켰다. 게임의 규칙을 바꿀 수 있는 중앙정부와 의회의 법적 권한에 의해 대처 정부 하에서 지방은 마름의 지위로 전락했다고 챈들러는 지적하였다.

정답 ①

06

「지방자치법」상 국가와 지방자치단체 간의 관계에 대한 설명으로 옳지 않은 것은?

① 지방자치단체의 자치사무에 관한 명령이나 처분에 대한 주무부장관 또는 시·도지사의 시정명령, 취소 또는 정지는 법령을 위반한 것에 한정한다.
② 주무부장관, 행정안전부장관 또는 시·도지사는 이미 감사원 감사 등이 실시된 사안에 대해서는 새로운 사실이 발견되거나 중요한 사항이 누락된 경우 등 대통령령으로 정하는 경우를 제외하고는 감사 대상에서 제외하고 종전의 감사 결과를 활용하여야 한다.
③ 시·군 및 자치구의회의 의결이 현저히 부당하여 공익을 해침에도 불구하고 시·도지사가 재의를 요구하게 하지 아니한 경우 주무부장관이 직접 시장·군수 및 자치구의 구청장에게 재의를 요구하게 할 수 있다.
④ 지방자치단체의 장은 주무부장관이나 시·도지사의 이행명령에 이의가 있으면 이행명령서를 접수한 날부터 15일 이내에 대법원에 소를 제기할 수 있다.

06

① ○

> **지방자치법 제188조(위법·부당한 명령이나 처분의 시정)**
> ⑤ 제1항부터 제4항까지의 규정에 따른 자치사무에 관한 명령이나 처분에 대한 주무부장관 또는 시·도지사의 시정명령, 취소 또는 정지는 법령을 위반한 것에 한정한다.

② ○

> **동법 제191조(지방자치단체에 대한 감사 절차 등)**
> ① 주무부장관, 행정안전부장관 또는 시·도지사는 이미 감사원 감사 등이 실시된 사안에 대해서는 새로운 사실이 발견되거나 중요한 사항이 누락된 경우 등 대통령령으로 정하는 경우를 제외하고는 감사 대상에서 제외하고 종전의 감사 결과를 활용하여야 한다.

③ ✗ 기초의회 의결에 대한 시·도지사나 주무부장관의 재의요구 지시는 법령에 위반된다고 판단될 때에 가능하며, 현저히 부당하여 공익을 해친다고 판단되는 경우는 명시되어 있지 않다.

> **동법 제192조(지방의회 의결의 재의와 제소)**
> ② 시·군 및 자치구의회의 의결이 법령에 위반된다고 판단됨에도 불구하고 시·도지사가 제1항에 따라 재의를 요구하게 하지 아니한 경우 주무부장관이 직접 시장·군수 및 자치구의 구청장에게 재의를 요구하게 할 수 있고, 재의 요구 지시를 받은 시장·군수 및 자치구의 구청장은 의결사항을 이송받은 날부터 20일 이내에 지방의회에 이유를 붙여 재의를 요구하여야 한다.

④ ○

> **동법 제189조(지방자치단체의 장에 대한 직무이행명령)**
> ⑥ 지방자치단체의 장은 제1항 또는 제4항에 따른 이행명령에 이의가 있으면 이행명령서를 접수한 날부터 15일 이내에 대법원에 소를 제기할 수 있다. 이 경우 지방자치단체의 장은 이행명령의 집행을 정지하게 하는 집행정지결정을 신청할 수 있다.

정답 ③

07

지역사회의 권력구조에 대한 엘리트론의 설명으로 옳지 않은 것은?

① 헌터(Hunter)는 미국 조지아 주의 애틀랜타 시를 명성 방법으로 연구하였다.
② 몰로치(Molotch)는 도시가 기본적으로 토지에 기초한 엘리트의 이익에 의해 움직인다고 본다.
③ 헌터(Hunter)는 정치 엘리트를 중심으로 지역사회 권력이 형성된다고 설명한다.
④ 몰로치(Molotch)에 따르면 토지 소유자를 중심으로 결성된 성장기구 연합이 중요 정책결정에 영향력을 행사한다.

07

① ○ 헌터는 엘리트론을 지역사회 권력구조론에 접합시킨 학자로, 지역의 명성 있는 인사들을 중심으로 연구하는 명성접근법을 취한다.
② ○ 몰로치 역시 헌터와 마찬가지로 엘리트론을 지역사회 권력구조론에 적용시킨 학자이며, 토지에 기초한 지역사회의 경제엘리트들에 주목한다.
③ × 헌터의 명성접근법에 따르면 정치 엘리트가 아닌 회사의 소유자나 경영자와 같은 경제 엘리트를 중심으로 지역사회의 권력이 형성된다.
④ ○ 몰로치에 따르면 토지 소유자를 중심으로 도시 발전을 통해 이익을 공유하는 기업가, 재산가, 투자가 등이 중심이 되어 성장기구 연합을 결성하며, 이들이 도시 정치의 중요한 부분에 개입하게 된다.

정답 ③

08

「지방자치법」상 특별지방자치단체에 대한 설명으로 옳은 것은?

① 특별지방자치단체의 장은 규약으로 정하는 바에 따라 특별지방자치단체의 주민이 직접 선출한다.
② 특별지방자치단체의 운영 및 사무처리에 필요한 경비는 규약으로 정하는 바에 따라 구성 지방자치단체가 분담한다.
③ 특별지방자치단체의 장은 소관 사무를 처리하기 위한 기본계획을 수립하여 행정안전부장관의 승인을 받아야 한다.
④ 특별지방자치단체의 의회 및 집행기관의 직원은 구성 지방자치단체의 지방공무원 중에서 파견된 사람으로만 구성한다.

08

① × 특별지방자치단체장은 주민 직선이 아니라, 특별지방자치단체 의회에서 간선으로 선출된다.

> **지방자치법 제205조(집행기관의 조직 등)**
> ① 특별지방자치단체의 장은 규약으로 정하는 바에 따라 특별지방자치단체의 의회에서 선출한다.

② ○

> **동법 제206조(경비의 부담)**
> ① 특별지방자치단체의 운영 및 사무처리에 필요한 경비는 구성 지방자치단체의 인구, 사무처리의 수혜범위 등을 고려하여 규약으로 정하는 바에 따라 구성 지방자치단체가 분담한다.

③ × 특별지방자치단체의 기본계획은 행정안전부장관의 승인이 아닌, 특별지방자치단체 의회의 의결을 받아야 한다.

> **동법 제203조(기본계획 등)**
> ① 특별지방자치단체의 장은 소관 사무를 처리하기 위한 기본계획을 수립하여 특별지방자치단체 의회의 의결을 받아야 한다.

④ × 특별지방자치단체의 직원은 구성 지방자치단체의 파견 공무원뿐만 아니라, 특별지방자치단체 소속인 지방공무원도 포함된다.

> **동법 제205조(집행기관의 조직 등)**
> ③ 특별지방자치단체의 의회 및 집행기관의 직원은 규약으로 정하는 바에 따라 특별지방자치단체 소속인 지방공무원과 구성 지방자치단체의 지방공무원 중에서 파견된 사람으로 구성한다.

정답 ②

09

「주민투표법」상 전자투표 및 전자개표에 대한 내용으로 옳지 않은 것은?

① 지방자치단체장이 필요하다고 판단하는 경우 전자투표 및 전자개표를 실시할 수 있다.
② 지방자치단체장은 전자투표·전자개표의 실시 여부에 관하여 주민투표청구심의회의 심의 및 관할선거관리위원회와의 협의를 거쳐야 한다.
③ 전자투표를 실시한다면 투표소를 설치·운영하지 않아도 된다.
④ 전자투표·전자개표의 절차·방법에 관하여 필요한 사항은 중앙선거관리위원회규칙으로 정한다.

09

① ○

> **주민투표법 제18조의2(전자적 방법에 의한 투표·개표)**
> ① 제18조에도 불구하고 지방자치단체의 장은 다음 각 호의 어느 하나에 해당하는 경우에는 중앙선거관리위원회규칙으로 정하는 정보시스템을 사용하는 방법에 따른 투표(전자투표) 및 개표(전자개표)를 실시할 수 있다.
> 1. 청구인대표자가 요구하는 경우
> 2. 지방의회가 요구하는 경우
> 3. 지방자치단체의 장이 필요하다고 판단하는 경우

② ○

> **동법 동조**
> ② 지방자치단체의 장은 제1항에 따른 전자투표·전자개표의 실시 여부 및 그 절차와 방법 등의 결정에 관하여 심의회의 심의 및 관할선거관리위원회와의 협의를 거쳐야 한다.

③ × 전자투표를 실시하는 경우에도 투표소를 설치·운영하여야 한다.

> **동법 동조**
> ④ 관할선거관리위원회는 제1항 및 제2항에 따라 전자투표를 실시하는 경우에도 제19조에 따라 준용되는 「공직선거법」 제147조에 따른 투표소를 설치·운영하여야 한다.

④ ○

> **동법 동조**
> ⑥ 제1항부터 제5항까지에서 규정한 사항 외에 전자투표·전자개표의 절차·방법 등에 관하여 필요한 사항은 중앙선거관리위원회규칙으로 정한다.

정답 ③

10

「지방자치법」상 지방자치단체조합에 대한 설명으로 옳지 않은 것은?

① 지방자치단체조합은 세외수입을 징수할 수 없다.
② 지방자치단체조합은 법인으로 한다.
③ 지방자치단체조합회의의 위원과 지방자치단체조합장 및 사무직원은 지방자치단체조합규약으로 정하는 바에 따라 선임한다.
④ 시·도가 구성원인 지방자치단체조합은 행정안전부장관, 시·군 및 자치구가 구성원인 지방자치단체조합은 1차로 시·도지사, 2차로 행정안전부장관의 지도·감독을 받는다.

10

① × 지방자치단체조합도 세외수입인 사용료·수수료·분담금을 징수할 수 있다.

> **지방자치법 제178조(지방자치단체조합회의와 지방자치단체조합장의 권한)**
> ② 지방자치단체조합회의는 지방자치단체조합이 제공하는 서비스에 대한 사용료·수수료 또는 분담금을 제156조제1항에 따른 조례로 정한 범위에서 정할 수 있다.

② ○

> **동법 제176조(지방자치단체조합의 설립)**
> ② 지방자치단체조합은 법인으로 한다.

③ ○

> **동법 제177조(지방자치단체조합의 조직)**
> ② 지방자치단체조합회의의 위원과 지방자치단체조합장 및 사무직원은 지방자치단체조합규약으로 정하는 바에 따라 선임한다.

④ ○

> **동법 제180조(지방자치단체조합의 지도·감독)**
> ① 시·도가 구성원인 지방자치단체조합은 행정안전부장관, 시·군 및 자치구가 구성원인 지방자치단체조합은 1차로 시·도지사, 2차로 행정안전부장관의 지도·감독을 받는다. 다만, 지방자치단체조합의 구성원인 시·군 및 자치구가 2개 이상의 시·도에 걸쳐 있는 지방자치단체조합은 행정안전부장관의 지도·감독을 받는다.

정답 ①

11

지방선거를 통해 당선된 A구청장에 대해 적용되는 「지방자치법」상 내용으로 옳은 것을 모두 고르면?

ㄱ. A구청장은 구의회의 의결이 공익을 현저히 해친다고 인정되면 재의를 요구할 수 있다.
ㄴ. 비상재해로 인한 응급복구를 위해 필요한 경비를 구의회가 삭감하는 의결을 하면 A구청장은 이에 대해 재의를 요구할 수 있다.
ㄷ. A구청장은 임기 시작 전 20명 이내의 위원으로 구성된 인수위원회를 설치할 수 있다.
ㄹ. A구청장이 그 직을 사임하기 위해서는 구의회의 의장에게 미리 사임일을 적은 사임통지서로 알려야 한다.

① ㄱ, ㄴ   ② ㄱ, ㄴ, ㄹ   ③ ㄴ, ㄷ, ㄹ   ④ ㄱ, ㄴ, ㄷ, ㄹ

11

ㄱ. ◯

지방자치법 제120조(지방의회의 의결에 대한 재의 요구와 제소)
① 지방자치단체의 장은 지방의회의 의결이 월권이거나 법령에 위반되거나 공익을 현저히 해친다고 인정되면 그 의결사항을 이송받은 날부터 20일 이내에 이유를 붙여 재의를 요구할 수 있다.

ㄴ. ◯

동법 제121조(예산상 집행 불가능한 의결의 재의 요구)
① 지방자치단체의 장은 지방의회의 의결이 예산상 집행할 수 없는 경비를 포함하고 있다고 인정되면 그 의결사항을 이송받은 날부터 20일 이내에 이유를 붙여 재의를 요구할 수 있다.
② 지방의회가 다음 각 호의 어느 하나에 해당하는 경비를 줄이는 의결을 할 때에도 제1항과 같다.
  1. 법령에 따라 지방자치단체에서 의무적으로 부담하여야 할 경비
  2. 비상재해로 인한 시설의 응급 복구를 위하여 필요한 경비

ㄷ. ✗ 기초자치단체는 15명 이내의 위원으로 구성된 인수위원회를 설치할 수 있다.

동법 제105조(지방자치단체의 장의 직 인수위원회)
⑤ 인수위원회는 위원장 1명 및 부위원장 1명을 포함하여 다음 각 호의 구분에 따른 위원으로 구성한다.
  1. 시·도: 20명 이내
  2. 시·군 및 자치구: 15명 이내

ㄹ. ◯

동법 제111조(지방자치단체의 장의 사임)
① 지방자치단체의 장은 그 직을 사임하려면 지방의회의 의장에게 미리 사임통지서로 알려야 한다.

정답 ②

12

「지방공기업법」상 지방공사의 임원이 될 수 없는 사유에 해당하지 않는 것은?

① 미성년자
② 파산선고를 받고 복권되지 않은 사람
③ 경영성과에 따라 임기 중에 해임된 후 4년이 된 지방공사 사장
④ 「지방공기업법」을 위반하여 벌금형을 선고받고 2년이 지나지 않은 사람

12

③ ✗ 지방공사 사장이 경영성과에 따라 임기 중에 해임된 경우에는 3년이 지나지 않았을 때 지방공사 임원이 될 수 없다. 따라서 해임 후 4년이 되었다면 임원이 될 수 없는 사유에는 해당되지 않는다.

지방공기업법 제60조(임직원의 결격사유 등)
① 다음 각 호의 어느 하나에 해당하는 사람은 공사의 임원이 될 수 없으며, 제3호에 해당하는 사람은 공사의 직원이 될 수 없다.
  2. 미성년자
  3. 「지방공무원법」 제31조 각 호의 어느 하나(공무원 결격사유)에 해당하는 사람
  4. 제58조제4항 또는 제5항에 따라 해임된 후 3년이 지나지 아니한 사람
  5. 이 법을 위반하여 벌금형을 선고받고 2년이 지나지 아니한 사람

지방공무원법 제31조(결격사유)
다음 각 호의 어느 하나에 해당하는 사람은 공무원이 될 수 없다.
  1. 피성년후견인
  2. 파산선고를 받고 복권되지 아니한 사람
  3. 금고 이상의 실형을 선고받고 그 집행이 끝나거나 집행이 면제된 날부터 5년이 지나지 아니한 사람
  4. 금고 이상의 형의 집행유예를 선고받고 그 집행유예기간이 끝난 날부터 2년이 지나지 아니한 사람
  5. 금고 이상의 형의 선고유예를 선고받고 그 선고유예기간 중에 있는 사람
  6. 법원의 판결 또는 다른 법률에 따라 자격이 상실되거나 정지된 사람
  7. 징계로 파면처분을 받은 날부터 5년이 지나지 아니한 사람
  8. 징계로 해임처분을 받은 날부터 3년이 지나지 아니한 사람

정답 ③

13

「지방자치법」상 지방의회에 대한 설명으로 옳지 않은 것은?

① 지방의회는 지방의회의원이 이 법이나 자치법규에 위배되는 행위를 하면 윤리특별위원회의 심사를 거쳐 의결로써 징계할 수 있다.
② 지방의회의 의장은 지방의회 사무직원을 지휘·감독하고 법령과 조례·의회규칙으로 정하는 바에 따라 그 임면·교육·훈련·복무·징계 등에 관한 사항을 처리한다.
③ 본회의나 위원회에서 모욕을 당한 지방의회의원은 모욕을 한 지방의회의원에 대하여 지방의회에 징계를 요구할 수 있다.
④ 시·도의회에는 사무를 처리하기 위하여 조례로 정하는 바에 따라 사무국을 둘 수 있으며, 사무국에는 사무국장과 직원을 둔다.

13

① ○

> **지방자치법 제98조(징계의 사유)**
> 지방의회는 지방의회의원이 이 법이나 자치법규에 위배되는 행위를 하면 윤리특별위원회의 심사를 거쳐 의결로써 징계할 수 있다.

② ○

> **동법 제103조(사무직원의 정원과 임면 등)**
> ② 지방의회의 의장은 지방의회 사무직원을 지휘·감독하고 법령과 조례·의회규칙으로 정하는 바에 따라 그 임면·교육·훈련·복무·징계 등에 관한 사항을 처리한다.

③ ○

> **동법 제95조(모욕 등 발언의 금지)**
> ② 본회의나 위원회에서 모욕을 당한 지방의회의원은 모욕을 한 지방의회의원에 대하여 지방의회에 징계를 요구할 수 있다.

④ ✗ 시·도의회에는 사무국이 아닌 사무처를 둔다. 사무국은 시·도의회가 아닌 시·군·자치구의 회에 둔다.

> **동법 제102조(사무처 등의 설치)**
> ① 시·도의회에는 사무를 처리하기 위하여 조례로 정하는 바에 따라 사무처를 둘 수 있으며, 사무처에는 사무처장과 직원을 둔다.
> ② 시·군 및 자치구의회에는 사무를 처리하기 위하여 조례로 정하는 바에 따라 사무국이나 사무과를 둘 수 있으며, 사무국·사무과에는 사무국장 또는 사무과장과 직원을 둘 수 있다.

정답 ④

14

「지방공무원법」의 내용으로 옳지 않은 것은?

① 인사위원회는 16명 이상 20명 이하의 위원으로 구성한다.
② 인사위원회의 회의는 구성원 3분의 2 이상의 출석과 출석위원 과반수의 찬성으로 의결한다.
③ 지방의회의 의장 소속 공무원의 징계, 그 밖에 그 의사에 반하는 불리한 처분이나 부작위에 대한 소청은 지방소청심사위원회에서 심사·결정한다.
④ 지방소청심사위원회의 위촉위원의 임기는 2년으로 하되, 한 번만 연임할 수 있다.

14

① ○

> **지방공무원법 제7조(인사위원회의 설치)**
> ② 인사위원회는 16명 이상 20명 이하의 위원으로 구성한다. 다만, 지방의회의 의장 소속 인사위원회, 임용권을 위임받은 기관에 두는 인사위원회와 해당 지방자치단체의 인구 수, 위원 선정의 어려움 등을 고려하여 대통령령으로 정하는 지방자치단체에 두는 인사위원회는 7명 이상 9명 이하의 위원으로 구성할 수 있다.

② ○

> **동법 제10조(인사위원회의 회의)**
> ③ 인사위원회의 회의는 제2항에 따른 구성원 3분의 2 이상의 출석과 출석위원 과반수의 찬성으로 의결한다. 다만, 대통령령으로 정하는 경미한 사항에 대하여는 서면으로 심의·의결할 수 있다.

③ ○

> **동법 제13조(소청심사위원회의 설치)**
> ② 지방의회의 의장 소속 공무원의 징계, 그 밖에 그 의사에 반하는 불리한 처분이나 부작위에 대한 소청은 제1항에 따른 지방소청심사위원회에서 심사·결정한다.

④ ✗ 지방소청심사위원회의 위촉위원임기는 2년이 아닌 3년이다.

> **동법 제14조(심사위원회의 위원)**
> ③ 제2항에 따라 위촉되는 위원의 임기는 3년으로 하되, 한 번만 연임할 수 있다.

정답 ④

15

「지방자치법」상 지방자치단체의 관할에 대한 설명으로 옳지 않은 것은?

① 특별시·광역시 또는 특별자치시가 아닌 인구 50만 이상의 시에는 자치구가 아닌 구를 둘 수 있고, 군에는 읍·면을 두며, 시와 구에는 동을, 읍·면에는 리를 둔다.
② 특별자치시와 관할 구역 안에 시 또는 군을 두지 아니하는 특별자치도의 하부행정기관에 관한 사항은 따로 법률로 정한다.
③ 도농 복합형태의 시에는 도시의 형태를 갖춘 지역에는 동을, 그 밖의 지역에는 읍·면을 두되, 자치구가 아닌 구를 둘 경우에는 읍·면·동을 둘 수 없다.
④ 특별시, 광역시, 특별자치시, 도, 특별자치도는 정부의 직할로 두고, 시는 도 또는 특별자치도의 관할 구역 안에, 군은 광역시·도 또는 특별자치도의 관할 구역 안에 두며, 자치구는 특별시와 광역시의 관할 구역 안에 둔다.

15

① ○

> **지방자치법 제3조(지방자치단체의 법인격과 관할)**
> ③ 특별시·광역시 또는 특별자치시가 아닌 인구 50만 이상의 시에는 자치구가 아닌 구를 둘 수 있고, 군에는 읍·면을 두며, 시와 구에는 동을, 읍·면에는 리를 둔다.

② ○

> **동법 제3조(지방자치단체의 법인격과 관할)**
> ⑤ 특별자치시와 관할 구역 안에 시 또는 군을 두지 아니하는 특별자치도의 하부행정기관에 관한 사항은 따로 법률로 정한다.

③ × 자치구가 아닌 구를 둘 경우에는 그 구에 읍·면·동을 둘 수 있다.

> **동법 제3조(지방자치단체의 법인격과 관할)**
> ④ 제10조제2항에 따라 설치된 시(도농 복합형태의 시)에는 도시의 형태를 갖춘 지역에는 동을, 그 밖의 지역에는 읍·면을 두되, 자치구가 아닌 구를 둘 경우에는 그 구에 읍·면·동을 둘 수 있다.

④ ○

> **동법 제3조(지방자치단체의 법인격과 관할)**
> ② 특별시, 광역시, 특별자치시, 도, 특별자치도(시·도)는 정부의 직할로 두고, 시는 도 또는 특별자치도의 관할 구역 안에, 군은 광역시·도 또는 특별자치도의 관할 구역 안에 두며, 자치구는 특별시와 광역시의 관할 구역 안에 둔다. 다만, 특별자치도의 경우에는 법률이 정하는 바에 따라 관할 구역 안에 시 또는 군을 두지 아니할 수 있다.

정답 ③

16

「지방자치법」상 지방재정에 대한 설명으로 옳은 것을 모두 고르면?

ㄱ. 지방자치단체는 행정목적을 달성하기 위한 경우 재산을 보유하거나 특정한 자금을 운용하기 위한 기금을 설치할 수 있다.
ㄴ. 지방자치단체는 주민의 복리증진과 사업의 효율적 수행을 위하여 지방공기업을 설치·운영할 수 있다.
ㄷ. 지방자치단체의 공공시설은 관계 지방자치단체의 동의를 받아 그 지방자치단체의 구역 밖에 설치할 수 있다.

① ㄱ   ② ㄱ, ㄴ   ③ ㄴ, ㄷ   ④ ㄱ, ㄴ, ㄷ

16

ㄱ. ○

> **지방자치법 제159조(재산과 기금의 설치)**
> ① 지방자치단체는 행정목적을 달성하기 위한 경우나 공익상 필요한 경우에는 재산(현금 외의 모든 재산적 가치가 있는 물건과 권리를 말한다)을 보유하거나 특정한 자금을 운용하기 위한 기금을 설치할 수 있다.

ㄴ. ○

> **동법 제163조(지방공기업의 설치·운영)**
> ① 지방자치단체는 주민의 복리증진과 사업의 효율적 수행을 위하여 지방공기업을 설치·운영할 수 있다.

ㄷ. ○

> **동법 제161조(공공시설)**
> ③ 제1항의 공공시설은 관계 지방자치단체의 동의를 받아 그 지방자치단체의 구역 밖에 설치할 수 있다.

정답 ④

17

우리나라 지방자치의 역사에 대한 설명으로 옳지 않은 것은?

① 1949년에 최초의 지방자치법이 제정되었다.
② 1960년에 실시된 지방선거에서 모든 지방자치단체장과 지방의회의원을 주민 직선으로 선출하였다.
③ 제4공화국 헌법 부칙에 지방의회는 조국 통일까지 구성하지 않는다고 규정하여 지방자치를 부정하였다.
④ 1991년에 부활한 지방선거에서 주민들이 직접 지방자치단체장을 선출하였다.

17

① ○ 우리나라의 최초의 지방자치법은 1949년 7월 4일에 제정·공포되었다.
② ○ 장면 정부에서 실시된 1960년 3차 지방선거에서는 4·19혁명의 영향으로 모든 단체장과 의원을 주민 직선으로 선출하게 되었다.
③ ○ 1972년 유신으로 수립된 제4공화국에서는 헌법 부칙으로 "지방의회는 조국 통일이 이루어질 때까지 구성하지 아니한다"고 규정하고 현실적으로 지방자치를 할 수 없도록 제도화하였다.
④ ✕ 1991년 노태우 정부 때 실시된 4차 지방선거에서 의회의원은 주민직선이었으나, 단체장에 대해서는 직선제도가 도입되지 않았다.

정답 ④

18

「지방자치법」상 인사청문회에 대한 설명으로 옳지 않은 것은?

① 지방자치단체장은 일반직 지방공무원으로 보하는 부지사에 대하여 지방의회에 인사청문을 요청할 수 있다.
② 지방의회 의장은 지방자치단체장의 인사청문 요청이 있는 경우 인사청문회를 실시한 후 그 경과를 지방자치단체의 장에게 송부하여야 한다.
③ 지방자치단체의 장은 지방공사 사장에 대한 지방의회에 인사청문을 요청할 수 있다.
④ 그 밖에 인사청문회의 절차 및 운영 등에 필요한 사항은 조례로 정한다.

18

① ✕ 일반직 지방공무원이 아닌, 정무직 국가공무원으로 보하는 부시장·부지사에 대하여 인사청문을 요청할 수 있다.

> **지방자치법 제47조의2(인사청문회)**
> ① 지방자치단체의 장은 다음 각 호의 어느 하나에 해당하는 직위 중 조례로 정하는 직위의 후보자에 대하여 **지방의회에 인사청문**을 요청할 수 있다.
>   1. 제123조제2항에 따라 **정무직 국가공무원으로 보하는 부시장·부지사**
>   2. 「제주특별자치도 설치 및 국제자유도시 조성을 위한 특별법」 제11조에 따른 행정시장
>   3. 「지방공기업법」 제49조에 따른 지방공사의 사장과 같은 법 제76조에 따른 지방공단의 이사장
>   4. 「지방자치단체 출자·출연 기관의 운영에 관한 법률」 제2조제1항 전단에 따른 출자·출연 기관의 기관장

② ○

> **동법 동조**
> ② 지방의회의 의장은 제1항에 따른 인사청문 요청이 있는 경우 **인사청문회를 실시한 후 그 경과를 지방자치단체의 장에게 송부**하여야 한다.

③ ○

> **지방자치법 제47조의2(인사청문회)**
> ① 지방자치단체의 장은 다음 각 호의 어느 하나에 해당하는 직위 중 조례로 정하는 직위의 후보자에 대하여 지방의회에 인사청문을 요청할 수 있다.
>   3. 「지방공기업법」 제49조에 따른 **지방공사의 사장**과 같은 법 제76조에 따른 지방공단의 이사장

④ ○

> **동법 동조**
> ③ 그 밖에 인사청문회의 절차 및 운영 등에 필요한 사항은 조례로 정한다.

정답 ①

19

「지방자치법」상 주민에 대한 설명으로 옳지 않은 것은?

① 주민은 비례대표 지방의회의원을 제외한 지방의회의원을 소환할 권리를 가진다.
② 주민은 법령으로 정하는 바에 따라 소속 지방자치단체의 비용을 분담하여야 하는 의무를 진다.
③ 지방자치단체는 사무처리의 투명성을 높이기 위하여 「공공기관의 정보공개에 관한 법률」에서 정하는 바에 따라 지방자치정보를 주민에게 공개하여야 한다.
④ 지방자치단체장은 공개된 지방자치정보를 체계적으로 수집하고 주민에게 제공하기 위한 정보공개시스템을 구축·운영하여야 한다.

19

① ○

> 지방자치법 제25조(주민소환)
> ① 주민은 그 지방자치단체의 장 및 지방의회의원(비례대표 지방의회의원은 제외한다)을 소환할 권리를 가진다.

② ○

> 동법 제27조(주민의 의무)
> 주민은 법령으로 정하는 바에 따라 소속 지방자치단체의 비용을 분담하여야 하는 의무를 진다.

③ ○

> 동법 제26조(주민에 대한 정보공개)
> ① 지방자치단체는 사무처리의 투명성을 높이기 위하여 「공공기관의 정보공개에 관한 법률」에서 정하는 바에 따라 지방의회의 의정활동, 집행기관의 조직, 재무 등 지방자치에 관한 정보(지방자치정보)를 주민에게 공개하여야 한다.

④ ✗ 지방자치단체장이 아닌 행정안전부장관은 지방자치정보를 주민에게 제공하기 위한 정보공개시스템을 구축·운영할 수 있다.

> 동법 제26조(주민에 대한 정보공개)
> ② 행정안전부장관은 주민의 지방자치정보에 대한 접근성을 높이기 위하여 이 법 또는 다른 법령에 따라 공개된 지방자치정보를 체계적으로 수집하고 주민에게 제공하기 위한 정보공개시스템을 구축·운영할 수 있다.

정답 ④

20

다음 제시문에서 밑줄 친 포괄보조금은 의존재원 중 어느 것에 해당하는가?

> 지방자치분권 및 지역균형발전에 관한 특별법 제86조(포괄보조금의 지원) ① 정부는 지역자율계정의 세출예산을 편성할 때 대통령령으로 정하는 바에 따라 각 시·도 및 시·군·구별로 세출예산의 용도를 포괄적으로 정한 보조금(포괄보조금)으로 편성하여 지원한다.

① 지방교부세
② 특별회계보조금
③ 조정교부금
④ 지역상생발전기금

20

② ○ 포괄보조금은 지역균형발전특별회계에 따라 지원되는 특별회계보조금이다. 특별회계보조금은 중앙부처별로 흩어져 추진되던 지역개발 및 균형발전과 관련한 국고보조금사업을 통합하고, 운영에 있어 지방의 자율성과 결정권을 제고하기 위하여 도입되었다.

> 지방자치분권 및 지역균형발전에 관한 특별법 제74조(지역균형발전특별회계의 설치)
> 지방시대 종합계획 및 지역균형발전시책 지원 관련 사업을 효율적으로 추진하기 위하여 지역균형발전특별회계를 설치한다.
>
> 동법 제76조(계정의 구분)
> 회계는 지역자율계정, 지역지원계정, 제주특별자치도계정 및 세종특별자치시계정으로 구분한다.
>
> 동법 제86조(포괄보조금의 지원)
> ① 정부는 지역자율계정의 세출예산을 편성할 때 대통령령으로 정하는 바에 따라 각 시·도 및 시·군·구별로 세출예산의 용도를 포괄적으로 정한 보조금(포괄보조금)으로 편성하여 지원한다.

정답 ②

제 06회 실전 모의고사

| 01 | ② | 02 | ③ | 03 | ③ | 04 | ② | 05 | ② | 06 | ② | 07 | ④ | 08 | ① | 09 | ④ | 10 | ② |
| 11 | ② | 12 | ② | 13 | ③ | 14 | ② | 15 | ② | 16 | ③ | 17 | ④ | 18 | ① | 19 | ① | 20 | ② |

01

「지방자치법」상 지방자치단체의 사무처리 기본원칙에 대한 설명으로 옳지 않은 것은?

① 지방자치단체는 사무를 처리할 때 주민의 편의와 복리증진을 위하여 노력하여야 한다.
② 지방자치단체는 조직과 운영을 합리적으로 하고 규모를 최소화하여야 한다.
③ 지방자치단체는 법령을 위반하여 사무를 처리할 수 없다.
④ 시·군 및 자치구는 해당 구역을 관할하는 시·도의 조례를 위반하여 사무를 처리할 수 없다.

01

① ○

> 지방자치법 제12조(사무처리의 기본원칙)
> ① 지방자치단체는 사무를 처리할 때 주민의 편의와 복리증진을 위하여 노력하여야 한다.

② ✗ 지방자치법에 따르면 지방자치단체는 규모를 최소화하는 것이 아니라 적절하게 유지하여야 한다는 기본원칙을 따라야 한다.

> 동법 제12조(사무처리의 기본원칙)
> ② 지방자치단체는 조직과 운영을 합리적으로 하고 규모를 적절하게 유지하여야 한다.

③ ○

> 동법 제12조(사무처리의 기본원칙)
> ③ 지방자치단체는 법령을 위반하여 사무를 처리할 수 없으며, 시·군 및 자치구는 해당 구역을 관할하는 시·도의 조례를 위반하여 사무를 처리할 수 없다.

④ ○

> 동법 제12조(사무처리의 기본원칙)
> ③ 지방자치단체는 법령을 위반하여 사무를 처리할 수 없으며, 시·군 및 자치구는 해당 구역을 관할하는 시·도의 조례를 위반하여 사무를 처리할 수 없다.

정답 ②

02

「지방자치법」상 주민감사청구에 대한 설명으로 옳은 것은?

ㄱ. 주무부장관이나 시·도지사는 주민감사청구를 받으면 청구를 받은 날부터 10일 이내에 그 내용을 공표하여야 한다.
ㄴ. 주무부장관이나 시·도지사는 주민이 감사를 청구한 사항이 다른 기관에서 감사 중인 사항이면 그 기관에서 감사 중인 사실과 감사가 끝난 후 그 결과를 알리겠다는 사실을 청구인의 대표자와 해당 기관에 지체 없이 알려야 한다.
ㄷ. 시·도의 경우에는 행정안전부장관에게, 시·군 및 자치구의 경우에는 시·도지사에게 감사를 청구하여야 한다.
ㄹ. 동일한 사항에 대하여 주민소송이 진행 중이거나 그 판결이 확정된 사항은 감사 청구의 대상에서 제외한다.

① ㄱ, ㄴ   ② ㄴ, ㄷ   ③ ㄴ, ㄹ   ④ ㄷ, ㄹ

02

ㄱ. ✗ 감사청구를 받은 날부터 10일 이내가 아닌 5일 이내에 해당 내용을 공표해야 한다.

> 지방자치법 제21조(주민의 감사 청구)
> ⑤ 주무부장관이나 시·도지사는 제1항에 따른 청구를 받으면 청구를 받은 날부터 5일 이내에 그 내용을 공표하여야 하며, 청구를 공표한 날부터 10일간 청구인명부나 그 사본을 공개된 장소에 갖추어 두어 열람할 수 있도록 하여야 한다.

ㄴ. ○

> 동법 제21조(주민의 감사 청구)
> ⑩ 주무부장관이나 시·도지사는 주민이 감사를 청구한 사항이 다른 기관에서 이미 감사한 사항이거나 감사 중인 사항이면 그 기관에서 한 감사 결과 또는 감사 중인 사실과 감사가 끝난 후 그 결과를 알리겠다는 사실을 청구인의 대표자와 해당 기관에 지체 없이 알려야 한다.

ㄷ. ✗ 시·도의 경우에는 행정안전부장관이 아니라 주무부장관에게 감사를 청구할 수 있다.

> 동법 제21조(주민의 감사 청구)
> ① … 시·도의 경우에는 주무부장관에게, 시·군 및 자치구의 경우에는 시·도지사에게 감사를 청구할 수 있다.

ㄹ. ○

> 동법 제21조(주민의 감사 청구)
> ② 다음 각 호의 사항은 감사 청구의 대상에서 제외한다.
>   4. 동일한 사항에 대하여 제22조제2항 각 호의 어느 하나에 해당하는 소송(주민소송)이 진행 중이거나 그 판결이 확정된 사항

정답 ③

03

티부 가설(Tiebout Hypothesis)에 대한 설명으로 옳지 않은 것은?

① 지역의 주민들은 소비자 유권자(consumer-voters)로서 더 나은 공공서비스를 제공하는 지역을 선택하여 이동한다고 본다.
② 비용 문제나 정치적 변수에 따라 지역 선택이 불가능한 경우가 많다는 점에서 비판을 받기도 한다.
③ 고용 기회가 거주지 결정에 영향을 준다고 가정한다.
④ 공공서비스 공급에서 지역 간의 외부경제와 외부불경제는 존재하지 않는다.

03

① ○ 주민들이 직접 발로 이동하면서 자신의 선호에 맞는 공공서비스를 제공하는 지역을 선택한다고 보는 것이 티부 가설이다.
② ○ 지역 이동을 가로막는 현실적인 문제들이 존재한다는 점에서 티부의 모형은 이념형에 불과하다는 비판을 받기도 한다.
③ × 고용 기회 때문에 거주지가 결정된다면 현재의 지방자치단체가 마음에 들지 않아도 그대로 머물러 있어야 한다. 따라서 자유로운 이동을 위해서는 고용 기회가 거주지 결정에 영향을 주지 않아야 한다. 이에 따라 티부 가설에서는 근로소득이 아닌 배당금으로 생계를 유지한다고 본다.
④ ○ 공공서비스 공급에 있어서 외부효과나 파급효과가 발생하지 않아야 직접 이동을 하기 위한 동기가 충족될 수 있다.

정답 ③

04

「지방자치법」상 지방의회에 대한 설명으로 옳은 것을 모두 고르면?

ㄱ. 다른 교섭단체에 속하지 아니하는 의원 중 조례로 정하는 수 이상의 의원은 따로 교섭단체를 구성할 수 있다.
ㄴ. 폐회 중에 지방자치단체의 장은 위원회의 개회를 요구할 수 없다.
ㄷ. 지방의회는 조례로 정하는 바에 따라 위원회를 둘 수 있으며, 위원회의 위원은 본회의에서 선임한다.
ㄹ. 위원회에는 위원장과 위원의 자치입법활동을 지원하기 위하여 지방의회의원 중에서 전문위원을 임명한다.

① ㄱ, ㄴ ② ㄱ, ㄷ ③ ㄴ, ㄷ ④ ㄷ, ㄹ

04

ㄱ. ○

> **지방자치법 제63조의2(교섭단체)**
> ① 지방의회에 교섭단체를 둘 수 있다. 이 경우 조례로 정하는 수 이상의 소속의원을 가진 정당은 하나의 교섭단체가 된다.
> ② 제1항 후단에도 불구하고 다른 교섭단체에 속하지 아니하는 의원 중 조례로 정하는 수 이상의 의원은 따로 교섭단체를 구성할 수 있다.

ㄴ. × 폐회 중에는 지방자치단체의 장도 위원회 개회를 요구할 수 있다.

> **동법 제70조(위원회의 개회)**
> ② 폐회 중에는 지방자치단체의 장도 지방의회의 의장 또는 위원장에게 이유서를 붙여 위원회 개회를 요구할 수 있다.

ㄷ. ○

> **동법 제64조(위원회의 설치)**
> ① 지방의회는 조례로 정하는 바에 따라 위원회를 둘 수 있다.
> ③ 위원회의 위원은 본회의에서 선임한다.

ㄹ. × 전문위원이란 지방의회의원이 아닌 사람 중에서 입법활동과 관련된 전문지식을 가진 자를 의미한다.

> **동법 제68조(전문위원)**
> ① 위원회에는 위원장과 위원의 자치입법활동을 지원하기 위하여 지방의회의원이 아닌 전문지식을 가진 위원(전문위원)을 둔다.

정답 ②

05

자치경찰제에 대한 내용으로 옳지 않은 것은?

① 시·도자치경찰위원회는 위원장 1명을 포함한 7명의 위원으로 구성한다.
② 시·도자치경찰위원회 위원장은 위원 중에서 호선한다.
③ 자치경찰사무의 수행에 필요한 예산은 시·도자치경찰위원회의 심의·의결을 거쳐 시·도지사가 수립한다.
④ 시·도에 2개의 시·도경찰청을 두는 경우 시·도지사 소속으로 2개의 시·도자치경찰위원회를 둘 수 있다.

05

① ○

> **경찰법 제19조(시·도자치경찰위원회의 구성)**
> ① 시·도자치경찰위원회는 위원장 1명을 포함한 7명의 위원으로 구성하되, 위원장과 1명의 위원은 상임으로 하고, 5명의 위원은 비상임으로 한다.

② ✕ 자치경찰위원회 위원장은 호선하는 것이 아니라 시도지사가 임명한다.

> **동법 제20조(시·도자치경찰위원회 위원의 임명 및 결격사유)**
> ③ 시·도자치경찰위원회 위원장은 위원 중에서 시·도지사가 임명하고, 상임위원은 시·도자치경찰위원회의 의결을 거쳐 위원 중에서 위원장의 제청으로 시·도지사가 임명한다. 이 경우 위원장과 상임위원은 지방자치단체의 공무원으로 한다.

③ ○

> **동법 제35조(예산)**
> ① 자치경찰사무의 수행에 필요한 예산은 시·도자치경찰위원회의 심의·의결을 거쳐 시·도지사가 수립한다. 이 경우 시·도자치경찰위원회는 경찰청장의 의견을 들어야 한다.

④ ○

> **동법 제18조(시·도자치경찰위원회의 설치)**
> ① 자치경찰사무를 관장하게 하기 위하여 특별시장·광역시장·특별자치시장·도지사·특별자치도지사(시·도지사) 소속으로 시·도자치경찰위원회를 둔다. 다만, 제13조 후단에 따라 시·도에 2개의 시·도경찰청을 두는 경우 시·도지사 소속으로 2개의 시·도자치경찰위원회를 둘 수 있다.

정답 ②

06

「지방자치법」상 재정 운영의 기본원칙에 대한 설명으로 옳지 않은 것은?

① 지방자치단체의 장은 따로 법률로 정하는 바에 따라 지방자치단체의 채무부담의 원인이 될 계약의 체결이나 그 밖의 행위를 할 수 있다.
② 국가는 공공기관을 이전하는 위치를 선정할 경우 지방자치단체의 재정적 부담을 입지 적합성의 선정항목으로 이용할 수 있다.
③ 지방자치단체는 법령이나 조례의 규정에 따르거나 지방의회의 의결을 받지 아니하고는 채권에 관하여 채무를 면제하거나 그 효력을 변경할 수 없다.
④ 지방자치단체가 국가시책을 달성하기 위하여 필요한 경비의 국고보조율과 지방비부담률은 법령으로 정한다.

06

① ○

> **지방자치법 제139조(지방채무 및 지방채권의 관리)**
> ② 지방자치단체의 장은 따로 법률로 정하는 바에 따라 지방자치단체의 채무부담의 원인이 될 계약의 체결이나 그 밖의 행위를 할 수 있다.

② ✕ 국가는 공공기관을 이전하는 위치를 선정할 경우 지방자치단체의 재정적 부담을 입지 선정의 조건으로 하거나 입지 적합성의 선정항목으로 이용해서는 아니 된다.

> **동법 제137조(건전재정의 운영)**
> ③ 국가는 다음 각 호의 어느 하나에 해당하는 기관의 신설·확장·이전·운영과 관련된 비용을 지방자치단체에 부담시켜서는 아니 된다.
>   1. 「정부조직법」과 다른 법률에 따라 설치된 국가행정기관 및 그 소속 기관
>   2. 「공공기관의 운영에 관한 법률」 제4조에 따른 공공기관
>   3. 국가가 출자·출연한 기관(재단법인, 사단법인 등을 포함한다)
>   4. 국가가 설립·조성·관리하는 시설 또는 단지 등을 지원하기 위하여 설치된 기관(재단법인, 사단법인 등을 포함한다)
> ④ 국가는 제3항 각 호의 기관을 신설하거나 확장하거나 이전하는 위치를 선정할 경우 지방자치단체의 재정적 부담을 입지 선정의 조건으로 하거나 입지 적합성의 선정항목으로 이용해서는 아니 된다.

③ ○

> **동법 제139조(지방채무 및 지방채권의 관리)**
> ⑤ 지방자치단체는 법령이나 조례의 규정에 따르거나 지방의회의 의결을 받지 아니하고는 채권에 관하여 채무를 면제하거나 그 효력을 변경할 수 없다.

④ ○

> **동법 제138조(국가시책의 구현)**
> ② 제1항에 따라 국가시책을 달성하기 위하여 필요한 경비의 국고보조율과 지방비부담률은 법령으로 정한다.

정답 ②

07

「주민투표법」상 주민투표에 대한 설명으로 옳지 않은 것은?

① 투표운동기간은 주민투표일 전 21일부터 주민투표일 전날까지로 하며, 공무원은 투표운동을 할 수 없다.
② 관할선거관리위원회는 개표가 끝나면 지체 없이 그 결과를 공표한 후 지방자치단체의 장에게 통지하여야 한다.
③ 지방자치단체의 장은 천재·지변 및 그 밖에 부득이한 사유로 인하여 투표를 실시할 수 없거나 실시하지 못한 때에는 관할선거관리위원회와 협의하여 투표를 연기하거나 다시 투표일을 지정하여야 한다.
④ 주민투표에 관한 주요 사항을 심의하기 위하여 지방자치단체의 장 소속으로 두는 주민투표청구심의회의 의장은 지방자치단체의 장이 된다.

07

① ○

주민투표법 제21조(투표운동기간 및 투표운동을 할 수 없는 자)
① 투표운동기간은 주민투표일 전 21일부터 주민투표일 전날까지로 한다.
② 다음 각 호의 어느 하나에 해당하는 자는 투표운동을 할 수 없다.
 1. 주민투표권이 없는 자
 2. 공무원(그 지방의회의 의원을 제외한다)

② ○

동법 제24조(주민투표결과의 확정)
③ 관할선거관리위원회는 개표가 끝나면 지체 없이 그 결과를 공표한 후 지방자치단체의 장에게 통지하여야 한다.

③ ○

동법 제26조(재투표 및 투표연기)
③ 지방자치단체의 장은 천재·지변 및 그 밖에 부득이한 사유로 인하여 투표를 실시할 수 없거나 실시하지 못한 때에는 관할선거관리위원회와 협의하여 투표를 연기하거나 다시 투표일을 지정하여야 한다.

④ × 주민투표청구심의회의 의장은 지방자치단체장이 아닌 부단체장이 된다.

동법 제12조의2(주민투표청구심의회)
① 제9조에 따른 주민투표에 관한 다음 각 호의 사항을 심의하기 위하여 지방자치단체의 장 소속으로 주민투표청구심의회를 둔다.
② 심의회의 의장은 시·도의 부시장·부지사, 시·군·구의 부시장·부군수·부구청장(부단체장)이 된다. 이 경우 부단체장이 2명 이상인 경우에는 해당 지방자치단체의 장이 지명하는 사람이 된다.

정답 ④

08

「지방자치법」상 지방자치단체장에 대한 설명으로 옳지 않은 것은?

① 지방자치단체를 폐치분합하여 새로 시·도지사를 선출하여야 하는 경우 그 시·도지사가 선출될 때까지 국무총리가 그 직무를 대행할 사람을 지정하여야 한다.
② 지방자치단체장이 제출한 사임통지서에 적힌 사임일까지 지방의회의 의장에게 사임통지가 되지 아니하면 지방의회의 의장에게 사임통지가 된 날에 사임한다.
③ 지방자치단체장은 재임 중 그 지방자치단체와 영리를 목적으로 하는 거래를 하거나 그 지방자치단체와 관계있는 영리사업에 종사할 수 없다.
④ 「지방자치법」 규정한 사항 외에 지방자치단체장의 직 인수위원회의 구성·운영 및 인력·예산 지원 등에 필요한 사항은 해당 지방자치단체의 조례로 정한다.

08

① × 폐치분합시 광역자치단체의 경우 국무총리가 아닌 행정안전부장관이 지방자치단체장의 직무를 대행할 사람을 지정해야 한다.

지방자치법 제110조(지방자치단체의 폐지·설치·분리·합병과 지방자치단체의 장)
지방자치단체를 폐지하거나 설치하거나 나누거나 합쳐 새로 지방자치단체의 장을 선출하여야 하는 경우에는 그 지방자치단체의 장이 선출될 때까지 시·도지사는 행정안전부장관이, 시장·군수 및 자치구의 구청장은 시·도지사가 각각 그 직무를 대행할 사람을 지정하여야 한다.

② ○

동법 제111조(지방자치단체의 장의 사임)
② 지방자치단체의 장은 사임통지서에 적힌 사임일에 사임한다. 다만, 사임통지서에 적힌 사임일까지 지방의회의 의장에게 사임통지가 되지 아니하면 지방의회의 의장에게 사임통지가 된 날에 사임한다.

③ ○

동법 제109조(겸임 등의 제한)
② 지방자치단체의 장은 재임 중 그 지방자치단체와 영리를 목적으로 하는 거래를 하거나 그 지방자치단체와 관계있는 영리사업에 종사할 수 없다.

④ ○

동법 제105조(지방자치단체의 장의 직 인수위원회)
⑩ 제1항부터 제9항까지에서 규정한 사항 외에 인수위원회의 구성·운영 및 인력·예산 지원 등에 필요한 사항은 해당 지방자치단체의 조례로 정한다.

정답 ①

09

지방재정조정제도의 기능으로 옳지 않은 것은?

① 지방정부 간 재정격차의 조정
② 전국 단위 행정서비스의 통일성과 일관성의 유지
③ 행정서비스 제공의 효율성 증대
④ 긍정적 외부효과를 유발하는 공공재의 감소 유도

09

④ ✗ 공공서비스의 긍정적 외부효과가 발생하는 경우, 해당 지방정부는 편익을 받는 이웃 지방정부의 비용까지 부담해야 하는 것으로 인식하여 서비스의 공급을 줄일 수 있다. 이러한 상황에서 중앙정부의 재정지원은 지방정부로 하여금 긍정적인 외부효과를 유발하는 공공재의 생산을 유도하거나 지속하게 할 수 있다. 즉 지방재정조정제도는 긍정적 외부효과를 유발하는 공공재의 감소가 아닌 적극적인 생산을 유도하는 기능을 한다.

정답 ④

10

「지방교부세법」상 특별교부세에 대한 설명으로 옳지 않은 것은?

① 행정안전부장관이 필요하다고 인정하는 경우에는 신청이 없는 경우에도 특별교부세를 교부할 수 있다.
② 기준재정수요액의 산정방법으로는 파악할 수 없는 지역 현안에 대한 특별한 재정수요가 있는 경우 특별교부세 재원의 100분의 50에 해당하는 금액을 교부할 수 있다.
③ 국가적 장려사업 등 특별한 재정수요가 있을 경우 특별교부세 재원의 100분의 10에 해당하는 금액을 교부할 수 있다.
④ 행정안전부장관은 특별교부세를 교부하는 경우 민간에 지원하는 보조사업에 대하여는 교부할 수 없다.

10

① ○

> **지방교부세법 제9조(특별교부세의 교부)**
> ② 행정안전부장관은 지방자치단체의 장이 제1항 각 호에 따른 특별교부세의 교부를 신청하는 경우에는 이를 심사하여 특별교부세를 교부한다. 다만, 행정안전부장관이 필요하다고 인정하는 경우에는 신청이 없는 경우에도 일정한 기준을 정하여 특별교부세를 교부할 수 있다.

② ✗ 기준재정수요액의 산정방법으로는 파악할 수 없는 지역 현안에 대한 특별한 재정수요가 있는 경우, 특별교부세 재원의 100분의 40에 해당하는 금액을 교부할 수 있다. 100분의 50에 해당하는 금액은 재난 복구와 같은 특별한 재정수입이 필요한 경우이다.

> **동법 제9조(특별교부세의 교부)**
> ① 특별교부세는 다음 각 호의 구분에 따라 교부한다.
> 1. 기준재정수요액의 산정방법으로는 파악할 수 없는 지역 현안에 대한 특별한 재정수요가 있는 경우: 특별교부세 재원의 100분의 40에 해당하는 금액
> 2. 보통교부세의 산정기일 후에 발생한 재난을 복구하거나 재난 및 안전관리를 위한 특별한 재정수요가 생기거나 재정수입이 감소한 경우: 특별교부세 재원의 100분의 50에 해당하는 금액
> 3. 국가적 장려사업, 국가와 지방자치단체 간에 시급한 협력이 필요한 사업, 지역 역점시책 또는 지방행정 및 재정운용 실적이 우수한 지방자치단체에 재정 지원 등 특별한 재정수요가 있을 경우: 특별교부세 재원의 100분의 10에 해당하는 금액

③ ○ 국가적 장려사업이나 국가와 자치단체 간 시급한 협력이 필요한 사업의 경우 특별교부세 재원의 100분의 10을 교부할 수 있다.

④ ○

> **동법 제9조(특별교부세의 교부)**
> ⑥ 행정안전부장관은 제1항에 따른 특별교부세를 교부하는 경우 민간에 지원하는 보조사업에 대하여는 교부할 수 없다.

정답 ②

11

현행 우리나라 지방자치에 대한 규정으로 옳지 않은 것은?

① 지방자치단체의 종류는 법률로 정한다.
② 법률에 근거하여 지방자치단체에 의회를 둔다.
③ 지방자치단체는 주민의 복리에 관한 사무를 처리하고 재산을 관리한다.
④ 지방의회의 조직·권한·의원선거에 관한 세부사항은 법률로 정한다.

11

① ○

> **헌법 제117조**
> ② 지방자치단체의 종류는 법률로 정한다.

② ✕ 법률이 아닌 **헌법**에 근거하여 지방자치단체에 의회를 둔다.

> **헌법 제118조**
> ① 지방자치단체에 의회를 둔다.

③ ○

> **헌법 제117조**
> ① 지방자치단체는 주민의 복리에 관한 사무를 처리하고 재산을 관리하며, 법령의 범위안에서 자치에 관한 규정을 제정할 수 있다.

④ ○

> **동법 제118조**
> ② 지방의회의 조직·권한·의원선거와 지방자치단체의 장의 선임방법 기타 지방자치단체의 조직과 운영에 관한 사항은 법률로 정한다.

정답 ②

12

「지방자치법」상 매립지에 대한 설명으로 옳지 않은 것은?

① 매립면허관청 또는 관련 지방자치단체의 장은 준공검사를 하기 전에 해당 지역의 위치, 귀속희망 지방자치단체 등을 명시하여 행정안전부장관에게 그 지역이 속할 지방자치단체의 결정을 신청하여야 한다.
② 신청내용에 대하여 이의가 제기되지 아니한 경우 지방자치단체중앙분쟁조정위원회의 심의·의결을 거쳐 신청내용에 따라 매립지가 속할 지방자치단체를 결정한다.
③ 관계 지방자치단체의 장은 행정안전부장관의 결정에 이의가 있으면 그 결과를 통보받은 날부터 15일 이내에 대법원에 소송을 제기할 수 있다.
④ 행정안전부장관은 같은 시·도 안에 있는 관계 시·군 및 자치구 상호 간 매립지 조성 비용 및 관리 비용 부담 등에 관한 조정이 필요한 경우 당사자의 신청 또는 직권으로 지방자치단체중앙분쟁조정위원회의 심의·의결에 따라 조정할 수 있다.

12

① ○

> **지방자치법 제5조(지방자치단체의 명칭과 구역)**
> ⑤ 매립면허관청 또는 관련 지방자치단체의 장이 준공검사를 하기 전에 해당 지역의 위치, 귀속희망 지방자치단체 등을 명시하여 행정안전부장관에게 그 지역이 속할 지방자치단체의 결정을 신청하여야 한다.

② ✕ 매립지 결정 신청에 대한 이의제기가 기간 내에 없을 경우, 행정안전부장관은 **지방자치단체중앙분쟁조정위원회를 거치지 아니하고** 매립지가 속할 지방자치단체를 결정한다.

> **동법 제5조(지방자치단체의 명칭과 구역)**
> ⑦ 행정안전부장관은 제6항에 따른 기간이 끝나면 다음 각 호에서 정하는 바에 따라 **결정**하고, 그 결과를 면허관청이나 지적소관청, 관계 지방자치단체의 장 등에게 **통보하고 공고**하여야 한다.
> 1. 제6항에 따른 기간 내에 신청내용에 대하여 이의가 제기된 경우: 지방자치단체중앙분쟁조정위원회의 심의·의결에 따라 제4항 각 호의 지역이 속할 지방자치단체를 결정
> 2. 제6항에 따른 **기간 내에 신청내용에 대하여 이의가 제기되지 아니한 경우: 위원회의 심의·의결을 거치지 아니하고** 신청내용에 따라 제4항 각 호의 지역이 **속할 지방자치단체를 결정**

③ ○

> **동법 제5조(지방자치단체의 명칭과 구역)**
> ⑨ 관계 지방자치단체의 장은 … 행정안전부장관의 결정에 이의가 있으면 그 결과를 통보받은 날부터 15일 이내에 대법원에 소송을 제기할 수 있다.

④ ○

> **동법 제5조(지방자치단체의 명칭과 구역)**
> ⑪ 행정안전부장관은 … 같은 시·도 안에 있는 관계 시·군 및 자치구 상호 간 매립지 조성 비용 및 관리 비용 부담 등에 관한 조정이 필요한 경우 … 당사자의 신청 또는 직권으로 지방자치단체중앙분쟁조정위원회의 심의·의결에 따라 조정할 수 있다.

정답 ②

13

「지방자치법」상 지방자치단체 상호 간의 분쟁조정에 대한 설명으로 옳지 않은 것은?

① 행정안전부장관이나 시·도지사가 지방자치단체 상호 간의 분쟁을 조정하려는 경우에는 관계 중앙행정기관의 장과의 협의를 거쳐 지방자치단체중앙분쟁조정위원회나 지방자치단체지방분쟁조정위원회의 의결에 따라 조정을 결정하여야 한다.
② 지방자치단체중앙분쟁조정위원회는 시·도와 지방자치단체조합 간의 분쟁을 심의·의결한다.
③ 분쟁조정위원회는 위원장을 포함한 위원 11명 이상의 출석으로 개의하고, 출석위원 3분의 2 이상의 찬성으로 의결한다.
④ 행정안전부장관이나 시·도지사는 조정 결정 사항이 성실히 이행되지 아니하면 그 지방자치단체에 대하여 직무이행명령을 준용하여 이행하게 할 수 있다.

13

① ○

> **지방자치법 제165조(지방자치단체 상호 간의 분쟁조정)**
> ③ 행정안전부장관이나 시·도지사가 제1항의 분쟁을 조정하려는 경우에는 관계 중앙행정기관의 장과의 협의를 거쳐 제166조에 따른 지방자치단체중앙분쟁조정위원회나 지방자치단체지방분쟁조정위원회의 의결에 따라 조정을 결정하여야 한다.

② ○

> **동법 제166조(지방자치단체중앙분쟁조정위원회 등의 설치와 구성 등)**
> ② 중앙분쟁조정위원회는 다음 각 호의 분쟁을 심의·의결한다.
> 1. 시·도 간 또는 그 장 간의 분쟁
> 2. 시·도를 달리하는 시·군 및 자치구 간 또는 그 장 간의 분쟁
> 3. 시·도와 시·군 및 자치구 간 또는 그 장 간의 분쟁
> 4. 시·도와 지방자치단체조합 간 또는 그 장 간의 분쟁
> 5. 시·도를 달리하는 시·군 및 자치구와 지방자치단체조합 간 또는 그 장 간의 분쟁
> 6. 시·도를 달리하는 지방자치단체조합 간 또는 그 장 간의 분쟁

③ × 분쟁조정위원회는 위원 11명 이상의 출석이 아닌 7명 이상의 출석으로 개의한다.

> **동법 제167조(분쟁조정위원회의 운영 등)**
> ① 분쟁조정위원회는 위원장을 포함한 위원 7명 이상의 출석으로 개의하고, 출석위원 3분의 2 이상의 찬성으로 의결한다.

④ ○

> **동법 제165조(지방자치단체 상호 간의 분쟁조정)**
> ⑦ 행정안전부장관이나 시·도지사는 제4항부터 제6항까지의 규정에 따른 조정 결정 사항이 성실히 이행되지 아니하면 그 지방자치단체에 대하여 제189조(직무이행명령)를 준용하여 이행하게 할 수 있다.

정답 ③

14

「지방자치법」상 지방의회의원에 대한 설명으로 옳지 않은 것은?

① 지방의회의원이 당선 전부터 겸직이 허용되는 직을 가진 경우에는 임기 개시 후 1개월 이내에 지방의회의 의장에게 서면으로 신고하여야 한다.
② 지방의회의원은 소관 상임위원회의 직무와 관련된 영리행위를 할 수 없으며, 그 범위는 대통령령으로 정한다.
③ 지방의회의원이 해당 지방자치단체가 출자한 기관의 상근직원이 되었음에도 불구하고 그 직을 사임하지 아니할 때 지방의회의 의장은 그 겸한 직을 사임할 것을 권고하여야 한다.
④ 지방의회는 지방의회의원이 준수하여야 할 지방의회의원의 윤리강령과 윤리실천규범을 조례로 정하여야 한다.

14

① ○

> **지방자치법 제43조(겸직 등 금지)**
> ③ 지방의회의원이 당선 전부터 제1항 각 호의 직을 제외한 다른 직을 가진 경우에는 임기 개시 후 1개월 이내에, 임기 중 그 다른 직에 취임한 경우에는 취임 후 15일 이내에 지방의회의 의장에게 서면으로 신고하여야 하며, 그 방법과 절차는 해당 지방자치단체의 조례로 정한다.

② × 소관 상임위원회의 직무와 관련된 영리행위의 범위는 대통령령이 아닌 해당 지방자치단체의 조례로 정한다.

> **동법 제44조(의원의 의무)**
> ⑤ 지방의회의원은 소관 상임위원회의 직무와 관련된 영리행위를 할 수 없으며, 그 범위는 해당 지방자치단체의 조례로 정한다.

③ ○

> **동법 제43조(겸직 등 금지)**
> ⑤ 지방의회의원이 다음 각 호의 기관·단체 및 그 기관·단체가 설립·운영하는 시설의 대표, 임원, 상근직원 또는 그 소속 위원회의 위원이 된 경우에는 그 겸한 직을 사임하여야 한다.
> 1. 해당 지방자치단체가 출자·출연(재출자·재출연을 포함한다)한 기관·단체
> ⑥ 지방의회의 의장은 지방의회의원이 다음 각 호의 어느 하나에 해당하는 경우에는 그 겸한 직을 사임할 것을 권고하여야 한다. 이 경우 지방의회의 의장은 제66조에 따른 윤리심사자문위원회의 의견을 들어야 하며 그 의견을 존중하여야 한다.
> 1. 제5항에 해당하는 데도 불구하고 겸한 직을 사임하지 아니할 때

④ ○

> **동법 제46조(지방의회의 의무 등)**
> ① 지방의회는 지방의회의원이 준수하여야 할 지방의회의원의 윤리강령과 윤리실천규범을 조례로 정하여야 한다.

정답 ②

15

「지방재정법」상 지방자치단체의 예산에 대한 설명으로 옳지 않은 것은?

① 지방자치단체는 완성하기까지 여러 해가 걸리는 공사 중 중단 없이 이행하여야 하는 사업의 예산은 특별한 사유가 없으면 계속비로 편성하여야 한다.
② 지방자치단체의 장은 지방의회를 소집할 시간적 여유가 없을 때에는 재난 복구를 위하여 시급히 추진할 필요가 있는 사업으로서 지방자치단체의 채무부담의 원인이 될 계약 중 총사업비가 30억원 이하의 범위에서 조례로 정하는 금액 이하인 계약을 지방의회의 의결을 거치지 아니하고 체결할 수 있다.
③ 지방자치단체의 세출예산 주요항목은 분야·부문·정책사업으로 구분하고, 세부항목은 단위사업·세부사업·목으로 구분한다.
④ 시·도의 경우 국가로부터, 시·군 및 자치구의 경우 국가 또는 시·도로부터 그 용도가 지정되고 소요 전액이 교부된 경비는 추가경정예산의 성립 전에 사용할 수 있다.

15

① ○

> **지방재정법 제42조(계속비 등)**
> ③ 지방자치단체는 완성하기까지 여러 해가 걸리는 공사 중 다음 각 호의 어느 하나에 해당하는 사업의 예산은 특별한 사유가 없으면 계속비로 편성하여야 한다.
> 1. 시급하게 추진하여야 하는 사업으로서 「재난 및 안전관리 기본법」 제3조제1호의 재난복구사업
> 2. 중단 없이 이행하여야 하는 사업

② × 지방자치단체장이 지방의회 의결 없이 체결할 수 있는 채무부담행위 관련 계약은 총사업비가 30억원 이하가 아닌 10억원 이하의 범위이다.

> **동법 제44조(채무부담행위)**
> ② 지방자치단체의 장은 제1항에도 불구하고 지방의회를 소집할 시간적 여유가 없을 때에는 재난 복구를 위하여 시급히 추진할 필요가 있는 사업으로서 지방자치단체의 채무부담의 원인이 될 계약 중 총사업비가 10억원 이하의 범위에서 조례로 정하는 금액 이하인 계약을 지방의회의 의결을 거치지 아니하고 체결할 수 있다.

③ ○

> **동법 제41조(예산의 과목 구분)**
> ② 지방자치단체의 세출예산은 그 내용의 기능별·사업별 또는 성질별로 주요항목 및 세부항목으로 구분한다. 이 경우 주요항목은 분야·부문·정책사업으로 구분하고, 세부항목은 단위사업·세부사업·목으로 구분한다.

④ ○

> **동법 제45조(추가경정예산의 편성 등)**
> 지방자치단체의 장은 이미 성립된 예산을 변경할 필요가 있을 때에는 추가경정예산을 편성할 수 있다. 다만, 다음 각 호의 경비는 추가경정예산의 성립 전에 사용할 수 있으며, 이는 같은 회계연도의 차기 추가경정예산에 계상하여야 한다.
> 1. 시·도의 경우 국가로부터, 시·군 및 자치구의 경우 국가 또는 시·도로부터 그 용도가 지정되고 소요 전액이 교부된 경비
> 2. 시·도의 경우 국가로부터, 시·군 및 자치구의 경우 국가 또는 시·도로부터 재난구호 및 복구와 관련하여 복구계획이 확정·통보된 경우 그 소요 경비

정답 ②

16

「지방자치법」상 지방의회 의결의 재의와 제소에 대한 설명으로 옳지 않은 것은?

① 지방의회의 의결이 법령에 위반되거나 공익을 현저히 해친다고 판단되면 시·도에 대해서는 주무부장관이, 시·군 및 자치구에 대해서는 시·도지사가 해당 지방자치단체의 장에게 재의를 요구하게 할 수 있다.
② 시·군 및 자치구의회의 의결이 법령에 위반된다고 판단됨에도 불구하고 시·도지사가 재의를 요구하게 하지 아니한 경우 주무부장관이 직접 시장·군수 및 자치구의 구청장에게 재의를 요구하게 할 수 있다.
③ 지방의회의 의결이 법령에 위반된다고 판단되어 주무부장관이나 시·도지사로부터 재의 요구 지시를 받은 해당 지방자치단체의 장이 재의를 요구하지 아니하는 경우 주무부장관이나 시·도지사가 직접 재의를 요구할 수 있다.
④ 지방의회의 의결이나 재의결된 사항이 둘 이상의 부처와 관련되거나 주무부장관이 불분명하면 행정안전부장관이 재의 요구 또는 제소를 지시하거나 직접 제소 및 집행정지 결정을 신청할 수 있다.

16

① ○

> **지방자치법 제192조(지방의회 의결의 재의와 제소)**
> ① 지방의회의 의결이 법령에 위반되거나 공익을 현저히 해친다고 판단되면 시·도에 대해서는 주무부장관이, 시·군 및 자치구에 대해서는 시·도지사가 해당 지방자치단체의 장에게 재의를 요구하게 할 수 있고, 재의 요구 지시를 받은 지방자치단체의 장은 의결사항을 이송받은 날부터 20일 이내에 지방의회에 이유를 붙여 재의를 요구하여야 한다.

② ○

> **동법 제192조(지방의회 의결의 재의와 제소)**
> ② 시·군 및 자치구의회의 의결이 법령에 위반된다고 판단됨에도 불구하고 시·도지사가 제1항에 따라 재의를 요구하게 하지 아니한 경우 주무부장관이 직접 시장·군수 및 자치구의 구청장에게 재의를 요구하게 할 수 있고, 재의 요구 지시를 받은 시장·군수 및 자치구의 구청장은 의결사항을 이송받은 날부터 20일 이내에 지방의회에 이유를 붙여 재의를 요구하여야 한다.

③ ✕ 재의 요구 지시를 받은 자치단체장이 재의를 요구하지 않는 경우 주무부장관이나 시·도지사가 대법원에 직접 제소 및 집행정지 결정을 하는 것이지 재의 요구를 직접 하는 것은 아니다.

> **동법 제192조(지방의회 의결의 재의와 제소)**
> ⑧ 제1항 또는 제2항에 따라 지방의회의 의결이 법령에 위반된다고 판단되어 주무부장관이나 시·도지사로부터 재의 요구 지시를 받은 해당 지방자치단체의 장이 재의를 요구하지 아니하는 경우에는 주무부장관이나 시·도지사는 제1항 또는 제2항에 따른 기간이 지난 날부터 7일 이내에 대법원에 직접 제소 및 집행정지 결정을 신청할 수 있다.

④ ○

> **동법 제192조(지방의회 의결의 재의와 제소)**
> ⑨ 제1항 또는 제2항에 따른 지방의회의 의결이나 제3항에 따라 재의결된 사항이 둘 이상의 부처와 관련되거나 주무부장관이 불분명하면 행정안전부장관이 재의 요구 또는 제소를 지시하거나 직접 제소 및 집행정지 결정을 신청할 수 있다.

정답 ③

17

「지방자치법」상 전국적 협의체에 대한 설명으로 옳지 않은 것은?

① 지방자치단체의 장이나 지방의회의 의장은 전국적 협의체를 설립할 수 있다.
② 전국적 협의체는 그들 모두가 참가하는 지방자치단체 연합체를 설립할 수 있다.
③ 관계 중앙행정기관의 장은 전국적 협의체가 제출한 의견에 대하여 행정안전부장관으로부터 통보를 받은 날부터 2개월 이내에 타당성을 검토하여 결과를 통보하여야 한다.
④ 전국적 협의체의 설립신고와 운영, 그 밖에 필요한 사항은 조례로 정한다.

17

① ○

> **지방자치법 제182조(지방자치단체의 장 등의 협의체)**
> ① 지방자치단체의 장이나 지방의회의 의장은 상호 간의 교류와 협력을 증진하고, 공동의 문제를 협의하기 위하여 다음 각 호의 구분에 따라 각각 전국적 협의체를 설립할 수 있다.
> 1. 시·도지사
> 2. 시·도의회의 의장
> 3. 시장·군수 및 자치구의 구청장
> 4. 시·군 및 자치구의회의 의장

② ○

> **동법 제182조(지방자치단체의 장 등의 협의체)**
> ② 제1항 각 호의 전국적 협의체는 그들 모두가 참가하는 지방자치단체 연합체를 설립할 수 있다.

③ ○

> **동법 제182조(지방자치단체의 장 등의 협의체)**
> ⑤ 관계 중앙행정기관의 장은 제4항에 따라 통보된 내용에 대하여 통보를 받은 날부터 2개월 이내에 타당성을 검토하여 행정안전부장관에게 결과를 통보하여야 하고, 행정안전부장관은 통보받은 검토 결과를 해당 협의체나 연합체에 지체 없이 통보하여야 한다.

④ ✗ 전국적 협의체나 연합체와 관련된 구체적인 사항은 조례가 아닌 대통령령으로 정한다.

> **동법 제182조(지방자치단체의 장 등의 협의체)**
> ⑦ 제1항에 따른 협의체나 제2항에 따른 연합체의 설립신고와 운영, 그 밖에 필요한 사항은 대통령령으로 정한다.

정답 ④

18

「지방자치법」상 징계에 대한 설명으로 옳지 않은 것은?

① 지방의회의 의장은 징계대상 지방의회의원이 있어 징계 요구를 받으면 본회의에 회부한다.
② 다른 사람을 모욕한 지방의회의원에 대하여 모욕을 당한 지방의회의원이 징계를 요구하려면 징계사유를 적은 요구서를 지방의회의 의장에게 제출하여야 한다.
③ 징계의 종류 중 제명 의결에는 재적의원 3분의 2 이상의 찬성이 있어야 한다.
④ 징계에 관하여 「지방자치법」에서 정한 사항 외에 필요한 사항은 회의규칙으로 정한다.

18

① ✗ 지방의회의원에 대한 징계요구를 받으면 본회의가 아닌 윤리특별위원회에 회부한다.

> **지방자치법 제99조(징계의 요구)**
> ① 지방의회의 의장은 제98조에 따른 징계대상 지방의회의원이 있어 징계 요구를 받으면 윤리특별위원회에 회부한다.

② ○

> **동법 제99조(징계의 요구)**
> ② 제95조제1항을 위반한 지방의회의원에 대하여 모욕을 당한 지방의회의원이 징계를 요구하려면 징계사유를 적은 요구서를 지방의회의 의장에게 제출하여야 한다.

③ ○

> **동법 제100조(징계의 종류와 의결)**
> ① 징계의 종류는 다음과 같다.
> 1. 공개회의에서의 경고
> 2. 공개회의에서의 사과
> 3. 30일 이내의 출석정지
> 4. 제명
> ② 제1항제4호에 따른 제명 의결에는 재적의원 3분의 2 이상의 찬성이 있어야 한다.

④ ○

> **동법 제101조(징계에 관한 회의규칙)**
> 징계에 관하여 이 법에서 정한 사항 외에 필요한 사항은 회의규칙으로 정한다.

정답 ①

19

지방자치단체헌장(charter)에 대한 설명으로 옳지 않은 것은?

① 지방정부가 자기의 헌장을 기초하고 채택하며 수정하는 것을 인정하는 방식은 개별헌장(special charter)이다.
② 모든 지방정부가 완전히 동일한 헌장을 부여받는 제도는 일반헌장(general charter)이다.
③ 미국의 지방자치단체헌장은 지방정부에 대한 주정부의 인증서라고 볼 수 있다.
④ 지방자치단체헌장은 지방자치의 기본법으로서의 역할을 수행한다.

19

① ✗ 지방정부가 자기의 헌장을 기초하고 채택하며 수정하는 것을 인정하는 헌장은 자치헌장(홈룰제도)으로, 지방정부가 가장 광범위한 자치권을 행사할 수 있는 헌장의 종류이다. 개별헌장은 가장 오래된 헌장으로, 주의회의 특별법에 의해 자치단체에 부여된다.
② ○ 일반헌장은 모든 지방정부에 부여되는 것으로, 정치적·경제적 차이 등을 고려하지 않는다는 비판을 받는다.
③ ○ 미국의 지방자치단체헌장은 지방정부의 특허장이라고 번역할 수 있으며, 지방자치단체에 대한 주정부의 인증서 혹은 허가서라고 볼 수 있다.
④ ○ 자치단체헌장은 지방자치단체의 구조, 권한, 운영의 기본 원칙 등을 규정하고 있으며, 지방자치의 기본법으로서의 역할을 수행한다.

정답 ①

20

「지방자치법」상 지방자치단체의 예산과 결산에 대한 설명으로 옳은 것은?

ㄱ. 지방의회의 의장은 예산안이 의결되면 그날부터 3일 이내에 지방자치단체의 장에게 이송하여야 한다.
ㄴ. 지방자치단체의 장은 출납 폐쇄 후 80일 이내에 결산서와 증명서류를 작성하고 행정안전부장관이 선임한 검사위원의 검사의견서를 첨부하여 다음 해 지방의회의 승인을 받아야 한다.
ㄷ. 특별회계는 법률이나 지방자치단체의 조례로 설치할 수 있다.
ㄹ. 지방자치단체를 폐지하거나 설치하거나 나누거나 합쳐 없어진 지방자치단체의 수입과 지출은 없어진 날로 마감하되, 기획재정부장관이 결산하여야 한다.

① ㄱ, ㄴ　② ㄱ, ㄷ　③ ㄴ, ㄷ　④ ㄷ, ㄹ

20

ㄱ. ○

> 지방자치법 제149조(예산의 이송·고시 등)
> ① 지방의회의 의장은 예산안이 의결되면 그날부터 3일 이내에 지방자치단체의 장에게 이송하여야 한다.

ㄴ. ✗ 지방자치단체의 결산을 위한 검사위원은 행정안전부장관이 아닌 지방의회가 선임한다.

> 동법 제150조(결산)
> ① 지방자치단체의 장은 출납 폐쇄 후 80일 이내에 결산서와 증명서류를 작성하고 지방의회가 선임한 검사위원의 검사의견서를 첨부하여 다음 해 지방의회의 승인을 받아야 한다.

ㄷ. ○

> 동법 제141조(회계의 구분)
> ② 특별회계는 법률이나 지방자치단체의 조례로 설치할 수 있다.

ㄹ. ✗ 없어진 지방자치단체의 수입과 지출에 대한 결산은 기획재정부장관이 아닌 그 지방자치단체의 장이었던 사람이 한다.

> 동법 제151조(지방자치단체가 없어졌을 때의 결산)
> ① 지방자치단체를 폐지하거나 설치하거나 나누거나 합쳐 없어진 지방자치단체의 수입과 지출은 없어진 날로 마감하되, 그 지방자치단체의 장이었던 사람이 결산하여야 한다.

정답 ②

제 07회 실전 모의고사

| 01 | ③ | 02 | ① | 03 | ③ | 04 | ④ | 05 | ② | 06 | ④ | 07 | ④ | 08 | ② | 09 | ③ | 10 | ③ |
| 11 | ③ | 12 | ③ | 13 | ③ | 14 | ② | 15 | ① | 16 | ② | 17 | ① | 18 | ① | 19 | ④ | 20 | ④ |

01

「지방자치법」상 특별지방자치단체에 대한 설명으로 옳지 않은 것은?

① 특별지방자치단체를 설치하기 위해 구성 지방자치단체는 지방의회 의결을 거쳐 행정안전부장관의 승인을 받아야 한다.
② 특별지방자치단체를 구성하는 지방자치단체의 장이 시장·군수 및 자치구의 구청장일 때에는 행정안전부장관의 승인사항을 시·도지사에게 알려야 한다.
③ 구성지방자치단체의 장은 특별지방자치단체 설치를 위해 국가사무의 위임을 요청할 수 없다.
④ 구성지방자치단체의 의회 의원은 특별지방자치단체의 의회 의원을 겸할 수 있다.

01

① ○

> **지방자치법 제199조(설치)**
> ① 2개 이상의 지방자치단체가 공동으로 특정한 목적을 위하여 광역적으로 사무를 처리할 필요가 있을 때에는 특별지방자치단체를 설치할 수 있다. 이 경우 특별지방자치단체를 구성하는 지방자치단체는 상호 협의에 따른 규약을 정하여 구성 지방자치단체의 지방의회 의결을 거쳐 행정안전부장관의 승인을 받아야 한다.

② ○

> **동법 제199조(설치)**
> ⑥ 구성 지방자치단체의 장이 제1항 후단에 따라 행정안전부장관의 승인을 받았을 때에는 규약의 내용을 지체 없이 고시하여야 한다. 이 경우 구성 지방자치단체의 장이 시장·군수 및 자치구의 구청장일 때에는 그 승인사항을 시·도지사에게 알려야 한다.

③ ✕ 특별지방자치단체 설치를 위해 구성 지방자치단체장은 국가 또는 시·도사무의 위임을 요청할 수 있다.

> **동법 제199조(설치)**
> ④ 특별지방자치단체를 설치하기 위하여 국가 또는 시·도 사무의 위임이 필요할 때에는 구성 지방자치단체의 장이 관계 중앙행정기관의 장 또는 시·도지사에게 그 사무의 위임을 요청할 수 있다.

④ ○

> **동법 제204조(의회의 조직 등)**
> ① 특별지방자치단체의 의회는 규약으로 정하는 바에 따라 구성 지방자치단체의 의회 의원으로 구성한다.
> ② 제1항의 지방의회의원은 제43조제1항에도 불구하고 특별지방자치단체의 의회 의원을 겸할 수 있다.

정답 ③

02

「지방자치법」상 지방의회에 대한 설명으로 옳지 않은 것은?

① 지방의회의원 총선거 후 처음으로 선출하는 부의장 선거는 최초집회일로부터 10일 후에 실시한다.
② 지방자치단체의 장이 지방의회에 제출할 안건은 지방자치단체의 장이 미리 공고하여야 한다.
③ 연간 회의 총일수와 정례회 및 임시회의 회기는 해당 지방자치단체의 조례로 정한다.
④ 지방의회의 개회·휴회·폐회와 회기는 지방의회가 의결로 정한다.

02

① ✕ 지방의회의원 총선거 후 처음으로 선출하는 부의장 선거는 최초집회일에 실시한다.

> **지방자치법 제57조(의장·부의장의 선거와 임기)**
> ② 지방의회의원 총선거 후 처음으로 선출하는 의장·부의장 선거는 최초집회일에 실시한다.

② ○

> **동법 제55조(제출안건의 공고)**
> 지방자치단체의 장이 지방의회에 제출할 안건은 지방자치단체의 장이 미리 공고하여야 한다. 다만, 회의 중 긴급한 안건을 제출할 때에는 그러하지 아니하다.

③ ○

> **동법 제56조(개회·휴회·폐회와 회의일수)**
> ② 연간 회의 총일수와 정례회 및 임시회의 회기는 해당 지방자치단체의 조례로 정한다.

④ ○

> **동법 제56조(개회·휴회·폐회와 회의일수)**
> ① 지방의회의 개회·휴회·폐회와 회기는 지방의회가 의결로 정한다.

정답 ①

03

우리나라 지방자치의 역사에 대한 설명으로 옳지 않은 것은?

① 1961년 시행된 「지방자치에 관한 임시조치법」에 지방자치단체는 규정되어 있었지만 지방자치는 시행되지 않았다.
② 제1·2공화국 모두 지방자치단체의 기관구성 형태는 기관대립형을 취하였다.
③ 1995년 제1회 전국 동시지방선거를 통해 지방의회 의원과 지방자치단체장을 4년 임기의 직선으로 선출하였다.
④ 제헌 헌법에 규정된 지방자치에 관한 규정을 시행하기 위하여 1949년 7월 4일 「지방자치법」이 제정·공포되었다.

03

① ○ 1961년 시행된 지방자치에 관한 임시조치법에서 도와 특별시는 지방자치단체로 유지하고, 읍·면 자치제를 폐지하고 군 자치제를 추가하여 시·군 자치제를 도입하였다. 하지만 지방의회를 해산하고 지방자치단체장은 임명제로 전환하면서 지방자치는 시행되지 않았다.
② ○ 지방자치단체의 기관구성 형태는 1공화국과 2공화국 모두 의결기관과 집행기관이 분리된 기관대립형을 채택하였다. 특히 2공화국인 장면 정부는 내각제로 운영되었음에도 불구하고 지방자치단체의 형태는 기관대립형으로 운영되었다.
③ × 김영삼 정부 시기인 1995년 최초의 전국 동시지방선거가 실시되고 모든 자치단체장과 의회의원에 대한 직접선거가 실시되었다. 다만 이 때 선출된 지방의회 의원과 지방자치단체장의 임기는 4년이 아닌 3년이었다. 이후 1998년부터 현재까지 4년 임기의 동시지방선거가 진행되고 있다.
④ ○ 1948년에 제정된 헌법의 지방자치 관련 조문을 근거로 1949년에 최초의 지방자치법이 제정·공포되었다.

> **1948년 제정 헌법 제96조**
> 지방자치단체는 법령의 범위내에서 그 자치에 관한 행정사무와 국가가 위임한 행정사무를 처리하며 재산을 관리한다.
> 지방자치단체는 법령의 범위내에서 자치에 관한 규정을 제정할 수 있다.
>
> **동법 제97조**
> 지방자치단체의 조직과 운영에 관한 사항은 법률로써 정한다.
> 지방자치단체에는 각각 의회를 둔다.
> 지방의회의 조직, 권한과 의원의 선거는 법률로써 정한다.

정답 ③

04

「지방세기본법」의 내용으로 옳지 않은 것은?

① 주민세는 특별시세이면서 시·군세이다.
② 특별시 관할구역에 있는 구의 경우에 재산세는 특별시세 및 구세인 재산세로 한다.
③ 광역시의 군(郡) 지역에서는 도세를 광역시세로 한다.
④ 특별시장은 특별시분 재산세 전액을 관할구역의 구에 교부해야 하며, 교부기준을 정하지 않은 경우에는 구에 차등 배분한다.

04

① ○ 특별시세에는 레저세, 취득세, 지방소비세, 담배소비세, 주민세, 지방소득세, 자동차세가 포함되며, 시·군세에는 담배소비세, 주민세, 지방소득세, 자동차세, 재산세가 포함된다.
② ○

> **지방세기본법 제9조(특별시의 관할구역 재산세의 공동과세)**
> ① 특별시 관할구역에 있는 구의 경우에 재산세는 제8조에도 불구하고 특별시세 및 구세인 재산세로 한다.

③ ○

> **동법 제8조(지방자치단체의 세목)**
> ① 특별시세와 광역시세는 다음 각 호와 같다. 다만, 광역시의 군(郡) 지역에서는 도세를 광역시세로 한다.

④ × 특별시에서 징수한 재산세는 자치구에 교부하게 되는데, 교부기준을 정하지 않은 경우에는 차등 배분이 아니라 균등 배분하는 것이 원칙이다.

> **동법 제10조(특별시분 재산세의 교부)**
> ① 특별시장은 제9조제1항 및 제2항에 따른 특별시분 재산세 전액을 관할구역의 구에 교부하여야 한다.
> ② 제1항에 따른 특별시분 재산세의 교부기준 및 교부방법 등 필요한 사항은 구의 지방세수(地方稅收) 등을 고려하여 특별시의 조례로 정한다. 다만, 교부기준을 정하지 아니한 경우에는 구에 균등 배분하여야 한다.

정답 ④

05

신중앙집권과 신지방분권에 대한 설명으로 옳지 않은 것은?

① 신중앙집권은 지방정부가 할 수 없는 일을 중앙정부에 위임해 조화를 모색하는 형태이다.
② 신지방분권 체제에서는 지방정부가 기본적인 방향만 정하고 구체적인 내용은 중앙정부에서 결정하고 집행한다.
③ 신지방분권이란 중앙집권의 필요성을 인정하면서도 그로 인한 문제점에 대처하기 위한 새로운 관점의 지방분권 체제다.
④ 신중앙집권 체제에서는 기존 지방정부에서 담당하던 기능을 중앙정부의 특별행정기관이 수행하는 경우가 많다.

05

① ○ 신중앙집권이란 지방분권 체제에 중앙집권의 요소를 가미한 새로운 형태의 중앙집권 체제로, 지방정부가 할 수 있는 일은 스스로, 할 수 없는 일은 중앙정부에 위임해 민주성과 능률성을 조화시켜 기능적으로 협력하고 조화를 모색하는 형태다.
② ✕ **신지방분권체제는 중앙정부의 권한이 지방정부로 대폭 이양되며, 중앙정부와 지방정부의 이해관계가 모두 포함된 사업은 중앙정부에서 기본적인 방향만 정하고 구체적인 내용은 지방정부에서 지역 실정에 맞게 결정하고 집행한다.**
③ ○ 신지방분권은 1970년대 이후 세계화와 신자유주의의 영향 아래 프랑스를 비롯한 유럽대륙에 분권과 자율화의 사조가 확산되면서 중앙집권의 능률성과 지방분권의 민주성이라는 장점을 동시에 취하기 위해 등장했다.
④ ○ 신중앙집권 체제에서는 기존 지방정부에서 담당하던 기능과 사무가 중앙정부로 이관돼 지방에서 처리가 필요한 행정사무를 지방정부가 아닌 중앙정부의 특별행정기관이 수행하는 경우가 많다.

정답 ②

06

주민참여예산제도에 대한 설명으로 옳지 않은 것은?

ㄱ. 2005년에 「지방재정법」에서 법적 근거를 마련한 후 2011년에 의무화되었다.
ㄴ. 행정안전부장관은 지방자치단체의 재정적·지역적 여건 등을 고려하여 대통령령으로 정하는 바에 따라 지방자치단체별 주민참여예산제도의 운영에 대하여 평가를 실시할 수 있다.
ㄷ. 주민은 공청회나 간담회의 방법으로 지방예산과정에 참여할 수 있으나, 설문조사로는 참여할 수 없다.
ㄹ. 주민참여예산 관련 사항의 심의를 위해 행정안전부장관 소속으로 주민참여예산위원회를 둘 수 있다.

① ㄱ, ㄴ   ② ㄱ, ㄷ   ③ ㄴ, ㄷ   ④ ㄷ, ㄹ

06

ㄱ. ○ 주민참여예산제도는 광주광역시 북구에서 2004년 조례로서 처음 도입한 후, 2005년 지방재정법에 법적 근거를 마련하고, 2011년부터 모든 지방자치단체의 의무사항으로 규정되었다.
ㄴ. ○

> **동법 제39조(지방예산 편성 등 예산과정의 주민 참여)**
> ④ 행정안전부장관은 지방자치단체의 재정적·지역적 여건 등을 고려하여 대통령령으로 정하는 바에 따라 지방자치단체별 주민참여예산제도의 운영에 대하여 평가를 실시할 수 있다.

ㄷ. ✕ **지방예산과정에 주민이 참여할 수 있는 방법에는 공청회, 간담회, 설문조사, 사업공모 등 다양한 방법이 활용될 수 있다.**

> **지방재정법 시행령 제46조(지방예산 편성 등 예산과정에의 주민참여)**
> ① 법 제39조제1항에 따른 지방예산 편성 등 예산과정에 주민이 참여할 수 있는 방법은 다음 각 호와 같다.
> 1. 공청회 또는 간담회
> 2. 설문조사
> 3. 사업공모
> 4. 그 밖에 주민의견 수렴에 적합하다고 인정하여 조례로 정하는 방법

ㄹ. ✕ **주민참여예산위원회는 행정안전부장관이 아닌 지방자치단체장 소속으로 둔다.**

> **동법 제39조(지방예산 편성 등 예산과정의 주민 참여)**
> ② 지방예산 편성 등 예산과정의 주민 참여와 관련되는 다음 각 호의 사항을 심의하기 위하여 **지방자치단체의 장 소속으로 주민참여예산위원회 등 주민참여예산기구를 둘 수 있다.**
> 1. 주민참여예산제도의 운영에 관한 사항
> 2. 제3항에 따라 지방의회에 제출하는 예산안에 첨부하여야 하는 의견서의 내용에 관한 사항
> 3. 그 밖에 지방자치단체의 장이 주민참여예산제도의 운영에 필요하다고 인정하는 사항

정답 ④

07

「지방자치법」상 국가와 지방자치단체 간의 관계에 대한 설명으로 옳지 않은 것은?

① 국가와 지방자치단체 간의 협력을 도모하고 지방자치 발전과 지역 간 균형발전에 관련되는 중요 정책을 심의하기 위하여 중앙지방협력회의를 둔다.
② 지방자치단체나 그 장이 위임받아 처리하는 국가사무에 관하여 시·도에서는 주무부장관, 시·군 및 자치구에서는 1차로 시·도지사, 2차로 주무부장관의 지도·감독을 받는다.
③ 중앙행정기관의 장이나 시·도지사는 지방자치단체의 사무에 관하여 조언 또는 권고하거나 지도할 수 있으며, 이를 위하여 필요하면 지방자치단체에 자료 제출을 요구할 수 있다.
④ 주무부장관은 지방자치단체의 사무에 관한 시장·군수 및 자치구의 구청장의 명령이나 처분이 법령에 위반되거나 현저히 부당하여 공익을 해침에도 불구하고 시·도지사가 시정명령을 하지 아니하면 시·도지사에게 시정명령을 해야 한다.

07

① ○

> 지방자치법 제186조(중앙지방협력회의의 설치)
> ① 국가와 지방자치단체 간의 협력을 도모하고 지방자치 발전과 지역 간 균형발전에 관련되는 중요 정책을 심의하기 위하여 중앙지방협력회의를 둔다.

② ○

> 동법 제185조(국가사무나 시·도 사무 처리의 지도·감독)
> ① 지방자치단체나 그 장이 위임받아 처리하는 국가사무에 관하여 시·도에서는 주무부장관, 시·군 및 자치구에서는 1차로 시·도지사, 2차로 주무부장관의 지도·감독을 받는다.

③ ○

> 동법 제184조(지방자치단체의 사무에 대한 지도와 지원)
> ① 중앙행정기관의 장이나 시·도지사는 지방자치단체의 사무에 관하여 조언 또는 권고하거나 지도할 수 있으며, 이를 위하여 필요하면 지방자치단체에 자료 제출을 요구할 수 있다.

④ × 기초자치단체장의 명령이나 처분이 위법하거나 부당한 경우 주무부장관이 시도지사에게 시정명령을 하도록 명하는 것이지 시도지사에게 시정명령을 하는 것은 아니다.

> 동법 제188조(위법·부당한 명령이나 처분의 시정)
> ② 주무부장관은 지방자치단체의 사무에 관한 시장·군수 및 자치구의 구청장의 명령이나 처분이 법령에 위반되거나 현저히 부당하여 공익을 해침에도 불구하고 시·도지사가 제1항에 따른 시정명령을 하지 아니하면 시·도지사에게 기간을 정하여 시정명령을 하도록 명할 수 있다.

정답 ④

08

「지방자치법」상 지방의회에 대한 설명으로 옳은 것을 모두 고르면?

ㄱ. 사무처장·사무국장 또는 사무과장은 지방자치단체장의 명을 받아 의회의 사무를 처리한다.
ㄴ. 지방의회에 두는 사무직원의 수는 인건비 등 대통령령으로 정하는 기준에 따라 조례로 정한다.
ㄷ. 시·군 및 자치구의회에 설치하는 사무국·사무과에는 사무국장 또는 사무과장과 직원을 둘 수 있다.
ㄹ. 사무처장은 국가공무원으로, 사무국장과 사무과장은 지방공무원으로 본다.

① ㄱ, ㄴ   ② ㄴ, ㄷ   ③ ㄴ, ㄷ, ㄹ   ④ ㄷ, ㄹ

08

ㄱ. × 사무처장·사무국장·사무과장은 지방자치단체장이 아닌 지방의회 의장의 명을 받아 의회의 사무를 처리한다.

> 지방자치법 제104조(사무직원의 직무와 신분보장 등)
> ① 사무처장·사무국장 또는 사무과장은 지방의회의 의장의 명을 받아 의회의 사무를 처리한다.

ㄴ. ○

> 동법 제103조(사무직원의 정원과 임면 등)
> ① 지방의회에 두는 사무직원의 수는 인건비 등 대통령령으로 정하는 기준에 따라 조례로 정한다.

ㄷ. ○

> 동법 제102조(사무처 등의 설치)
> ② 시·군 및 자치구의회에는 사무를 처리하기 위하여 조례로 정하는 바에 따라 사무국이나 사무과를 둘 수 있으며, 사무국·사무과에는 사무국장 또는 사무과장과 직원을 둘 수 있다.

ㄹ. × 시·군 및 자치구의회에 두는 사무국장과 사무과장뿐만 아니라 시·도의회에 두는 사무처장도 지방공무원으로 본다.

> 동법 제102조(사무처 등의 설치)
> ③ 제1항과 제2항에 따른 사무처장·사무국장·사무과장 및 직원은 지방공무원으로 본다.

정답 ②

09

「지방자치분권 및 지역균형발전에 관한 특별법」의 내용으로 옳은 것은?

① 지방시대 종합계획 관련 사업을 효율적으로 추진하기 위하여 설치하는 지역균형발전특별회계는 지방시대위원회가 관리한다.
② 수도권이 아닌 지역의 시·도지사는 관할 행정구역의 일부를 기회발전특구로 지정받으려는 경우 행정안전부장관에게 기회발전특구의 지정을 신청하여야 한다.
③ 중앙행정기관의 장은 해당 기관의 지방자치분권 및 지역균형발전의 추진을 위하여 5년을 단위로 하는 부문별 계획을 수립한다.
④ 교육부장관과 법제처장은 지방시대위원회의 당연직위원이다.

09

① ✕ 지역균형발전특별회계는 지방시대위원회가 아닌 기획재정부장관이 관리한다.

> **지방분권균형발전법 제74조(지역균형발전특별회계의 설치)**
> 지방시대 종합계획 및 지역균형발전시책 지원 관련 사업을 효율적으로 추진하기 위하여 지역균형발전특별회계를 설치한다.
>
> **동법 제75조(회계의 관리·운용)**
> ① 회계는 기획재정부장관이 관리·운용한다.

② ✕ 기회발전특구로 지정받기 위해서는 행정안전부장관이 아닌 산업통상자원부장관에게 신청을 하여야 한다.

> **동법 제23조(기회발전특구의 지정 및 지원)**
> ① 수도권이 아닌 지역의 시·도지사는 관할 행정구역의 일부를 기회발전특구로 지정받으려는 경우 산업통상자원부장관에게 기회발전특구의 지정을 신청하여야 한다.

③ ○

> **동법 제8조(부문별 계획 및 시행계획의 수립)**
> ① 중앙행정기관의 장은 해당 기관의 지방자치분권 및 지역균형발전의 추진을 위하여 관계 중앙행정기관의 장 및 시·도지사와 협의하여 5년을 단위로 하는 부문별 계획을 수립한다.

④ ✕ 교육부장관은 당연직위원이나, 법제처장은 당연직위원이 아니다.

> **동법 제64조(지방시대위원회의 구성·운영)**
> ② 당연직위원은 기획재정부장관, 교육부장관, 과학기술정보통신부장관, 행정안전부장관, 문화체육관광부장관, 농림축산식품부장관, 산업통상자원부장관, 보건복지부장관, 환경부장관, 고용노동부장관, 국토교통부장관, 해양수산부장관, 중소벤처기업부장관, 국무조정실장 및 「지방자치법」 제182조제1항제1호부터 제4호까지에 따른 협의체의 대표자로 한다.
> ③ 지방시대위원회는 업무 수행을 위하여 필요하다고 인정하는 경우에는 다음 각 호의 사람을 회의에 참석하도록 요청할 수 있다.
> 1. 여성가족부장관
> 2. 법제처장

정답 ③

10

다음 제시문의 지방자치 형태에 대한 설명으로 옳은 것을 모두 고르면?

> 미국은 유럽의 이주민들이 초기 정착한 뉴잉글랜드를 중심으로 타운을 형성하고 타운홀 미팅을 통한 주민 주도의 지역사회 의사결정 및 통치가 근간을 이뤘다.

ㄱ. 지역 단위의 주민들이 자치조직을 구성하여 주요한 의사결정을 내리고 통치하는 방식이다.
ㄴ. 지방정부는 국가로부터 법인격을 부여받고 일정한 자치권의 범위 내에서 자치사무를 처리한다.
ㄷ. 지방정부는 중앙정부가 직접 처리할 수 없는 사무를 위임받아 처리하며 중앙의 지휘·감독을 받는다.
ㄹ. 중앙정부의 전국단위 통치력이 약했던 영국에서 봉건 영주가 일정 관할구역을 통치하며 활용했던 형태이다.

① ㄱ, ㄴ   ② ㄱ, ㄷ   ③ ㄱ, ㄹ   ④ ㄴ, ㄹ

10

제시문은 지방자치의 형태 중 주민자치에 대한 설명을 하고 있다. 각 주의 연합을 통해서 연방국가로 탄생한 미국은 상대적으로 지역의 자율성과 주민의 의견을 반영한 대의기관으로서 지방의회의 역할을 강조한 주민자치적 전통이 강했다.

ㄱ. ○ 주민자치는 주민의 일상생활에 밀착된 지방행정사무를 중앙정부에 의하지 않고 그 지역주민 스스로 또는 대표자를 통하여 자기들의 의사와 책임 하에 행하는 방식이다.

ㄴ·ㄷ. ✕ 주민자치가 아닌 단체자치에 대한 설명이다. 단체자치에서는 자치권을 주민이 향유하는 당연한 권리가 아니라 국가에 의해 수여된 전래권으로 인식한다. 이에 따라 자치단체는 국가의 위임사무를 처리하는 경우에 국가행정조직의 하급 기관이 되므로 이중적인 지위를 갖게 된다. 단체자치에서는 자치사무가 자치단체에 귀속되는 경우에도 그것은 본래 국가가 수여한 것이므로 중앙정부의 엄격한 통제를 받아 처리해야 한다.

ㄹ. ○ 영국과 미국은 주민자치의 전통이 강한 국가들이다. 영국의 경우 근대국가의 성립 이전부터 주민 중심의 주민총회를 통한 의사결정 전통이 뿌리를 내리고 있었다. 근대국가의 탄생 이후에도 주민자치는 영국에서 천부적 권리로 인정되고 제도적으로 보장받게 되었다.

정답 ③

11

「지방자치법」상 지방자치단체의 관할 구역에 대한 설명으로 옳은 것을 모두 고르면?

> ㄱ. 시는 그 대부분이 도시의 형태를 갖추고 인구 10만 이상이 되어야 한다.
> ㄴ. 군사무소 소재지의 면은 인구 2만 미만인 경우에도 읍으로 할 수 있다.
> ㄷ. 시·읍의 설치에 관한 세부기준은 조례로 정한다.
> ㄹ. 행정동에 그 지방자치단체의 조례로 정하는 바에 따라 통 등 하부 조직을 둘 수 있다.

① ㄱ, ㄴ   ② ㄴ, ㄷ   ③ ㄴ, ㄹ   ④ ㄷ, ㄹ

11

ㄱ. ✕ 시는 인구 10만 이상이 아닌 인구 5만 이상이 되어야 한다.

> **지방자치법 제10조(시·읍의 설치기준 등)**
> ① 시는 그 대부분이 도시의 형태를 갖추고 인구 5만 이상이 되어야 한다.

ㄴ. ○

> **동법 제10조(시·읍의 설치기준 등)**
> ③ 읍은 그 대부분이 도시의 형태를 갖추고 인구 2만 이상이 되어야 한다. 다만, 다음 각 호의 어느 하나에 해당하면 인구 2만 미만인 경우에도 읍으로 할 수 있다.
>   1. 군사무소 소재지의 면
>   2. 읍이 없는 도농 복합형태의 시에서 그 시에 있는 면 중 1개 면

ㄷ. ✕ 시·읍의 설치에 관한 세부기준은 조례가 아닌 대통령령으로 정한다.

> **동법 제10조(시·읍의 설치기준 등)**
> ④ 시·읍의 설치에 관한 세부기준은 대통령령으로 정한다.

ㄹ. ○

> **동법 제7조(자치구가 아닌 구와 읍·면·동 등의 명칭과 구역)**
> ⑤ 행정동에 그 지방자치단체의 조례로 정하는 바에 따라 통 등 하부 조직을 둘 수 있다.

정답 ③

12

「지방자치법」상 분쟁조정위원회에 대한 설명으로 옳지 않은 것은?

① 행정안전부에는 중앙분쟁조정위원회를, 시·도에는 지방분쟁조정위원회를 둔다.
② 시·도와 시·군 및 자치구 간의 분쟁은 중앙분쟁조정위원회를 통해 심의·의결한다.
③ 공무원이 아닌 위원장 및 위원의 임기는 3년으로 하며, 연임할 수 없다.
④ 분쟁조정위원회는 위원장을 포함한 위원 7명 이상의 출석으로 개의하고, 출석위원 3분의 2 이상의 찬성으로 의결한다.

12

① ○

> **지방자치법 제166조(지방자치단체중앙분쟁조정위원회 등의 설치와 구성 등)**
> ① 제165조제1항에 따른 분쟁의 조정과 제173조제1항에 따른 협의사항의 조정에 필요한 사항을 심의·의결하기 위하여 행정안전부에 지방자치단체중앙분쟁조정위원회를, 시·도에 지방자치단체지방분쟁조정위원회를 둔다.

② ○

> **동법 제166조(지방자치단체중앙분쟁조정위원회 등의 설치와 구성 등)**
> ② 중앙분쟁조정위원회는 다음 각 호의 분쟁을 심의·의결한다.
>   1. 시·도 간 또는 그 장 간의 분쟁
>   2. 시·도를 달리하는 시·군 및 자치구 간 또는 그 장 간의 분쟁
>   3. 시·도와 시·군 및 자치구 간 또는 그 장 간의 분쟁
>   4. 시·도와 지방자치단체조합 간 또는 그 장 간의 분쟁
>   5. 시·도를 달리하는 시·군 및 자치구와 지방자치단체조합 간 또는 그 장 간의 분쟁
>   6. 시·도를 달리하는 지방자치단체조합 간 또는 그 장 간의 분쟁

③ ✕ 공무원이 아닌 위원장 및 위원은 연임할 수 있다.

> **동법 제166조(지방자치단체중앙분쟁조정위원회 등의 설치와 구성 등)**
> ⑦ 공무원이 아닌 위원장 및 위원의 임기는 3년으로 하며, 연임할 수 있다. 다만, 보궐위원의 임기는 전임자 임기의 남은 기간으로 한다.

④ ○

> **동법 제167조(분쟁조정위원회의 운영 등)**
> ① 분쟁조정위원회는 위원장을 포함한 위원 7명 이상의 출석으로 개의하고, 출석위원 3분의 2 이상의 찬성으로 의결한다.

정답 ③

13

「지방자치법」상 지방의회의원이 겸직할 수 없는 것을 모두 고르면?

ㄱ. 각급 선거관리위원회 위원
ㄴ. 정당의 당원이 될 수 있는 교원
ㄷ. 「공공기관의 운영에 관한 법률」에 따른 공공기관의 임직원
ㄹ. 한국방송공사 임직원
ㅁ. 「지방공기업법」에 따른 지방공사와 지방공단의 임직원

① ㄱ, ㄴ, ㄹ
② ㄱ, ㄷ, ㅁ
③ ㄱ, ㄷ, ㄹ, ㅁ
④ ㄴ, ㄷ, ㄹ, ㅁ

13

③ ○ 정당의 당원이 될 수 있는 교원은 겸직할 수 있지만 나머지는 겸직할 수 없다.

지방자치법 제43조(겸직 등 금지)
① 지방의회의원은 다음 각 호의 어느 하나에 해당하는 직을 겸할 수 없다.
1. 국회의원, 다른 지방의회의원
2. 헌법재판소 재판관, 각급 선거관리위원회 위원
3. 「국가공무원법」 제2조에 따른 국가공무원과 「지방공무원법」 제2조에 따른 지방공무원(「정당법」 제22조에 따라 정당의 당원이 될 수 있는 교원은 제외한다)
4. 「공공기관의 운영에 관한 법률」 제4조에 따른 공공기관(한국방송공사, 한국교육방송공사 및 한국은행을 포함한다)의 임직원
5. 「지방공기업법」 제2조에 따른 지방공사와 지방공단의 임직원
6. 농업협동조합, 수산업협동조합, 산림조합, 엽연초생산협동조합, 신용협동조합, 새마을금고(이들 조합·금고의 중앙회와 연합회를 포함한다)의 임직원과 이들 조합·금고의 중앙회장이나 연합회장
7. 「정당법」 제22조에 따라 정당의 당원이 될 수 없는 교원
8. 다른 법령에 따라 공무원의 신분을 가지는 직
9. 그 밖에 다른 법률에서 겸임할 수 없도록 정하는 직

정답 ③

14

「지방재정법」상 지방재정관리위원회에 대한 설명으로 옳지 않은 것은?

① 지방자치단체의 재정부담 및 재정위기관리에 관한 사항을 심의하기 위하여 행정안전부장관 소속으로 지방재정관리위원회를 둔다.
② 전국시도지사협의회, 전국시장군수구청장협의회, 전국시도의회의장협의회, 전국시군구의회의장협의회의 장은 지방재정관리위원회의 당연직 위원이 된다.
③ 지방재정관리위원회는 위원장·부위원장을 포함하여 15명 이내의 위원으로 구성하되, 성별을 고려하여야 한다.
④ 행정안전부장관은 지방재정위원회에서 의결한 사항을 각 중앙관서의 장 및 지방자치단체의 장에게 즉시 통보하여야 하고, 중앙관서의 장 및 지방자치단체의 장은 소관 사무의 수행에 이를 반영하여야 한다.

14

① ○

지방자치법 제27조의2(지방재정관리위원회)
① 지방자치단체의 재정부담 및 재정위기관리에 관한 다음 각 호의 사항을 심의하기 위하여 행정안전부장관 소속으로 지방재정관리위원회를 둔다.

② ✕ 전국적협의체에서 추천하는 각 1명씩이 위원이 되는 것이지, 전국적협의체의 장들이 위원이 되는 것은 아니다.

동법 제27조의2(지방재정관리위원회)
④ 위원회의 위원은 다음 각 호의 사람이 된다.
1. 기획재정부, 국무조정실 등 대통령령으로 정하는 관계 중앙관서의 차관·차장 또는 이에 준하는 직위에 재직 중인 공무원
2. 전국시도지사협의회·전국시장군수구청장협의회·전국시도의회의장협의회·전국시군구의회의장협의회에서 추천하는 각 1명. 이 경우 전국시도지사협의회 및 전국시장군수구청장협의회는 해당 협의회에 소속된 지방자치단체의 장 중에서 1명을 각각 추천하여야 한다.
3. 그 밖에 지방재정에 대한 학식과 전문지식이 있는 사람으로서 행정안전부장관이 위촉하는 사람

③ ○

동법 제27조의2(지방재정관리위원회)
② 위원회는 위원장·부위원장을 포함하여 15명 이내의 위원으로 구성하되, 성별을 고려하여야 한다.

④ ○

동법 제27조의2(지방재정관리위원회)
⑥ 행정안전부장관은 위원회에서 의결한 사항을 각 중앙관서의 장 및 지방자치단체의 장에게 즉시 통보하여야 하고, 중앙관서의 장 및 지방자치단체의 장은 소관 사무의 수행에 이를 반영하여야 한다. 다만, 중앙관서의 장 및 지방자치단체의 장이 불가피한 사유로 의결한 사항을 반영하지 못하는 경우에는 그 내용을 행정안전부장관에게 통보하여야 하고, 행정안전부장관은 이를 위원회에 보고하여야 한다.

정답 ②

15

「지방자치법」상 지방의회에 대한 설명으로 옳지 않은 것은?

① 본회의에서 표결할 때 의장 선거는 무기명투표로, 자격상실 의결은 기명투표로 결정한다.
② 지방의회의원 3명 이상이 발의하고 출석의원 3분의 2 이상이 찬성한 경우에는 지방의회 회의를 비공개할 수 있다.
③ 지방의회에서 의결할 의안은 지방자치단체의 장이나 조례로 정하는 수 이상의 지방의회의원의 찬성으로 발의한다.
④ 지방자치단체의 장이 예산상 조치가 필요한 의안을 제출할 경우에는 그 의안의 시행에 필요할 것으로 예상되는 비용에 대한 추계서와 그에 따른 재원조달방안에 관한 자료를 의안에 첨부하여야 한다.

15

① ✕ 의장 선거와 자격상실 의결 모두 무기명투표로 표결한다.

> **지방자치법 제74조(표결방법)**
> 본회의에서 표결할 때에는 조례 또는 회의규칙으로 정하는 표결방식에 의한 기록표결로 가부(可否)를 결정한다. 다만, 다음 각 호의 어느 하나에 해당하는 경우에는 무기명투표로 표결한다.
> 1. 제57조에 따른 의장·부의장 선거
> 2. 제60조에 따른 임시의장 선출
> 3. 제62조에 따른 의장·부의장 불신임 의결
> 4. 제92조에 따른 자격상실 의결
> 5. 제100조에 따른 징계 의결
> 6. 제32조, 제120조 또는 제121조, 제192조에 따른 재의 요구에 관한 의결
> 7. 그 밖에 지방의회에서 하는 각종 선거 및 인사에 관한 사항

② ○

> **동법 제75조(회의의 공개 등)**
> ① 지방의회의 회의는 공개한다. 다만, 지방의회의원 3명 이상이 발의하고 출석의원 3분의 2 이상이 찬성한 경우 또는 지방의회의 의장이 사회의 안녕질서 유지를 위하여 필요하다고 인정하는 경우에는 공개하지 아니할 수 있다.

③ ○

> **동법 제76조(의안의 발의)**
> ① 지방의회에서 의결할 의안은 지방자치단체의 장이나 조례로 정하는 수 이상의 지방의회의원의 찬성으로 발의한다.

④ ○

> **동법 제78조(의안에 대한 비용추계 자료 등의 제출)**
> ① 지방자치단체의 장이 예산상 또는 기금상의 조치가 필요한 의안을 제출할 경우에는 그 의안의 시행에 필요할 것으로 예상되는 비용에 대한 추계서와 그에 따른 재원조달방안에 관한 자료를 의안에 첨부하여야 한다.

정답 ①

16

「지방자치법」상 A도지사와 B군수의 보조기관에 대한 설명으로 옳은 것은?

ㄱ. A도가 인구 800만 미만이라면 2명을 넘지 않는 범위에서 부지사의 수를 대통령령으로 정한다.
ㄴ. B군의 부군수는 일반직 국가공무원으로 보하되 그 직급은 대통령령으로 정하며 군수가 임명한다.
ㄷ. A도의 부지사와 B군의 부군수는 해당 지방자치단체의 장을 보좌하여 사무를 총괄하고 소속 직원을 지휘·감독한다.
ㄹ. A도와 B군에 법률로 정하는 바에 따라 6급 이하의 국가공무원을 둘 수 있으며 그 지방자치단체장의 제청으로 소속 장관이 임명한다.

① ㄱ, ㄴ   ② ㄱ, ㄷ, ㄹ   ③ ㄱ, ㄹ   ④ ㄴ, ㄷ, ㄹ

16

ㄱ. ○

> **지방자치법 제123조(부지사·부시장·부군수·부구청장)**
> ① 특별시·광역시 및 특별자치시에 부시장, 도와 특별자치도에 부지사, 시에 부시장, 군에 부군수, 자치구에 부구청장을 두며, 그 수는 다음 각 호의 구분과 같다.
> 2. 광역시와 특별자치시의 부시장 및 도와 특별자치도의 부지사의 수: 2명(인구 800만 이상의 광역시나 도는 3명)을 넘지 아니하는 범위에서 대통령령으로 정한다.

ㄴ. ✕ 부군수는 일반직 국가공무원이 아닌 일반직 지방공무원으로 보한다.

> **동법 제123조(부지사·부시장·부군수·부구청장)**
> ④ 시의 부시장, 군의 부군수, 자치구의 부구청장은 일반직 지방공무원으로 보하되, 그 직급은 대통령령으로 정하며 시장·군수·구청장이 임명한다.

ㄷ. ○

> **동법 제123조(부지사·부시장·부군수·부구청장)**
> ⑤ 시·도의 부시장과 부지사, 시의 부시장·부군수·부구청장은 해당 지방자치단체의 장을 보좌하여 사무를 총괄하고, 소속 직원을 지휘·감독한다.

ㄹ. ○

> **동법 제125조(행정기구와 공무원)**
> ⑤ 지방자치단체에는 제1항에도 불구하고 법률로 정하는 바에 따라 국가공무원을 둘 수 있다.
> ⑥ 제5항에 규정된 국가공무원의 경우 「국가공무원법」 제32조제1항부터 제3항까지의 규정에도 불구하고 5급 이상의 국가공무원이나 고위공무원단에 속하는 공무원은 해당 지방자치단체의 장의 제청으로 소속 장관을 거쳐 대통령이 임명하고, 6급 이하의 국가공무원은 그 지방자치단체의 장의 제청으로 소속 장관이 임명한다.

정답 ②

17

「지방자치법」상 지방자치단체의 수입과 지출에 대한 설명으로 옳지 않은 것은?

① 사기나 그 밖의 부정한 방법으로 사용료·수수료 또는 분담금의 징수를 면한 자에게는 그 징수를 면한 금액의 10배 이내의 과태료를 부과하는 규정을 조례로 정할 수 있다.
② 사용료·수수료 또는 분담금의 부과나 징수에 대하여 이의가 있는 자는 그 처분을 통지받은 날부터 90일 이내에 그 지방자치단체의 장에게 이의신청할 수 있다.
③ 전국적으로 통일할 필요가 있는 수수료는 다른 법령의 규정에도 불구하고 대통령령으로 정하는 표준금액으로 징수하되, 지방자치단체가 다른 금액으로 징수하려는 경우에는 표준금액의 50퍼센트 범위에서 조례로 가감 조정하여 징수할 수 있다.
④ 지방자치단체의 재산은 법령이나 조례에 따르지 아니하고는 교환·양여·대여하거나 출자 수단 또는 지급 수단으로 사용할 수 없다.

17

① ✗ 사기나 그 밖의 부정한 방법으로 세외수입의 징수를 면한 자에게는 10배 이내가 아닌 5배 이내의 과태료를 조례로 정할 수 있다.

> **지방자치법 제156조(사용료의 징수조례 등)**
> ② 사기나 그 밖의 부정한 방법으로 사용료·수수료 또는 분담금의 징수를 면한 자에게는 그 징수를 면한 금액의 5배 이내의 과태료를, 공공시설을 부정사용한 자에게는 50만원 이하의 과태료를 부과하는 규정을 조례로 정할 수 있다.

② ○

> **동법 제157조(사용료 등의 부과·징수, 이의신청)**
> ② 사용료·수수료 또는 분담금의 부과나 징수에 대하여 이의가 있는 자는 그 처분을 통지받은 날부터 90일 이내에 그 지방자치단체의 장에게 이의신청할 수 있다.

③ ○

> **동법 제156조(사용료의 징수조례 등)**
> ① 사용료·수수료 또는 분담금의 징수에 관한 사항은 조례로 정한다. 다만, 국가가 지방자치단체나 그 기관에 위임한 사무와 자치사무의 수수료 중 전국적으로 통일할 필요가 있는 수수료는 다른 법령의 규정에도 불구하고 대통령령으로 정하는 표준금액으로 징수하되, 지방자치단체가 다른 금액으로 징수하려는 경우에는 표준금액의 50퍼센트 범위에서 조례로 가감 조정하여 징수할 수 있다.

④ ○

> **동법 제160조(재산의 관리와 처분)**
> 지방자치단체의 재산은 법령이나 조례에 따르지 아니하고는 교환·양여·대여하거나 출자 수단 또는 지급 수단으로 사용할 수 없다.

정답 ①

18

「지방자치법」상 행정계층에 대한 설명으로 옳지 않은 것은?

① 읍과 면의 명칭과 구역의 변경은 그 지방자치단체의 조례로 정하고 그 결과를 행정안전부장관에게 보고하여야 한다.
② 자치구가 아닌 구를 폐지할 때에는 행정안전부장관의 승인을 받아 그 지방자치단체의 조례로 정한다.
③ 리를 나누거나 합칠 때에는 그 지방자치단체의 조례로 정한다.
④ 지방자치단체의 조례로 정하는 바에 따라 행정면을 따로 둘 수 있다.

18

① ✗ 읍과 면의 명칭과 구역을 변경하고 난 후에는 행정안전부장관이 아닌 광역자치단체장에게 보고하여야 한다.

> **지방자치법 제7조(자치구가 아닌 구와 읍·면·동 등의 명칭과 구역)**
> ① 자치구가 아닌 구와 읍·면·동의 명칭과 구역은 종전과 같이 하고, 이를 폐지하거나 설치하거나 나누거나 합칠 때에는 행정안전부장관의 승인을 받아 그 지방자치단체의 조례로 정한다. 다만, 명칭과 구역의 변경은 그 지방자치단체의 조례로 정하고, 그 결과를 특별시장·광역시장·도지사에게 보고하여야 한다.

② ○

> **동법 동조**
> ① 자치구가 아닌 구와 읍·면·동의 명칭과 구역은 종전과 같이 하고, 이를 폐지하거나 설치하거나 나누거나 합칠 때에는 행정안전부장관의 승인을 받아 그 지방자치단체의 조례로 정한다. 다만, 명칭과 구역의 변경은 그 지방자치단체의 조례로 정하고, 그 결과를 특별시장·광역시장·도지사에게 보고하여야 한다.

③ ○

> 동법 동조
> ② 리의 구역은 자연 촌락을 기준으로 하되, 그 명칭과 구역은 종전과 같이 하고, 명칭과 구역을 변경하거나 리를 폐지하거나 설치하거나 나누거나 합칠 때에는 그 지방자치단체의 조례로 정한다.

④ ○

> 동법 동조
> ③ 인구 감소 등 행정여건 변화로 인하여 필요한 경우 그 지방자치단체의 조례로 정하는 바에 따라 2개 이상의 면을 하나의 면으로 운영하는 등 행정 운영상 면(행정면)을 따로 둘 수 있다.

정답 ①

19

「지방자치법」상 주민에 대한 설명으로 옳지 않은 것은?

① 주민은 지방자치단체의 조례를 제정하거나 개정하거나 폐지할 것을 청구할 수 있다.
② 주민은 법령으로 정하는 바에 따라 소속 지방자치단체의 재산과 공공시설을 이용할 권리와 그 지방자치단체로부터 균등하게 행정의 혜택을 받을 권리를 가진다.
③ 지방자치단체의 구역에 주소를 가진 자는 그 지방자치단체의 주민이 된다.
④ 영주할 수 있는 체류자격 취득일 후 1년이 경과한 외국인으로서 해당 지방자치단체의 외국인등록대장에 올라 있는 사람은 주민감사를 청구할 수 있다.

19

① ○

> 지방자치법 제19조(조례의 제정과 개정·폐지 청구)
> ① 주민은 지방자치단체의 조례를 제정하거나 개정하거나 폐지할 것을 청구할 수 있다.

② ○

> 동법 제17조(주민의 권리)
> ② 주민은 법령으로 정하는 바에 따라 소속 지방자치단체의 재산과 공공시설을 이용할 권리와 그 지방자치단체로부터 균등하게 행정의 혜택을 받을 권리를 가진다.

③ ○

> 동법 제16조(주민의 자격)
> 지방자치단체의 구역에 주소를 가진 자는 그 지방자치단체의 주민이 된다.

④ ✕ 영주할 수 있는 체류자격 취득일 후 1년이 아닌 3년이 경과한 외국인이어야 주민감사를 청구할 수 있다.

> 동법 제21조(주민의 감사 청구)
> ① 지방자치단체의 18세 이상의 주민으로서 다음 각 호의 어느 하나에 해당하는 사람(「공직선거법」에 따른 선거권이 없는 사람은 제외)은 … 감사를 청구할 수 있다.
> 2. 「출입국관리법」에 따른 영주할 수 있는 체류자격 취득일 후 3년이 경과한 외국인으로서 해당 지방자치단체의 외국인등록대장에 올라 있는 사람

정답 ④

20

국가형태에 따른 지방자치의 유형에 대한 설명으로 옳지 않은 것은?

① 연방국가에서의 지방정부는 주정부의 하위 단위로 존재한다.
② 단일국가는 중앙정부와 지방정부의 이원적 체계로 구성된다.
③ 절충형은 단일국가의 형태를 띠고 있으나 실질적으로 연방국가처럼 운영되는 준연방형이다.
④ 미국과 영국은 연방국가형, 한국과 일본은 단일국가형에 속한다.

20

① ○ 연방국가형은 연방정부-주정부-지방정부의 세 단계로 구성되며, 대부분의 지방정부는 주정부에 의해 창설되는 하위 단위이다.
② ○ 단일국가형은 중앙정부-지방정부의 이원적 체계로, 지방정부는 중앙정부의 전체적 권력구조에 포함된다.
③ ○ 절충형은 기본적으로 단일국가이지만 연방체제에서의 주정부와 유사한 권한을 보유하는 일부 지역정부가 존재하는 형태이다.
④ ✕ 영국은 연방국가형이 아닌 절충형으로, 단일 국가 속에서 잉글랜드, 웨일스, 스코틀랜드, 북아일랜드의 네 지역이 실질적으로 지방국가 형태를 유지하고 있다.

정답 ④

01	②	02	②	03	④	04	④	05	④	06	①	07	③	08	②	09	③	10	③
11	①	12	①	13	②	14	④	15	④	16	④	17	②	18	②	19	④	20	①

01

소선거구제도에 대한 설명으로 옳지 않은 것은?

① 선거유세 지역이 소규모이므로 선거비용을 절약할 수 있는 장점이 있다.
② 정치적 지명도가 높은 정당에 소속되거나 전국적인 유명 인물의 당선이 불리하다.
③ 소규모의 지역 단위에서 선거가 이루어지므로 후보자에 대한 주민의 이해도가 높아질 수 있다.
④ 최고 득표자만 당선되므로 당선자의 주민 대표성이 낮을 수 있다.

01

① ○ 소선거구제는 소규모의 지역을 선거구로 하여 1인을 선출하는 선거구제도이다. 따라서 선거유세 지역이 소규모이므로 인쇄물·현수막 등의 개수가 적어 선거비용을 절약할 수 있는 장점이 있다.
② × 소선거구제는 하나의 선거구에서 1인을 선출하므로 정치적 지명도가 높은 정당에 소속되거나 전국적인 유명 인물의 당선이 유리하며, 지역에 기반을 둔 정치 신인, 여성, 소수정당 출신의 당선이 어려울 수 있다는 단점이 있다.
③ ○ 소규모의 지역 단위에서 선거가 이루어지므로 후보자에 대한 주민의 이해도가 높고, 후보자도 지역사회에 대한 관심과 애정이 높을 수 있다는 장점이 있다.
④ ○ 소선거구제는 하나의 선거구에서 1인만을 선출한다. 따라서 최고 득표자만 당선되므로 나머지 후보자에게 행사한 투표는 모두 사표가 되어 당선자의 주민 대표성이 낮을 수 있으며, 1인만 승리자가 되기 때문에 선거가 과열될 가능성이 높다.

정답 ②

02

「지방자치법」상 지방의회의원에 대한 설명으로 옳지 않은 것은?

① 지방의회의원이 지방자치단체의 구역변경이나 없어지거나 합한 것 외의 다른 사유로 그 지방자치단체의 구역 밖으로 주민등록을 이전하였을 때에는 지방의회의원의 직에서 퇴직한다.
② 자격심사 대상인 지방의회의원은 자기의 자격심사에 관한 회의에 출석하여 의견을 진술할 수 없고, 의결에도 참가할 수 없다.
③ 자격심사 대상인 지방의회의원에 대한 자격상실 의결은 재적의원 3분의 2 이상의 찬성이 있어야 한다.
④ 지방의회의 의장은 지방의회의원의 결원이 생겼을 때에는 15일 이내에 그 지방자치단체의 장과 관할 선거관리위원회에 알려야 한다.

02

① ○

> **지방자치법 제90조(의원의 퇴직)**
> 지방의회의원이 다음 각 호의 어느 하나에 해당될 때에는 지방의회의원의 직에서 퇴직한다.
> 2. 피선거권이 없게 될 때(지방자치단체의 구역변경이나 없어지거나 합한 것 외의 다른 사유로 그 지방자치단체의 구역 밖으로 주민등록을 이전하였을 때를 포함한다)

② × 자격심사 대상인 지방의회의원은 의결에는 참가할 수 없으나 회의에 출석하여 의견을 진술할 수는 있다.

> **동법 제91조(의원의 자격심사)**
> ① 지방의회의원은 다른 의원의 자격에 대하여 이의가 있으면 재적의원 4분의 1 이상의 찬성으로 지방의회의 의장에게 자격심사를 청구할 수 있다.
> ② 심사 대상인 지방의회의원은 자기의 자격심사에 관한 회의에 출석하여 의견을 진술할 수 있으나, 의결에는 참가할 수 없다.

③ ○

> **동법 제92조(자격상실 의결)**
> ① 제91조제1항의 심사 대상인 지방의회의원에 대한 자격상실 의결은 재적의원 3분의 2 이상의 찬성이 있어야 한다.

④ ○

> **동법 제93조(결원의 통지)**
> 지방의회의 의장은 지방의회의원의 결원이 생겼을 때에는 15일 이내에 그 지방자치단체의 장과 관할 선거관리위원회에 알려야 한다.

정답 ②

03

우리나라의 보통지방자치단체와 특별지방자치단체에 대한 비교로 옳지 않은 것은?

	보통지방자치단체	특별지방자치단체
① 설치 :	법률	행정안전부장관 승인
② 지방채 발행 :	가능	가능
③ 주민소환 :	시행	불가
④ 부단체장 :	시행	시행

03

① ○ 보통지방자치단체는 법률에 의해 설치되지만, 특별지방자치단체는 지방의회 의결을 거쳐 행정안전부장관의 승인으로 설치된다.
② ○ 특별지방자치단체에는 보통지방자치단체에 적용되는 지방채 발행 규정이 준용된다.
③ ○ 특별지방자치단체의 단체장과 지방의회의원은 주민들의 직접 뽑는 대상이 아니기 때문에 주민소환의 대상이 되지 않는다.
④ × 특별지방자치단체의 경우 보통지방자치단체에는 적용되는 부단체장 규정이 준용되지 않아 부단체장은 존재하지 않는다.

정답 ④

04

「주민투표법」의 내용으로 옳지 않은 것은?

① 주민에게 과도한 부담을 주거나 중대한 영향을 미치는 지방자치단체의 주요결정사항은 주민투표에 부칠 수 있다.
② 다른 법률에 의해 주민대표가 직접 의사결정주체로서 참여할 수 있는 공공시설의 설치에 관한 사항은 주민투표에 부칠 수 없다.
③ 주민투표에 부쳐진 사항은 주민투표권자 총수의 4분의 1 이상의 투표와 유효투표수 과반수의 득표로 확정된다.
④ 지방의회는 재적의원 과반수의 출석과 출석의원 과반수의 찬성으로 그 지방자치단체장에게 주민투표 실시를 청구할 수 있다.

04

① ○

> **주민투표법 제7조(주민투표의 대상)**
> ① 주민에게 과도한 부담을 주거나 중대한 영향을 미치는 지방자치단체의 주요결정사항은 주민투표에 부칠 수 있다.

② ○

> **동법 제7조(주민투표의 대상)**
> ② 제1항에도 불구하고 다음 각 호의 어느 하나에 해당하는 사항은 주민투표에 부칠 수 없다.
> 5. 다른 법률에 의하여 주민대표가 직접 의사결정주체로서 참여할 수 있는 공공시설의 설치에 관한 사항

③ ○

> **동법 제24조(주민투표결과의 확정)**
> ① 주민투표에 부쳐진 사항은 주민투표권자 총수의 4분의 1 이상의 투표와 유효투표수 과반수의 득표로 확정된다.

④ ✗ 출석의원 과반수가 아닌, 출석의원 3분의 2 이상의 찬성으로 지방의회가 자치단체장에게 주민투표의 실시를 청구할 수 있다.

> **동법 제9조(주민투표의 실시요건)**
> ⑤ 지방의회는 재적의원 과반수의 출석과 출석의원 3분의 2 이상의 찬성으로 그 지방자치단체의 장에게 주민투표의 실시를 청구할 수 있다.

정답 ④

05

우리나라 지방선거제도에 대한 설명으로 옳은 것은?

① 지방의회의원 선거의 후보자는 후보자의 등록이 끝난 때부터 개표종료시까지 현행범이라도 구속되지 않는다.
② 「공직선거법」 기준에 의하여 산정된 비례대표시·도의원정수가 2인 미만인 때에는 2인으로 한다.
③ 정당이 임기만료에 따른 지역구지방의회의원선거에 후보자를 추천하는 때에는 각각 전국지역구 총수의 100분의 30 이상을 의무적으로 여성으로 추천해야 한다.
④ 지방자치단체장이 그 직을 가지고 당해 지역에 다시 입후보하는 경우 선거일 전 90일까지 그 직을 그만두지 않아도 된다.

05

① ✗ 지방의회의원 및 자치단체장 선거 후보자는 일반적으로 체포 또는 구속되지 않으나, 현행범인일 경우에는 예외적으로 체포 또는 구속될 수 있다.

> **공직선거법 제11조(후보자 등의 신분보장)**
> ② 지방의회의원 및 지방자치단체의 장의 선거의 후보자는 후보자의 등록이 끝난 때부터 개표종료시까지 사형·무기 또는 장기 5년 이상의 징역이나 금고에 해당하는 죄를 범하였거나 제16장 벌칙에 규정된 죄를 범한 경우를 제외하고는 현행범인이 아니면 체포 또는 구속되지 아니하며, 병역소집의 유예를 받는다.

② ✗ 비례대표 광역의회 의원의 최소 정수는 2인이 아닌 3인이다.

> **동법 제22조(시·도의회의 의원정수)**
> ④ 비례대표시·도의원정수는 제1항 내지 제3항의 규정에 의하여 산정된 지역구시·도의원정수의 100분의 10으로 한다. 이 경우 단수는 1로 본다. 다만, 산정된 비례대표시·도의원정수가 3인 미만인 때에는 3인으로 한다.

③ ✗ 지역구 지방의회의원선거 후보자의 경우 100분의 30 이상을 여성으로 추천하도록 노력하는 것이지, 의무적으로 추천하는 것은 아니다.

> **동법 제47조(정당의 후보자추천)**
> ④ 정당이 임기만료에 따른 지역구지방의회의원선거에 후보자를 추천하는 때에는 각각 전국지역구 총수의 100분의 30 이상을 여성으로 추천하도록 노력하여야 한다.

④ ○

> **동법 제53조(공무원 등의 입후보)**
> ① 다음 각 호의 어느 하나에 해당하는 사람으로서 후보자가 되려는 사람은 선거일 전 90일까지 그 직을 그만두어야 한다. 다만, 지방의회의원선거와 지방자치단체의 장의 선거에 있어서 당해 지방자치단체의 의회의원이나 장이 그 직을 가지고 입후보하는 경우에는 그러하지 아니하다.

정답 ④

06

「지방재정법」상 재정분석 및 공개에 대한 설명으로 옳지 않은 것은?

① 행정안전부장관은 재정위험 수준이 심각하다고 판단되는 지방자치단체를 재정주의단체로 지정할 수 있다.
② 재정위기단체의 장이 예산을 편성할 때에는 재정건전화계획을 기초로 하여야 한다.
③ 지방재정위기관리에 관한 사항을 심의하기 위해서 행정안전부장관 소속으로 지방재정관리위원회를 설치한다.
④ 행정안전부장관은 재정주의단체의 지정사유가 해소된 경우에는 지방재정관리위원회의 심의를 거쳐 그 지정을 해제할 수 있다.

06

① ✗ 재정위험 수준이 심각하다고 판단되는 경우에는 재정주의단체가 아닌, 재정위기단체로 지정할 수 있다.

> **지방재정법 제55조의2(재정위기단체와 재정주의단체의 지정 및 해제)**
> ① 행정안전부장관은 재정분석 결과와 재정진단 결과 등을 토대로 지방재정위기관리위원회의 심의를 거쳐 다음 각 호의 구분에 따라 해당 지방자치단체를 재정위기단체 또는 재정주의단체(財政注意團體)로 지정할 수 있다.
> 1. 재정위기단체 : 재정위험 수준이 심각하다고 판단되는 지방자치단체
> 2. 재정주의단체 : 재정위험 수준이 심각한 수준에 해당되지 아니하나 지방자치단체 재정의 건전성 또는 효율성 등이 현저하게 떨어졌다고 판단되는 지방자치단체

② ○

> **동법 제55조의3(재정위기단체 등의 의무 등)**
> ③ 재정위기단체의 장이 예산을 편성할 때에는 재정건전화계획을 기초로 하여야 한다.

③ ○

> **동법 제27조의2(지방재정관리위원회)**
> ① 지방자치단체의 재정부담 및 재정위기관리에 관한 다음 각 호의 사항을 심의하기 위하여 행정안전부장관 소속으로 지방재정관리위원회를 둔다.
> 2. 지방자치단체의 재정위기관리에 관한 다음 각 목의 사항

④ ○

> **동법 제55조의2(재정위기단체와 재정주의단체의 지정 및 해제)**
> ② 행정안전부장관은 재정위기단체 또는 재정주의단체의 지정사유가 해소된 경우에는 지방재정관리위원회의 심의를 거쳐 그 지정을 해제할 수 있다.

정답 ①

07

「지방자치법」상 지방자치단체 상호 간의 분쟁조정에 대한 설명으로 옳지 않은 것은?

① 지방자치단체 상호 간의 분쟁이 공익을 현저히 해쳐 조속한 조정이 필요하다고 인정되면 당사자의 신청이 없어도 행정안전부장관이나 시·도지사가 직권으로 조정할 수 있다.
② 행정안전부장관이나 시·도지사가 직권으로 분쟁을 조정하는 경우에는 그 취지를 미리 당사자에게 알려야 한다.
③ 행정안전부장관이나 시·도지사는 분쟁 조정 결정에 따른 시설의 설치로 특정 지방자치단체가 이익을 얻었다고 해서 그

① ○

> **지방자치법 제165조(지방자치단체 상호 간의 분쟁조정)**
> ① 지방자치단체 상호 간 또는 지방자치단체의 장 상호 간에 사무를 처리할 때 의견이 달라 다툼(분쟁)이 생기면 다른 법률에 특별한 규정이 없으면 행정안전부장관이나 시·도지사가 당사자의 신청을 받아 조정할 수 있다. 다만, 그 분쟁이 공익을 현저히 해쳐 조속한 조정이 필요하다고 인정되면 당사자의 신청이 없어도 직권으로 조정할 수 있다.

② ○

> **동법 제165조(지방자치단체 상호 간의 분쟁조정)**
> ② 제1항 단서에 따라 행정안전부장관이나 시·도지사가 분쟁을 조정하는 경우에는 그 취지를 미리 당사자에게 알려야 한다.

③ ✗ 조정 결정에 따른 시설의 설치 또는 서비스의 제공으로 이익을 얻거나 그 원인을 일으켰다고 인정되는 지방자치단체에 대해서는 그 시설비나 운영비 등의 전부나 일부를 부담하게 할 수 있다.

> **동법 제165조(지방자치단체 상호 간의 분쟁조정)**
> ⑥ 행정안전부장관이나 시·도지사는 제3항의 조정 결정에 따른 시설의 설치 또는 서비스의 제공으로 이익을 얻거나 그 원인을 일으켰다고 인정되는 지방자치단체에 대해서는 그 시설비나 운영비 등의 전부나 일부를 행정안전부장관이 정하는 기준에 따라 부담하게 할 수 있다.

④ ○

> **동법 제165조(지방자치단체 상호 간의 분쟁조정)**
> ⑤ 제3항에 따른 조정 결정 사항 중 예산이 필요한 사항에 대해서는 관계 지방자치단체는 필요한 예산을 우선적으로 편성하여야 한다. 이 경우 연차적으로 추진하여야 할 사항은 연도별 추진계획을 행정안전부장관이나 시·도지사에게 보고하여야 한다.

정답 ③

08

다음 제시문에서 설명하고 있는 지역공동체 유형은?

- 자활, 환경, 지역 만들기 등을 위해 자생적 시민단체가 중심이 되어 공동체 활동을 하는 형태이다.
- 자발적으로 활동하지만 정부로부터 일부 재정적 지원을 받기도 한다.

① 재정사업형　　② 풀뿌리운동형
③ 기업형　　　　④ 협동조합형

08

① ✗ 재정사업형은 중앙부처나 지방자치단체가 정책목적을 달성하기 위하여 정부 재정으로 사업비를 충당하는 정부주도형 사업의 형태이다. 예를 들어, 농산어촌지역의 활력을 위해 관련 정부 부처가 정책이나 사업을 기획 및 추진하며 사업비 예산을 충당하는 농촌마을종합개발사업, 녹색체험마을사업 등은 재정사업형으로 볼 수 있다.
② ○ 제시문은 지역공동체 유형 중 풀뿌리운동형에 대해 설명하고 있다. 땅 속 깊이 뿌리를 내리는 풀처럼 지역 주민들이 자발적으로 조직하고 행동하는 공동체 유형이다. 외부 권력이나 기관이 주도하는 것이 아니라, 지역 내부의 주민들이 주체가 되어 사회적·환경적·정치적 문제를 해결하려는 움직임이라고 할 수 있다.
③ ✗ 기업형은 일종의 법인형태를 설립하여 어느 정도 공적인 가치를 지향하면서 비즈니스 방식의 사회적 경제활동을 하는 형태이다. 주민들의 일자리 및 소득 창출을 위한 마을기업 등은 기업형 지역공동체의 형태로 볼 수 있다.
④ ✗ 협동조합형은 주민들이 자발적으로 협동조합을 조직해 공동의 경제·사회적 필요를 해결하는 형태이다. 조합원들이 공동 소유하고 민주적으로 운영하며, 1인 1표 원칙을 따른다. 협동조합의 수익은 조합원 복지나 지역사회에 재투자되어 공익성과 경제성을 함께 추구하게 된다.

정답 ②

09

지방자치단체의 재정력 측정 및 재정분권지표에 대한 설명으로 옳지 않은 것은?

① 의존재원의 증가율이 자체수입 증가율보다 큰 경우 재정 규모가 증가하더라도 재정자립도는 하락할 수 있다.
② 재정자주도 측정에서는 의존재원으로 분류되었던 지방교부세와 조정교부금을 자주재원으로 고려한다.
③ 재정자립도는 지방재정조정제도의 유효성을 보여주는 지표로 활용된다.
④ 지방자치단체 총수입 대비 지방세 비율도 지방분권 수준을 나타내는 지표로 사용된다.

09

① ○ 재정자립도는 지방자치단체 총수입에서 지방세와 세외수입을 더한 자체수입의 비중을 의미한다. 따라서 지방교부세 및 조정교부금과 같은 의존재원이 증가했을 때 총수입은 증가하지만 자체수입은 그대로이므로 재정자립도가 하락하는 결과가 발생한다.
② ○ 재정자주도는 지방자치단체가 자주적으로 재량권을 가지고 사용할 수 있는 재원이 전체 세입 중 얼마나 되는가를 나타내는 지표이다. 지방교부세와 조정교부금은 지방자치단체가 자율적으로 사용할 수 있는 일반재원이다. 따라서 재정자주도를 측정할 때는 기존에 의존재원으로 분류되었던 지방교부세와 조정교부금을 자주재원으로 고려하여 측정한다.
③ ✗ 지방재정조정제도의 유효성을 보여주는 지표로 활용되는 것은 재정자립도가 아닌, 지방교부세와 조정교부금을 포함하여 산출되는 재정자주도이다. 재정자주도는 지방재정조정제도에 의한 재원 재분배 결과를 포함하여 측정한다.
④ ○ 지방세는 지방자치단체가 자체적으로 징수하는 대표적인 자체수입이므로, 지방자치단체 총수입 대비 지방세 비율이나 지방자치단체 총세입 대비 자체 세입 비중도 지방분권의 수준을 측정할 수 있는 지표로 활용될 수 있다.

정답 ③

10

「지방자치법」상 지방자치단체의 관할 구역에 대한 설명으로 옳지 않은 것은?

① 지적공부에 등록이 누락된 토지가 속할 지방자치단체는 행정안전부장관이 결정한다.
② 매립지의 매립면허를 받은 자는 면허관청에 해당 매립지가 속할 지방자치단체의 결정 신청을 요구할 수 있다.
③ 지방자치단체장이 행정안전부장관에게 경계변경에 대한 조정을 신청하는 경우 지방의회 재적의원 과반수의 출석과 출석의원 과반수의 동의를 받아야 한다.
④ 관할 구역 경계변경과 관계된 지방자치단체는 경계변경자율협의체 구성·운영 요청을 받은 후 지체 없이 협의체를 구성해야 한다.

10

① ○

> **지방자치법 제5조(지방자치단체의 명칭과 구역)**
> ④ 제1항 및 제2항에도 불구하고 다음 각 호의 지역이 속할 지방자치단체는 제5항부터 제8항까지의 규정에 따라 행정안전부장관이 결정한다.
> 1. 「공유수면 관리 및 매립에 관한 법률」에 따른 매립지
> 2. 「공간정보의 구축 및 관리 등에 관한 법률」 제2조제19호의 지적공부에 등록이 누락된 토지

② ○

> **동법 제5조(지방자치단체의 명칭과 구역)**
> ⑤ … 이 경우 제4항제1호에 따른 매립지의 매립면허를 받은 자는 면허관청에 해당 매립지가 속할 지방자치단체의 결정 신청을 요구할 수 있다.

③ ✗ 경계변경에 대한 조정을 신청할 때 지방의회 재적의원 과반수의 출석과 출석의원 3분의 2 이상의 동의를 받아야 한다.

> **동법 제6조(지방자치단체의 관할 구역 경계변경 등)**
> ① 지방자치단체의 장은 관할 구역과 생활권과의 불일치 등으로 인하여 주민생활에 불편이 큰 경우 등 대통령령으로 정하는 사유가 있는 경우에는 행정안전부장관에게 경계변경이 필요한 지역 등을 명시하여 경계변경에 대한 조정을 신청할 수 있다. 이 경우 지방자치단체의 장은 지방의회 재적의원 과반수의 출석과 출석의원 3분의 2 이상의 동의를 받아야 한다.

④ ○

> **동법 제6조(지방자치단체의 관할 구역 경계변경 등)**
> ⑤ 관계 지방자치단체는 제4항에 따른 협의체 구성·운영 요청을 받은 후 지체 없이 협의체를 구성하고, 경계변경 여부 및 대상 등에 대하여 같은 항에 따른 행정안전부장관의 요청을 받은 날부터 120일 이내에 협의를 하여야 한다. 다만, 대통령령으로 정하는 부득이한 사유가 있는 경우에는 30일의 범위에서 그 기간을 연장할 수 있다.

정답 ③

11

「지방자치법」상 지방자치단체의 종류별 사무배분기준에 대한 설명으로 옳지 않은 것은?

① 지방자치단체의 구역, 조직, 행정관리에 관한 사무는 시·군 및 자치구가 아닌 시·도에서 담당한다.
② 행정처리 결과가 2개 이상의 시·군 및 자치구에 미치는 광역적 사무는 시·군 및 자치구가 아닌 시·도에서 담당한다.
③ 인구 50만 이상의 시에 대해서는 도가 처리하는 사무의 일부를 직접 처리하게 할 수 있다.
④ 시·도와 시·군 및 자치구는 사무를 처리할 때 서로 겹치지 아니하도록 하여야 하며, 사무가 서로 겹치면 시·군 및 자치구에서 먼저 처리한다.

11

① ✗ 지방자치단체의 구역, 조직, 행정관리에 관한 사무는 시·군 및 자치구와 시·도 모두가 담당하는 공통된 사무로 한다.

> **지방자치법 제14조(지방자치단체의 종류별 사무배분기준)**
> ① 제13조에 따른 지방자치단체의 사무를 지방자치단체의 종류별로 배분하는 기준은 다음 각 호와 같다. 다만, 제13조제2항제1호의 사무(지방자치단체의 구역, 조직, 행정관리 등)는 각 지방자치단체에 공통된 사무로 한다.
> 1. 시·도
>   가. 행정처리 결과가 2개 이상의 시·군 및 자치구에 미치는 광역적 사무
>   나. 시·도 단위로 동일한 기준에 따라 처리되어야 할 성질의 사무
>   다. 지역적 특성을 살리면서 시·도 단위로 통일성을 유지할 필요가 있는 사무
>   라. 국가와 시·군 및 자치구 사이의 연락·조정 등의 사무
>   마. 시·군 및 자치구가 독자적으로 처리하기 어려운 사무
>   바. 2개 이상의 시·군 및 자치구가 공동으로 설치하는 것이 적당하다고 인정되는 규모의 시설을 설치하고 관리하는 사무
> 2. 시·군 및 자치구
>   제1호에서 시·도가 처리하는 것으로 되어 있는 사무를 제외한 사무. 다만, 인구 50만 이상의 시에 대해서는 도가 처리하는 사무의 일부를 직접 처리하게 할 수 있다.
> ③ 시·도와 시·군 및 자치구는 사무를 처리할 때 서로 겹치지 아니하도록 하여야 하며, 사무가 서로 겹치면 시·군 및 자치구에서 먼저 처리한다.

정답 ①

12

「지방자치법」상 지방자치단체조합에 대한 설명으로 옳지 않은 것은?

① 지방자치단체조합회의는 지방자치단체조합의 조례로 정하는 바에 따라 지방자치단체조합의 중요 사무를 심의·의결한다.
② 지방자치단체조합에는 지방자치단체조합회의와 지방자치단체조합장 및 사무직원을 둔다.
③ 관계 지방의회의원과 관계 지방자치단체의 장은 지방자치단체조합회의의 위원이나 지방자치단체조합장을 겸할 수 있다.
④ 2개 이상의 지방자치단체가 하나 또는 둘 이상의 사무를 공동으로 처리할 필요가 있을 때에는 규약을 정하여 지방의회의 의결을 거쳐 시·도는 행정안전부장관의 승인, 시·군 및 자치구는 시·도지사의 승인을 받아 지방자치단체조합을 설립할 수 있다.

12

① ✗ 지방자치단체조합은 조례가 아닌 규약으로 운영된다. 또한 지방자치단체조합은 조례를 제정할 수 없다.

> **지방자치법 제178조(지방자치단체조합회의와 지방자치단체조합장의 권한)**
> ① 지방자치단체조합회의는 지방자치단체조합의 규약으로 정하는 바에 따라 지방자치단체조합의 중요 사무를 심의·의결한다.

② ○

> **동법 제177조(지방자치단체조합의 조직)**
> ① 지방자치단체조합에는 지방자치단체조합회의와 지방자치단체조합장 및 사무직원을 둔다.

③ ○

> **동법 제177조(지방자치단체조합의 조직)**
> ③ 관계 지방의회의원과 관계 지방자치단체의 장은 제43조제1항과 제109조제1항에도 불구하고 지방자치단체조합회의의 위원이나 지방자치단체조합장을 겸할 수 있다.

④ ○

> **동법 제176조(지방자치단체조합의 설립)**
> ① 2개 이상의 지방자치단체가 하나 또는 둘 이상의 사무를 공동으로 처리할 필요가 있을 때에는 규약을 정하여 지방의회의 의결을 거쳐 시·도는 행정안전부장관의 승인, 시·군 및 자치구는 시·도지사의 승인을 받아 지방자치단체조합을 설립할 수 있다.

정답 ①

13

지방자치에 대한 학자들의 견해로 옳지 않은 것은?

① 물랭(Moulin)에 따르면 지방정부는 국가 전체의 이익을 희생하고 또 다른 독재의 산실이 될 수 있다.
② 팬터브릭(Panter-Brick)은 광기가 저지를 수 있는 오류로부터 국민을 방어해 줄 수 있는 것이 중앙집권이라고 보았다.
③ 오츠(Oates)는 지역의 공공재를 생산하는 데 비용이 똑같이 든다면 중앙정부보다 지방정부가 맡는 것이 더 효율적이라고 주장하였다.
④ 브라이스(Bryce)는 지방자치란 민주주의의 가장 훌륭한 학교라고 설명하였다.

13

① ○ 물랭은 지방자치를 비판적으로 평가한 학자로, 지방정부가 지방적·개인적 이익만 옹호하다보면 여러 문제가 발생할 수 있다고 보았다.
② ✕ 팬터브릭은 랭로드의 견해를 비판하면서 중앙집권이 아닌 지방자치를 긍정한 학자로, 민주주의란 다른 사람의 관점과 다른 사람의 이익의 존재를 인정하는 다양성에 출발한다고 보았다.
③ ○ 오츠의 분권화 정리에 따르면 지방정부는 중앙정부보다 지역에 대한 더 많은 정보를 갖고 있기 때문에 지역의 공공재를 생산하는 데 비용이 똑같이 드는 경우 중앙정부보다 지방정부가 맡는 것이 더 효율적이다.
④ ○ 브라이스는 지방자치란 민주주의의 가장 훌륭한 학교이며, 민주주의 성공을 위한 가장 큰 보장이라고 보았다.

정답 ②

14

「지방공기업법」상 지방공기업에 대한 관리·감독에 대한 내용으로 옳지 않은 것은?

① 지방공기업에 대한 경영평가에는 경영목표의 달성도, 업무의 능률성, 공익성, 고객서비스 등에 관한 평가가 포함되어야 한다.
② 행정안전부장관이 필요하다고 인정하는 경우에는 지방자치단체장으로 하여금 지방공기업에 대한 경영평가를 하게 할 수 있다.
③ 지방자치단체장이 지방공기업 경영평가를 하였을 때에는 그 평가가 끝난 후 1개월 이내에 관련 서류를 행정안전부장관에게 제출하여야 한다.
④ 지방자치단체장은 지방공기업 경영평가, 경영진단, 경영 개선에 관한 사항을 심의하기 위하여 지방공기업정책위원회를 운영한다.

14

① ○

> **지방공기업법 제78조(경영평가 및 지도)**
> ② 제1항에 따른 경영평가에는 지방공기업의 경영목표의 달성도, 업무의 능률성, 공익성, 고객서비스 등에 관한 평가가 포함되어야 한다.

② ○

> **동법 제78조(경영평가 및 지도)**
> ① 행정안전부장관은 제3조에 따른 지방공기업의 경영 기본원칙을 고려하여 대통령령으로 정하는 바에 따라 지방공기업에 대한 경영평가를 하고, 그 결과에 따라 필요한 조치를 하여야 한다. 다만, 행정안전부장관이 필요하다고 인정하는 경우에는 지방자치단체의 장으로 하여금 경영평가를 하게 할 수 있다.

③ ○

> **동법 제78조의2(경영진단 및 경영 개선 명령)**
> ① 지방자치단체의 장은 제78조제1항 단서에 따라 경영평가를 하였을 때에는 그 평가가 끝난 후 1개월 이내에 경영평가보고서, 재무제표, 그 밖에 대통령령으로 정하는 서류를 행정안전부장관에게 제출하여야 한다.

④ ✕ 지방공기업정책위원회는 지방자치단체장이 아닌 행정안전부장관이 운영한다.

> **동법 제78조의5(지방공기업정책위원회)**
> ① 행정안전부장관은 지방공기업 관련 주요 정책, 경영평가, 경영진단, 그 밖에 경영 개선에 관한 사항을 심의하기 위하여 관계 전문가로 구성된 지방공기업정책위원회를 운영한다.

정답 ④

15

「지방자치법」상 지방의회에 대한 설명으로 옳은 것은?

ㄱ. 지방의회에 교섭단체를 둘 수 있으며, 이 경우 대통령령으로 정하는 수 이상의 소속의원을 가진 정당은 하나의 교섭단체가 된다.
ㄴ. 지방의회의원 3명 이상이 발의하고 출석의원 3분의 2 이상이 찬성한 경우 또는 지방의회의 의장이 사회의 안녕질서 유지를 위하여 필요하다고 인정하는 경우에 지방의회의 회의를 공개할 수 있다.
ㄷ. 지방의회의원은 본인 또는 배우자와 직접 이해관계가 있는 안건에 관하여 의회의 동의가 있으면 회의에 출석하여 발언할 수 있다.
ㄹ. 지방의회의 위원회에는 위원장과 위원의 자치입법활동을 지원하기 위하여 지방의회의원이 아닌 전문지식을 가진 위원을 둔다.

① ㄱ, ㄴ ② ㄱ, ㄷ ③ ㄴ, ㄹ ④ ㄷ, ㄹ

15

ㄱ. ✗ 대통령령이 아닌 조례로 정하는 수 이상의 소속의원을 가진 정당이 하나의 교섭단체가 된다.

> **지방자치법 제63조의2(교섭단체)**
> ① 지방의회에 교섭단체를 둘 수 있다. 이 경우 조례로 정하는 수 이상의 소속의원을 가진 정당은 하나의 교섭단체가 된다.

ㄴ. ✗ 해당 요건은 지방의회의 회의를 공개하는 요건이 아닌, 지방의회의 회의를 비공개할 수 있는 요건이다.

> **동법 제75조(회의의 공개 등)**
> ① 지방의회의 회의는 공개한다. 다만, 지방의회의원 3명 이상이 발의하고 출석의원 3분의 2 이상이 찬성한 경우 또는 지방의회의 의장이 사회의 안녕질서 유지를 위하여 필요하다고 인정하는 경우에는 공개하지 아니할 수 있다.

ㄷ. ○

> **동법 제82조(의장이나 의원의 제척)**
> 지방의회의 의장이나 지방의회의원은 본인·배우자·직계존비속 또는 형제자매와 직접 이해관계가 있는 안건에 관하여는 그 의사에 참여할 수 없다. 다만, 의회의 동의가 있으면 의회에 출석하여 발언할 수 있다.

ㄹ. ○

> **동법 제68조(전문위원)**
> ① 위원회에는 위원장과 위원의 자치입법활동을 지원하기 위하여 지방의회의원이 아닌 전문지식을 가진 전문위원을 둔다.

정답 ④

16

「지방자치법」상 행정협의조정위원회에 대한 설명으로 옳지 않은 것은?

① 중앙행정기관의 장과 지방자치단체의 장이 사무를 처리할 때 의견을 달리하는 경우 이를 협의·조정하기 위하여 국무총리 소속으로 행정협의조정위원회를 둔다.
② 「지방자치법」에 규정한 사항 외에 행정협의조정위원회의 구성과 운영 등에 필요한 사항은 대통령령으로 정한다.
③ 행정협의조정위원회는 위원장 1명을 포함하여 13명 이내의 위원으로 구성한다.
④ 기획재정부장관, 행정안전부장관, 국무조정실장, 법제처장, 지방시대위원장은 행정협의조정위원회의 위원으로 규정되어 있다.

16

① ○

> **지방자치법 제187조(중앙행정기관과 지방자치단체 간 협의·조정)**
> ① 중앙행정기관의 장과 지방자치단체의 장이 사무를 처리할 때 의견을 달리하는 경우 이를 협의·조정하기 위하여 국무총리 소속으로 행정협의조정위원회를 둔다.

② ○

> **동법 제187조(중앙행정기관과 지방자치단체 간 협의·조정)**
> ④ 제1항부터 제3항까지에서 규정한 사항 외에 행정협의조정위원회의 구성과 운영 등에 필요한 사항은 대통령령으로 정한다.

③ ○

> **동법 제187조(중앙행정기관과 지방자치단체 간 협의·조정)**
> ② 행정협의조정위원회는 위원장 1명을 포함하여 13명 이내의 위원으로 구성한다.

④ ✗ 지방시대위원장은 행정협의조정위원회의 위원으로 규정되어 있지 않다.

> **동법 제187조(중앙행정기관과 지방자치단체 간 협의·조정)**
> ③ 행정협의조정위원회의 위원은 다음 각 호의 사람이 되고, 위원장은 제3호의 위촉위원 중에서 국무총리가 위촉한다.
> 1. 기획재정부장관, 행정안전부장관, 국무조정실장 및 법제처장
> 2. 안건과 관련된 중앙행정기관의 장과 시·도지사 중 위원장이 지명하는 사람
> 3. 그 밖에 지방자치에 관한 학식과 경험이 풍부한 사람 중에서 국무총리가 위촉하는 사람 4명

정답 ④

17

「지방자치법」상 예산과 결산에 대한 설명으로 옳지 않은 것은?

① 지방자치단체장은 출납 폐쇄 후 80일 이내에 결산서와 증명서류를 작성하고 지방의회가 선임한 검사위원의 검사의견서를 첨부하여 지방의회의 승인을 받아야 한다.
② 지역의 재전건정성을 위하여 지방자치단체장은 보증채무부담행위를 할 수 없다.
③ 지방자치단체장은 한 회계연도를 넘어 계속하여 경비를 지출할 필요가 있으면 계속비로서 지방의회의 의결을 받아야 한다.
④ 지방의회의 의장은 예산안이 의결되면 그날부터 3일 이내에 지방자치단체장에게 이송하여야 한다.

17

① ○

> **지방자치법 제150조(결산)**
> ① 지방자치단체의 장은 출납 폐쇄 후 80일 이내에 결산서와 증명서류를 작성하고 지방의회가 선임한 검사위원의 검사의견서를 첨부하여 다음 해 지방의회의 승인을 받아야 한다. 결산의 심사 결과 위법하거나 부당한 사항이 있는 경우에 지방의회는 본회의 의결 후 지방자치단체 또는 해당 기관에 변상 및 징계 조치 등 그 시정을 요구하고, 지방자치단체 또는 해당 기관은 시정 요구를 받은 사항을 지체 없이 처리하여 그 결과를 지방의회에 보고하여야 한다.

② × 공익을 위해서 필요하다고 인정된다면, 지방의회 의결을 받아 보증채무부담행위를 할 수 있다.

> **동법 제139조(지방채무 및 지방채권의 관리)**
> ③ 지방자치단체의 장은 공익을 위하여 필요하다고 인정하면 미리 지방의회의 의결을 받아 보증채무부담행위를 할 수 있다.

③ ○

> **동법 제143조(계속비)**
> 지방자치단체의 장은 한 회계연도를 넘어 계속하여 경비를 지출할 필요가 있으면 그 총액과 연도별 금액을 정하여 계속비로서 지방의회의 의결을 받아야 한다.

④ ○

> **동법 제149조(예산의 이송·고시 등)**
> ① 지방의회의 의장은 예산안이 의결되면 그날부터 3일 이내에 지방자치단체의 장에게 이송하여야 한다.

정답 ②

18

「지방자치법」상 지방자치단체장의 권한에 대한 설명으로 옳지 않은 것은?

① 지방자치단체의 장은 그 지방자치단체의 사무와 법령에 따라 그 지방자치단체의 장에게 위임된 사무를 관리하고 집행한다.
② 지방자치단체의 장은 지방의회 사무직원을 포함한 소속 직원을 지휘·감독하고 임면·교육훈련·복무·징계 등에 관한 사항을 처리한다.
③ 지방자치단체의 장이 퇴직할 때에는 소관 사무 일체를 후임자에게 인계하여야 한다.
④ 시·도와 시·군 및 자치구에서 시행하는 국가사무는 시·도지사와 시장·군수 및 자치구의 구청장에게 위임하여 수행하는 것을 원칙으로 한다.

18

① ○

> **지방자치법 제116조(사무의 관리 및 집행권)**
> 지방자치단체의 장은 그 지방자치단체의 사무와 법령에 따라 그 지방자치단체의 장에게 위임된 사무를 관리하고 집행한다.

② × 지방의회 사무직원은 지방의회 의장이 지휘·감독하기 때문에 지방자치단체장의 지휘·감독에서는 제외된다.

> **동법 제118조(직원에 대한 임면권 등)**
> 지방자치단체의 장은 소속 직원(지방의회의 사무직원은 제외한다)을 지휘·감독하고 법령과 조례·규칙으로 정하는 바에 따라 그 임면·교육훈련·복무·징계 등에 관한 사항을 처리한다.

③ ○

> **동법 제119조(사무인계)**
> 지방자치단체의 장이 퇴직할 때에는 소관 사무 일체를 후임자에게 인계하여야 한다.

④ ○

> **동법 제115조(국가사무의 위임)**
> 시·도와 시·군 및 자치구에서 시행하는 국가사무는 시·도지사와 시장·군수 및 자치구의 구청장에게 위임하여 수행하는 것을 원칙으로 한다.

정답 ②

19

「지방자치법」상 주민소송에 대한 설명으로 옳지 않은 것은?

① 주민소송은 해당 지방자치단체의 사무소 소재지를 관할하는 행정법원의 관할로 한다.
② 중지청구소송은 해당 행위를 중지할 경우 생명이나 신체에 중대한 위해가 생길 우려가 있거나 그 밖에 공공복리를 현저하게 해칠 우려가 있으면 제기할 수 없다.
③ 소송을 제기한 주민은 승소한 경우 그 지방자치단체에 대하여 소송비용, 감사 청구절차의 진행 등을 위하여 사용된 여비를 보상할 것을 청구할 수 있다.
④ 주무부장관이나 시·도지사가 감사 청구를 수리한 날부터 60일이 지나도 감사를 끝내지 아니한 경우 주민소송은 해당 60일이 끝난 날부터 30일 이내에 제기하여야 한다.

19

① ○

> 지방자치법 제22조(주민소송)
> ⑨ 주민소송은 해당 지방자치단체의 사무소 소재지를 관할하는 행정법원의 관할로 한다.

② ○

> 동법 제22조(주민소송)
> ③ 중지청구소송은 해당 행위를 중지할 경우 생명이나 신체에 중대한 위해가 생길 우려가 있거나 그 밖에 공공복리를 현저하게 해칠 우려가 있으면 제기할 수 없다.

③ ○

> 동법 제22조(주민소송)
> ⑰ 소송을 제기한 주민은 승소(일부 승소를 포함한다)한 경우 그 지방자치단체에 대하여 변호사 보수 등의 소송비용, 감사 청구절차의 진행 등을 위하여 사용된 여비, 그 밖에 실제로 든 비용을 보상할 것을 청구할 수 있다.

④ ✕ 60일이 지나도 감사를 끝내지 아니한 경우 주민소송은 해당 60일이 끝난 날부터 90일 이내에 제기하여야 한다.

> 동법 제22조(주민소송)
> ④ 주민소송은 다음 각 호의 구분에 따른 날부터 90일 이내에 제기하여야 한다.
>   1. 제1항제1호(주무부장관이나 시·도지사가 감사 청구를 수리한 날부터 60일이 지나도 감사를 끝내지 아니한 경우) : 해당 60일이 끝난 날

정답 ④

20

「지방자치법」상 지방의회의 권한에 대한 설명으로 옳지 않은 것은?

① 지방의회는 위원회의 의결로 감사 또는 조사 결과를 처리한다.
② 지방의회가 조사를 발의할 때에는 이유를 밝힌 서면으로 하여야 하며, 재적의원 3분의 1 이상의 찬성이 있어야 한다.
③ 본회의나 위원회는 그 의결로 안건의 심의와 직접 관련된 서류의 제출을 해당 지방자치단체의 장에게 요구할 수 있다.
④ 지방의회는 법령과 조례에 규정된 것을 제외한 예산 외의 의무부담이나 권리의 포기에 대한 사항을 의결한다.

20

① ✕ 지방의회는 위원회가 아닌 본회의 의결로 감사 또는 조사 결과를 처리한다.

> 지방자치법 제50조(행정사무 감사 또는 조사 보고의 처리)
> ① 지방의회는 본회의 의결로 감사 또는 조사 결과를 처리한다.

② ○

> 동법 제49조(행정사무 감사권 및 조사권)
> ② 제1항의 조사를 발의할 때에는 이유를 밝힌 서면으로 하여야 하며, 재적의원 3분의 1 이상의 찬성이 있어야 한다.

③ ○

> 동법 제48조(서류제출 요구)
> ① 본회의나 위원회는 그 의결로 안건의 심의와 직접 관련된 서류의 제출을 해당 지방자치단체의 장에게 요구할 수 있다.

④ ○

> 동법 제47조(지방의회의 의결사항)
> ① 지방의회는 다음 각 호의 사항을 의결한다.
>   8. 법령과 조례에 규정된 것을 제외한 예산 외의 의무부담이나 권리의 포기

정답 ①